DVA
Menschen Medien Märkte

James Gleick

Schneller!

Eine Zeitreise durch die Turbo-Gesellschaft

Aus dem Amerikanischen von
Michaela Adelberger

Deutsche Verlags-Anstalt
Stuttgart München

Die Originalausgabe erschien 1999 unter dem Titel
Faster. The Acceleration of Just About Everything
bei Pantheon Books, New York

Die Deutsche Bibliothek – CIP-Einheitsaufnahme

Ein Titeldatensatz ist bei der Deutschen Bibliothek erhältlich.

© 1999 by James Gleick
© 2000 Deutsche Verlags-Anstalt, Stuttgart München
für die deutsche Ausgabe
Alle Rechte vorbehalten
Redaktion der Übersetzung: Ursula Held, Christiane Naumann
Satz: DVA Büro Düsseldorf
Druck und Bindearbeit: Clausen & Bosse, Leck
Printed in Germany
ISBN 3-421-05360-x

Für Harry

In memoriam

Nicht genug Zeit

Ich werde mich umbringen. Vielleicht sollte ich nach Paris fliegen und vom Eiffelturm springen. Dann bin ich sicher tot. Da fällt mir ein, wenn ich die Concorde nehme, wäre ich sogar drei Stunden früher tot. Eine ausgezeichnete Idee. Oder nein, noch anders: Wenn man die Zeitverschiebung einrechnet, könnte ich sechs Stunden in New York leben und drei Stunden in Paris tot sein. Ich könnte noch einiges erledigen, während ich tot bin.

WOODY ALLEN

Clocks cannot tell our time of day
For what event to pray,
Because we have no time, because
We have no time until
We know what time we fill,
Why time is other than time was.

W. H. AUDEN

Inhalt

Inhalt

Schrittmacher

Sie befinden sich im Direktorat für Zeit. Natürlich sind Sie zu spät dran. Sie hasten an einem gläsernen Tresor vorbei, in dem die Uhr der Uhren lautlos jede Sekunde aus neun Milliarden Teilen zusammensetzt. Sie sieht eher nach einem Computergehäuse als nach einer Uhr aus. In ihrem Innersten vibrieren Cäsiumatome im Stechschritt, so sicher, so gebieterisch, so demütigend – doch Ihre Gedanken schweifen ab. Es ist keine Zeit zu verlieren. Sie laufen weiter und erreichen das Büro des Leiters des Direktorats für Zeit; ein schroffer, weißhaariger Mann namens Gernot M. R. Winkler blickt über den Schreibtisch und sagt: »Wir müssen schnell machen.«

Das Direktorat, eine Abteilung des US-Militärs, hat Dutzende von Atomuhren auf einem ruhigen, gepflegten Hügel in der Nähe des Potomac River in Washington aufgestellt. Bewaffnete Posten stehen am Fuß des Hügels an einem Sicherheitstor Wache, in erster Linie jedoch deshalb, weil sich die Residenz des Vizepräsidenten auf demselben Gelände befindet. Hat man einmal ihren prüfenden Blick hinter sich gelassen, kann man unbehelligt die lange Auffahrt zu dem imposanten 150 Jahre alten Marineobservatorium hinaufgehen, dem ersten nationalen Observatorium der USA. Einst hing ein Ball aus Charles Goodyear Gumelastic-Gummi, der einen Durchmesser von mehr als einem Meter hatte, an einem Mast auf der Kuppel des Gebäudes. Jeden Tag um 12 Uhr mittags fiel der Ball herunter und zeigte damit die Zeit an. Heute kommen die Signale schneller. Die Zentraluhr stimmt sich mit fünfzig weiteren Cäsiumuhren und Wasserstoffmasern ab, die in abgetrennten klimatisierten Tresoren von Dieselgeneratoren und Reserve-Batterien angetrieben werden. Sie zählen die Sekunden im Ensemble und kommunizieren ununterbrochen über Glasfaserkabel mit ihren Gegenstücken auf anderen Kontinenten. Die Uhren kontrollieren sich gegenseitig, und einzelne Geräte können je nach Leistung an- oder abgeschaltet werden. Uhren, die nicht synchron gehen, fallen schnell auf. Winkler stellt folgenden Vergleich an: »Es ist wie bei einer Gerichtsverhandlung, in der mehrere ziemlich übereinstimmende Aussagen gegen eine stehen, die aus der Reihe tanzt«. Sind glaubwürdige Zeugen aus aller Welt bestimmt und zusammengestellt, werden ihre Daten in dem etwas außerhalb von Paris gelegenen Bureau International des Poids et Mesures statistisch zusammengefaßt. Den größten Beitrag hierzu leisten die Amerikaner.

Das Ergebnis ist die genaue Zeit. Die *genaue* Zeit – per Definition, durch weltweiten Konsens und per Dekret. Die Zeitmesser im Direktorat zitieren gerne das alte Sprichwort: »Ein Mensch mit einer Uhr weiß, wie spät es ist. Ein Mensch mit zwei Uhren kann sich dessen nie sicher sein.« Die Menschheit ist jetzt eine Gattung mit einer Uhr, und hier steht sie.

Im Laufe der Geschichte wurde die Zeit größtenteils mithilfe astronomischer Bezugspunkte bestimmt – die Erde dreht sich einmal um sich selbst, das ist ein Tag. Nichts weiter. Der absolute Referenzpunkt hat sich von den Sternen zu den Atomstrahlen in den Tresoren verschoben. Partikel sind zuverlässiger als Planeten. Vergessen Sie die Unschärferelation. Es sind die Himmel, auf die kein Verlass ist. Sterne treiben dahin. Die Erde erschauert leicht. Die Gezeiten der Ozeane wirken wie Bremsen, die Jahr für Jahr die Rotationsgeschwindigkeit des Planeten um Bruchteile einer Sekunde verlangsamen. Diese Abweichungen spielen in einem Zeitalter, das von der Zeit besessen ist, eine Rolle. Um sie auszugleichen, müssen die offiziellen Uhren immer wieder widerwillig einen Twostep vollführen und hier und da dem Weltenkalender eine Sekunde – eine »Schaltsekunde« – hinzufügen. Meist werden die Schaltsekunden am Ende des 31. Dezember eingeschoben. Neujahr tickt schleichend heran: 23:59:58, 23:59:59, 23:59:60 (!), 00:00:00, 00:00:01. Der Nachfahre des alten Gumelastic-Balls wird nun, verziert mit Tausenden von Glühbirnen, am Times Square fallen gelassen. Woanders *überall auf der Welt* bemühen sich astronomische Observatorien, Fernsehanstalten und zeit-besessene Computerfreaks darum, die Schaltsekunde einzu- fangen. Einige Observatorien hatten die Zeichen der Zeit falsch gedeutet und ruinierten die nächtliche Himmelsbeobachtung durch die Differenz von + 1 und – 1 Sekunde. Je langsamer die Erde wird, desto häufiger kommen Schaltsekunden vor. Eines Tages werden wir eine pro Jahr benötigen, eventuell sogar noch mehr. Die Wissenschaftler hätten diese misslichen Hopser umgehen können, indem sie statt dessen die Dauer einer Sekunde neu definiert hätten. Wem würde das auffallen? Und tatsächlich war dies bis 1955 so auch der Fall.

Die Sekunde wurde als $^1/_{86\,400}$ eines echten Tages definiert, wie lang der auch immer sein mochte. Die Sekunde musste jedes Jahr etwas verlängert werden. Die Atomuhren wurden dementsprechend nachgestellt. Das hat die wenigsten von uns berührt, noch nicht einmal unterschwellig. Nur bei den Atomphysikern kam Ärger auf; denn sie benötigten einen Zeitmesser, der nicht dehnbar war: *komm schon, eine Sekunde ist eine Sekunde – ich will eine echte SEKUNDE.*

Hier ist sie also, die echte Sekunde. Hier erreichen die Geschwindigkeitstechnologien ihren Höhepunkt. »Vor fünfzig Jahren«, sagt Winkler wehmütig, er war damals ein Schulbub in Österreich, »konnte man von einem Tag auf den andern Zehntelsekundenabweichungen messen. Das war großartig. Dann entwickelten sich immer neuere und raffiniertere Anwendungsmöglichkeiten.« Es ist wie überall im Leben. Hat man etwas Neues erfunden, findet die Menschheit schon einen Nutzen dafür.

»U-Boote müssen auftauchen, um kommunizieren zu können – sie besitzen Atomuhren«, fährt Winkler fort. »In Fernsehsendern arbeitet man mit Atomuhren. Wird auf demselben Kanal von zwei Sendern aus gesendet und man befindet sich genau zwischen zwei Städten, wird das Bild flimmern, es sei denn beide senden auf derselben Frequenz. In allen guten Fernsehstationen gibt es eine Rubidiumuhr.« Kurzzeitig hat man den Eindruck, als würde etwas mit dieser Exaktheit nicht stimmen – aber die Hyperpräzision ist so sehr zur Gewohnheit geworden, ist zu sehr Teil unseres Alltags, als dass wir uns lange wundern.

Wir sind im Zeitalter der Nanosekunde angekommen. Das ist der

Höhepunkt der Geschwindigkeit. »Die Geschwindigkeit ist die Form der Ekstase, mit der die technische Revolution den Menschen beschenkt hat«, klagt der tschechische Schriftsteller Milan Kundera und suggeriert mit dem Begriff *Ekstase* einen Zustand von Freiheit und Gefangenschaft zugleich (»Er klammert sich an ein sowohl von der Vergangenheit als auch von der Zukunft abgeschnittenes Fragment der Zeit; er ist der Kontinuität der Zeit entrissen; er steht außerhalb der Zeit ...«). Das ist unser Zustand, der Höhepunkt einer Jahrtausende währenden Evolution der menschlichen Gesellschaften, Technologien und Geistesverfassung.

Die Pedanterie der modernen Zeitmesser entfernt sich immer weiter von unserer Alltagserfahrung – eine Tatsache, die hier im Direktorat wohlwollend zur Kenntnis genommen wird. Teilchenphysiker können eine Sekunde einfrieren, sie öffnen und ihren scheckigen Inhalt untersuchen wie Chirurgen, die sich durch einen Unterleib arbeiten. Doch im echten Leben, wenn Dinge sich in Tausendstelsekunden ereignen, kann unser Gehirn die Vergangenheit nicht von der Zukunft unterscheiden. Was können wir in einer Nanosekunde begreifen? In einer Milliardstelsekunde? »Es entsprach«, sagt Winkler, »schon nicht mehr dem menschlichen Maßstab, als wir die Zeit auf eine Millisekunde genau messen konnten, und jetzt sind wir beim Bruchteil einer Nanosekunde angelangt.« In einer Millisekunde trifft ein Baseballschläger den Ball, hat eine Kugel Zeit, in einen Schädel einzudringen und ihn wieder zu verlassen, durchstößt ein fallender Stein die Wasseroberfläche eines stillen Weihers, auf der sodann die überraschende Geometrie des konzentrischen Musters in Erscheinung tritt. In einer Nanosekunde sind Bälle, Kugeln und Tropfen bewegungslos.

So unmenschlich diese komprimierten Zeitraster auch sein mögen – viele Menschen sehnen sich sehr nach Präzision. Internet-Nutzer programmieren ihre Computer so, dass sich deren Uhren nach dem aus dem Direktorat kommenden Signal ausrichten. Das Direktorat registriert täglich Millionen automatischer Anfragen. Durch Hin- und Herschwirren im Netz kann Software mit Namen wie NanoSecond, RightTime, Clockwork, TimeSync oder Timeset Verzögerungen ausgleichen, die durch die Telefonleitungen zwischen dem Nutzer und den Atomuhren zustande kommen. Über das schrullige Adressenpaar *tick.usno.navy.mil* und *tock.usno.navy.mil* können kostenlose Verbindungen zu Modems oder »Zeitservern« hergestellt werden. Oder noch einfacher: Jeder, der ein Telefon besitzt, kann die Zeitansage der Zentraluhr des Marineobservatoriums für fünfzig Cents in der Minute anwählen. Einst gingen die Uhren der Zeitbesessenen auf die Sekunde genau. Heute trimmen sie ihre Computer auf die Millisekunde genau.

Für die globalen Kommunikationssysteme ist eine Genauigkeit auf die Nanosekunde ungeheuer wichtig; ebenso für die Navigation mittels Satellitensignal des Global Positioning System. Die Ungenauigkeit von einer Milliardstelsekunde bedeutet eine Ungenauigkeit von circa dreißig Zentimetern: der Entfernung, die das Licht in dieser Zeitspanne zurücklegt. Eine Nanosekunde – dreißig Zentimeter. Es lohnt sich, diese moderne Gleichung im Kopf zu behalten. Mobilnetzanbieter und Rundfunksender benötigen sehr genaue zeitliche Abstimmungen, um immer neue Kommunikationskanäle in eine exakt eingestellte Bandbreite zu quetschen. Und insbesondere das Militär findet immer neue Nutzungsmöglichkeiten für hypergenaues Timing. Es ist kein Zufall, dass das Direktorat für Zeit eine Abteilung des Verteidigungsministeriums ist. Um Sprengkörper präzise an einen designierten Ort zu leiten – an bestimmte Gebäude oder Gebäudeteile –, ist exaktes Timing von essenzieller Bedeutung, wenn es darum geht, eine der Standardeuphemismen des Ministeriums zu minimieren: die kollateralen Schäden.

Nur wenige Institutionen konzentrieren sich so intensiv auf ein derart eindeutiges Ziel. Um die richtige Zeit einzuhalten, müssen verschiedene Technologien und Wissenschaften zusammenwirken. Die Astronomen des Direktorats untersuchen weit entfernte Quasare – und bewundern diese für ihre scheinbare Fixiertheit am Himmel. Eine Gruppe von 462 Quasaren bildet den starrsten Rahmen, den es gibt. Inzwischen hat das Direktorat ein Team von Wissenschaftlern damit beauftragt, die sich verlangsamende Rotation und das gelegentliche Schwanken der Erde zu untersuchen – ein Problem, das der Wetterbeobachtung ähnelt, weil der Drall des Planeten sich jedes Jahr verändert, je nachdem, wie der Wind auf den Bergen weht. Alles in allem haben die Wissenschaftler, die über die Uhren gebieten, eine außerordentliche Genauigkeit erreicht. Im 18. Jahrhundert gelang es, Masse zu messen. Im neunzehnten konnte man im Rahmen der internationalen Erdvermessung Entfernungen bestimmen. Doch die bei weitem unheimlichste Quantität, die Zeit, musste auf die technologischen Errungenschaften des 20. Jahrhunderts warten.

Die Sekunden verstreichen hier mit einer Stetigkeit, mit der es keine Waage und kein Lineal aufnehmen kann. Die schlimmste Ungenauigkeit, die sich tagtäglich aufstauen kann, bleibt geringer als eine Haaresbreite im Vergleich zur Entfernung der Erde von der Sonne – das Äquivalent einer Sekunde in einer Million Jahre. »Das ist ausgesprochen wichtig«, sagt Winkler mit seinem österreichischen Akzent. Er fährt mit seiner Hand durch die Luft wie mit einer Axt. »Wir wollen *exakt* sein.«

Synchronisieren Sie also Ihre Uhren. Hier sind die Schrittmacher, die Händler der Präzision, die Eigentümer des Pulses, der im globalen Kreislauf schlägt. Als die Liliputaner Gullivers Uhr erblickten, diese »wunderbare Maschine ... ein runder Gegenstand, zur Hälfte aus Silber, zur Hälfte aus irgendeinem durchsichtigen Metall«, erkannten sie darin sofort den Gott, den er anbetete. Denn selten tat er etwas, »ohne es zu Rate zu ziehen. Er nannte es sein Orakel und sagte, es zeige die Zeit für jede Handlung seines Lebens.« Jonathan Swift fand das schon 1726 der Satire wert. Die Moderne hielt Einzug, und heute sind wir allesamt Gullivers.

Oder sind wir Yahoos?

Ihre Augen wandern zu Winklers Handgelenk. Was für eine Uhr könnte dem Direktor des Direktorats für Zeit genügen? Doch Sie können es nicht genau sehen, als er die Frage stellt: »Kann man ein Flugzeug um eine Millisekunde verpassen? Natürlich nicht!«

Nach einer kurzen Pause fügt er stolz hinzu: »Ich habe mal ein Flugzeug um fünf Sekunden verpasst.«

Psychologen und Manager von Fluggesellschaften haben gleichermaßen die Beobachtung gemacht, dass es Menschen gibt, die gerne mit viel Spielraum zum Flughafen fahren, so dass sie ausreichend Zeit haben, in der Lounge herumzusitzen oder an der Bar die Zeit totzuschlagen. Andere hingegen sind unglücklich, wenn sie nicht so knapp ankommen, dass sie die letzten fünfzig Meter zum Flugsteig spurten müssen, die Rampe hinauf stürmen, den Flugbegleitern die Bordkarte im Vorbeirennen zeigen und mit dem Geräusch der sich schließenden

Flugzeugtür im Ohr auf ihren Sitz fallen. Keine Sekunde zu früh. Vielleicht sind diese Gehetzten, die immer mit dem Zuspätkommen liebäugeln, Opfer dessen, was einige Ärzte und Soziologen die »Hetzkrankheit« genannt haben. Andererseits könnten es aber genauso gut auch die scheinbar ruhigen, doch insgeheim besessenen Zufrühkommer sein, die stärker an der »Hetzkrankheit« leiden.

Beide Typen sind auf der Suche nach ihrem Seelenfrieden. Der eine kann in der Lounge oder sogar in der Schlange am Eincheckschalter entspannen, nachdem er die Gefahr, den Flug zu verpassen, minimiert hat. Der andere kann sich an der Minimierung einer anderen Quantität erfreuen: der nutzlos vertanen Zeit. Flughäfen sind nicht der einzige Ort, an welchem Menschen mit dem Zuspätkommen flirten. Doch auf ihre Art sind sie ein Brennpunkt der modernen Welt, der Ort, an dem die Technologie und die Psychologie der Eiligkeit zusammentreffen. In Flughäfen rufen wir uns die an ein Wunder grenzende hohe Geschwindigkeit des Luftverkehrs und die weniger erstaunliche Geschwindigkeit unseres Transfers zum Flughafen in den Sinn. Eine Zeiteinheit des 20. Jahrhunderts sind die drei dreiviertel Stunden, die die Concorde in Überschallgeschwindigkeit von New York nach Paris – von Flugsteig zu Flugsteig – benötigt. Ein anderes wäre die Zeit, die wir auf Autobahnen im Stau und auf den Start- und Landebahnen verbringen. *Im Stau stecken* und *ohne Starterlaubnis* sind Metonymien unserer Epoche. Im Stau zu stecken oder keine Starterlaubnis zu haben bedeutet, an einem Ort festzusitzen, die schnellsten Maschinen um einen herum im Leerlauf, während die Zeit vergeht und der Blutdruck steigt.

Wir haben es eilig. Wir hetzen uns. Die Verdichtung der Zeit ist charakteristisch für den Lebensstil des ausgehenden Jahrhunderts. Flugsteige intensivieren die Angst unserer Epoche, nur ja keine Minute zu verlieren, eher geringfügig. Es gibt auch andere Dinge, die dies tun: Orte und Gegenstände, die für Ungeduld stehen. Bestimmte allseits bekannte Kreuzungen und Mautstellen. Die Vorzimmer von Ärzten – der ›Warte‹-raum. Der TÜR ZU-Knopf im Aufzug, der allzuoft nur als Placebo dient, mit der einzigen Funktion, für einen kurzen Moment die Fahrstuhlfahrer von den zehn Sekunden abzulenken, die eine Ewigkeit scheinen. Die »Automatische Wahl«-Taste am Telefon: Investieren Sie die Minuten zu ihrer Programmierung, um dann die Belohnung in Zehntelsekunden zu ernten? Die Fernbedienung: Ihre bloße Existenz in den Händen einer zappenden, Fastforward- und Multitasking-Gesellschaft mit schnellen Reflexen hat zu einer Beschleunigung von Filmen und Werbespots geführt.

Es gibt ein Wort für *freie* Zeit: Muße. Muße ist Zeit ohne Druck, ohne Job, ohne Uhr. Meist glauben wir, wir könnten Zeit, die wir *einsparen*, für unsere Mußestunden aufheben. Wir wissen, dass Muße eigentlich ein Geisteszustand ist, aber kein Wörterbuch kann Muße definieren, ohne einen Bezug auf das Verstreichen der Zeit herzustellen. Es handelt sich um uneingeschränkte Zeit, Zeit ohne Arbeit, ohne Beschäftigung. Oder etwa nicht? Beschäftigungsfreie Zeit verschwindet immer mehr. Die Freizeitindustrien (vielleicht ein Oxymoron, aber kein Widerspruch) füllen die Zeit wie das Grundwasser eine Senke. Es ist gerade die übersättigende Vielfalt der Erlebnisse, die unsere Muße angreift. Wir arbeiten für unsere Freizeitvergnügen. *Fünfhundert Programme* wurde zur Parole der neunziger Jahre, noch bevor sie überhaupt Realität wurden. Es gibt zu viele, um daraus ein auswählen zu können. Und nicht nur Fernsehprogramme: Kaffeesorten, Zeitschriften, Online-Magazine, Senfsorten und Olivenöle, Parfums von Stars und Klatsch über Stars, die Aufspaltung musikalischer Stile und mehr digitalisierte Aufnahmen von Beethovens Fünfter Sinfonie als Beethoven in seinem Leben hätte anhören können.

Allerdings erliegen die Menschen diesem Phänomen nicht alle gleichermaßen. Wer stets in Eile ist, lebt höchstwahrscheinlich in der technikgetriebenen westlichen Welt, wahrscheinlich in den USA, wahrscheinlich in einer Metropole – die wohlhabendsten europäischen und asiatischen Städte natürlich eingeschlossen. In mehreren Ländern haben Soziologen herausgefunden, dass zunehmender Wohlstand und zunehmende Bildung zu einem gespannten Verhältnis zur Zeit führen. Wir sind stets der Meinung, zu wenig davon zu haben: Das ist einer der Mythen, mit denen wir heute leben. Was sicherlich stimmt, ist, dass wir von Dingen, Informationen, Nachrichten, von dem alten Schrott und dem glänzenden neuen Spielzeug unserer komplexen Kultur überflutet werden. Auch wenn es sonderbar klingt, Dinge bedeuten Geschwindigkeit. Die Wellenmuster all dieser Tatsachen und Wahlmöglichkeiten fließen um uns herum und stürzen mit erhöhter Frequenz auf uns ein. Wir sind ständig auf hundertachtzig Wir möchten gerne intensiv leben und wir fragen nach den Konsequenzen: Gilt für uns vielleicht auch das biologische Dilemma des Wasserflohs, dessen Herz mit steigender Temperatur schneller schlägt? Dieses Tierchen kann bei 8 Grad Celsius beinahe vier Monate überleben, bei 28 Grad Celsius jedoch gelingt es ihr weniger als einen Monat lang. »Die Technologie ist ein schneller Herzrhythmus; sie komprimiert die Hausarbeit, das Reisen und die Unterhaltung und presst immer mehr in eine festgelegte Zeitspanne hinein«, bemerkt der Sozialhistoriker Theodore Zeldin. »Niemand hätte gedacht, dass sie das Gefühl hervorrufen würde, das Leben laufe zu schnell ab.«

Sie hat genau dieses Gefühl hervorgerufen. Das Zeitsignal, das von der Zentraluhr zu den Millionen Kunden übertragen wird, läßt eine weltweite Koordination von Aktivitäten zu, wie sie vor einer Generation noch unmöglich war; von ihr hängen Massenkommunikation und Massenkultur ab. Selbst die Faulsten unter uns haben ein erhöhtes Bewußtsein für Zeit – schon aus Notwendigkeit. Die moderne Wirtschaft lebt und stirbt mit der Genauigkeit der Zeitmessung und der Effizienz ihrer Anwendung. Wenn Geld die sichtbare Handelswährung ist, dann ist Zeit ihr Doppelgänger: eine weitere klingende Münze, um die Unternehmen und Konsumenten mit immer größerer Dringlichkeit kämpfen, ob nun bewusst oder unbewusst. Die meisten Anschläge auf Ihr Portemonnaie werden Ihnen sicherlich auffallen. Aber bemerken Sie auch, wenn ein Unternehmen nach ein paar Sekunden Ihrer Zeit schnappt? Sie dürfen über ihren Verlust nachdenken, während Sie in der langen Schlange vor dem Check-in Schalter am Flughafen stehen oder sechs Minuten in der Warteschleife eines telefonischen Auskunftdienstes hängen, die einen Menschen ersetzt hat, der Ihnen letztes Jahr womöglich Ihre Frage in ein paar Sekunden beantwortet hätte. Auf der anderen Seite kommen Marketingleute und Techniker Ihren Wünschen mit schnelleren Backöfen, schnelleren Wiedergabegeräten, schnelleren Tiefkühlschränken und schnelleren Krediten zuvor. Wir horten die überschüssigen Minuten, die uns aus diesen Innovationen zufließen, doch wir fühlen uns ärmer, und wir machen Abstriche – beim Frühstück, beim Mittagessen, im Schlaf und in den Tagträumen. Federal Express und McDonalds haben völlig neue Wirtschaftszweige entwickelt, indem sie unsere Eile verstanden, in Geld umzusetzen wussten und schließlich pflegten. »Sind Sie es leid, Überstunden zu machen?«, fragen Werbeanzeigen. Ein Arzneimittel wirbt mit dem Slogan: »Für Frauen, die keine Zeit für eine Pilzinfektion haben« – als ob Slacker dafür Zeit hätten. Erst allmählich rückt die charakteristische Eigenschaft der Eiligkeit in den Brennspiegel unserer kulturellen Aufmerksamkeit, etwa in einigen Cartoons des *New Yorker*: Ein Mann steigt in ein Taxi – »Geben Sie Gas. Das Restaurant könnte jeden Augenblick wieder dicht machen.« (1996) Oder (1997): Ein Mann telefoniert: »Nein, ich habe *keine* zwei Sekunden, um zu reden.« Sogar Bill Gates mit seinem Überfluss an Geld, seinem Privatflugzeug und seinen schnellen Autos beklagt sich: »Es scheint, als ob die ganze Welt im Fünf-Minuten-Takt arbeite.« Wer kann sich dem Bewußtsein dieses Drucks noch entziehen? David Letterman jedenfalls nicht. »Ich fasse mich kurz – wir haben viele Umfragen durchgeführt, und die Leute beschweren sich, dass ich zu viel rede«, erzählt er dem Publikum der *Late Show*. »Sie sagen, das verzögere die Show.«

Die Minuten, Sekunden und Hundertstel Sekunden zu beschneiden, ist mit wenigen Ausnahmen zu einer Obsession unserer Gesellschaft geworden. Wie die olympischen Schwimmer, die ihr Brusthaar rasieren, rasieren auch die Fernsehsender sehr sorgfältig die »schwarze Mattscheibe« – die »Satzzeichen« zwischen den Shows, wenn das Bild ausgeblendet und der Bildschirm kurz dunkel wird. Die Brooke High School im nördlichen Zipfel von West Virginia versucht, pro Pause eine Minute einzusparen, und heißt somit ihre Schüler im Zeitalter der Geschwindigkeit willkommen. Ein Mädchen klagt: »Das Schließfach öffnen, die Bücher herauszerren, die anderen anrempeln und durch die Schule hetzen – wie sollen wir in nur vier Minuten schaffen, das nächste Klassenzimmer zu erreichen? Und die Lehrer erteilen nicht nur für Zuspätkommen einen Verweis. Selbst wenn man, abgehetzt vom Wettlauf durch die Gänge, nur ein oder zwei Sekunden zu spät durch die Tür hastet, gibt es schon Ärger.«

Doch wir Menschen haben uns schließlich so entschieden und entscheiden uns immer wieder gleich: für die Geschwindigkeit, und wir blühen mit ihr auf – mehr als wir gemeinhin zuzugeben geneigt sind. Die Fähigkeit, schnell zu arbeiten und schnell zu spielen, verleiht uns Macht. Sie elektrisiert uns. Wenn wir den Namen eines einzigen Hormons kennen, dann sicherlich das Adrenalin. »Sie leben Ihr Leben in einer Aufregung, die Ihre Vorfahren nur in der Schlacht kannten,« bemerkt der Schriftsteller Mark Helprin. »Im Gegensatz zu Ihnen heute wurden sie von banalen Aufgaben gefangen genommen. Sie schrieben mit Federhaltern, rechneten im Kopf, warteten endlos lange auf Dinge, die Sie heute augenblicklich bekommen, sie besaßen viel weniger als Sie und sie beugten sich den Notwendigkeiten, wie Sie es nie tun müssen. Sie lieben das Tempo, die schwindelerregende, immerwährende Beschleunigung.« Geben Sie es zu – es ist wahr! Und doch haben Sie sich nicht wirklich Gedanken über die Folgen der Schnelligkeit in unserer Kultur und unserem Alltag gemacht. Sie nehmen die Beschleunigung der Kunst und der Unterhaltung kaum wahr, die neue Geschwindigkeit der Medien, angefangen beim Kino bis zu den Werbespots im Fernsehen, die einen Tempowandel in unseren Seelen reflektieren und konditionieren.

Die Augenblicklichkeit beherrscht das Netz und unser Gefühlsleben: Instantkaffee, Instant-Intimität, ›Instant Replay‹ und ›Instant Gratification‹. Umfragen setzen elektronische Geräte ein, um noch während der Wahlkampagnen Meinungen zu erfragen, die sich noch gar nicht geformt haben. Wie Raketen, die MIRVs laichen, machen Schnellrestaurants weitere Expressbahnen auf. Wenn wir nichts von der Zeit verstehen, werden wir zu ihrem Opfer.

»Die Zeit ist ein sanftmütiger Gott«, sagte Sophokles. Vielleicht war sie das für ihn. Heutzutage knallt sie mit der Peitsche.

Der Typ A

Halten unsere Körper dem Druck stand? Wir leiden unter Beklemmungen, wir leiden unter Stress, und so einigem mehr. Einer der Protagonisten aus Douglas Couplands Roman *Microsklaven*, ein besessener junger Computerfreak, hat eine Theorie: »Es gebe gewisse Krankheiten, die ausschließlich bei einem bestimmten Menschentypus vorkommen«, erklärt er, »und diese Krankheiten würden über den TÜR ZU-Knopf in Aufzügen übertragen, den nur dieser Typ A, nämlich ungeduldige Menschen, betätigt.«

Er kann sich darauf verlassen, dass Sie den Witz verstehen. Jeder kennt Typ A. Diese wunderbar neutrale Formel prägten 1959 zwei Kardiologen aus Kalifornien. Sie traf einen kollektiven Nerv und fand Eingang in unseren Sprachschatz – ein Zeichen unserer Verwirrung: Sind wir Opfer oder Täter des Verbrechens, das darin besteht, sich zu hetzen? Leben wir auf sportliche und vitale Weise mit hoher Geschwindigkeit, oder sind wir mit der Hetzkrankheit geschlagen?

Die Kardiologen Meyer Friedman und Ray Rosenman verfaßten eine Liste von Persönlichkeitsmerkmalen, die ihrer Meinung nach einander bedingen und auch typisch für Herzerkrankungen sind. Sie schildern diese Eigenschaften auf sehr nüchterne Weise im Kontext des Themas Ungeduld, wozu dann auch übermässiges Konkurrenzdenken und Aggressivität gehören. »Ein quälendes Gefühl von Zeitdruck.« Die Vorstellung von einem Typ A tauchte zuerst in einigen wissenschaftlichen Aufsätzen auf, war später Thema eines populären Buchs und fand schließlich Eingang in die Wörterbücher. Der kanonische Typ A, so wie ihn die Ärzte darstellen, heißt »Paul«:

Paul verwendet übermäßig viel emotionale Energie darauf, gegen die üblichen Zeitbeschränkungen anzukämpfen. »Wie kann ich mich schneller fortbewegen und immer mehr Dinge in immer kürzerer Zeit tun?«, ist die Frage, die ihn stets quält.

Paul beeilt sich beim Denken, Reden und Gehen. Er bemüht sich auch, das Denken, Reden und den Gang seiner Mitmenschen zu beschleunigen. Wenn Sie keine Ungeduld in ihm aufkommen lassen wollen, müssen Sie schnell reden und nur das Relevante sagen. Für Paul müssen Flugzeuge pünktlich starten und landen, die Autos vor ihm auf der Autobahn müssen sich mit einer Geschwindigkeit fortbewegen, die Paul angemessen erscheint, und zwischen ihm und dem Bankangestellten bzw. einem Tisch im Restauraunt oder dem Einlass ins Theater darf keine Warteschlange sein.

Es macht ihn rasend, wenn Menschen bedächtig oder umständlich sprechen, wenn Flugzeuge Verspätung haben, Autos auf der Autobahn schleichen und sich irgendwo Schlangen bilden.

Lassen Sie mich nachdenken. Kennen wir jemanden wie »Paul«?

Das war die erste klare Beschreibung der *Hetzkrankheit*, eine weitere Friedmansche Wortprägung. Mit ihr entstanden neue Geschäftsfelder: Mind-Body-Workshops, Videos mit Anleitungen zur verbesserten Atemtechnik, Wochenendkurse zur Angstbewältigung, Seminare über und sogar Institute für Stressmedizin. »Ich bin die ganze Zeit über auf der rechten Spur gefahren«, verkündete 1987 ein Angestellter der Pacific Gas and Electric Company eines Morgens stolz in einer Gruppe bekennender Gehetzter, die von dem damals 76-jährigen Friedman geleitet wurde. Im Kampf gegen die Typ A-Nervosität lassen die Patienten nichts unversucht – die langsame Spur auf der Autobahn, Yoga, Meditation, Visualisierungstechniken. »Richten Sie Ihre Aufmerksamkeit auf Ihre Füße auf dem Boden … Atmen Sie bewusst ein und aus und spüren Sie die kalte Luft beim Einatmen und die warme beim Ausatmen … Stellen Sie sich einen Ort vor, an dem Sie jetzt gerne wären … Stellen Sie sich die Gegenstände dort vor, ihre Umrisse und Schatten. Atmen Sie tief ein und geben Sie acht auf die Geräusche, die Brandung, den Wind, das Rascheln der Blätter, das Rieseln des Baches.« Die Fernsehstationen einiger Krankenhäuser senden ein »Entspannungsprogramm«, bei dem der Zuschauer die ganze Zeit Bilder von Brandung, Wind, raschelnden Blättern und rieselnden Bächen zu sehen bekommt.

Wir glauben an Typ A – der Triumph eines Begriffs ohne besonderen wissenschaftlichen Wert. Die Erkenntnisse von Friedman und Rosenman haben sich als so einleuchtend wie falsch erwiesen. Sicherlich ist Stress (selbst schon ein unscharfer Begriff) die Ursache vieler chronischer und akuter Herzkrankheiten, oder geht zumindest mit ihnen einher. Das Verhalten beeinflusst die Physiologie, wenigstens hie und da. Plötzliches Losspurten, um den Zug zu erreichen, in der einen Hand den Laptop, in der anderen einen Pappbecher mit Kaffee, kann den Herzrhythmus beschleunigen und den Blutdruck steigern. Dass Hetzerei zu Herzleiden führt, war schon lange eine Art Volksweisheit – das heißt allgemeinmedizinisches Wissen, das nie wissenschaftlich überprüft wurde. »Ständige Hast schwächt das Gewebe deutlich und kann auf Dauer das Herz angreifen«, warnte Dr. Cecil Webb-Johnson in *Nerve Troubles*, einer englischen Monografie um die Jahrhundertwende. »Die bedeutenden Männer der vergangenen Jahrhunderte waren nie gehetzt«, fügte er moralisierend hinzu, »und darum wird die Welt sie so schnell auch nicht vergessen.« Die Erwartung, dass diverse weniger große Menschen ihre wohlverdiente kardiovaskuläre Strafe erhalten, mag natürlich, ja beinahe reizvoll erscheinen. Doch in Wahrheit haben Kardiologen und Psychologen, obwohl sie sich seit drei Jahrzehnten mit dem Thema beschäftigen, weder besonders spezifische oder gar messbare Persönlichkeitsmerkmale bestimmen können, mit deren Hilfe sich Prognosen über die Wahrscheinlichkeit von Herzkrankheiten machen ließen, noch gelang ihnen der Nachweis, dass Menschen, die ihr Typ A-Verhalten ändern, das Risiko mindern, an einem Herzleiden zu erkranken.

Tatsächlich scheint die Studie, die das Ganze ins Rollen brachte – Friedmans und Rosenmans »Association of Specific Overt Behaviour Pattern with Blood and Cardiovascular Findings« – eine besonders fehlerhafte Forschungsarbeit zu sein. Die Probandengruppe war sehr klein: lediglich dreiundachtzig Personen, alle männlichen Geschlechts, befanden sich in der so genannten A-Gruppe. Die Auswahl erfolgte weder nach dem Zufallsprinzip noch völlig blind. Höhere Angestellte großer Firmen männlichen Geschlechts ergänzt um Bekannte Friedmans und Rosenmans, die nach subjektiven Kriterien ausgewählt worden waren: sie passten ins Bild. Die Ärzte schränkten den Kreis der Probanden weiterhin ein, indem sie sie persönlich befragten und das äußere Erscheinungsbild sowie die Verhaltensweisen in ihre Entscheidung miteinbezogen. Gestikulierte ein Proband hektisch, biß die Zähne zusammen oder strahlte insgesamt Nervosität aus, wurde er für das Experiment ausgewählt. Den beiden erfahrenen Kardiologen scheint nie aufgefallen zu sein, dass sie möglicherweise bewusst oder unbewusst Menschen ausgesucht hatten, deren Konstitution bereits auf Übergewicht hindeutete oder die andere Anzeichen für beginnende Herzleiden aufwiesen. Die von den Ärzten erhobenen Daten machten deutlich, dass die Probanden der Gruppe A in ihrer definitiven Zusammensetzung mehr tranken, mehr rauchten und mehr wogen als diejenigen der Gruppe B. Doch die Autoren vernachlässigten diese Faktoren und behaupteten überraschenderweise, dass es keinen Zusammenhang zwischen Herzerkrankungen und Zigarettenkonsum gebe.

Auch in den darauffolgenden Jahren konnten sich die Wissenschaftler nicht auf eine zuverlässige Methode zur Bestimmung von Menschen des Typ A festlegen; der Grund dafür war aber nicht etwa, dass es gar nicht versucht wurde. Menschen sind keine glaubwürdigen Zeugen ihrer eigenen Ungeduld. Die Wissenschaftler zogen für ihre Untersuchungen Fragebögen wie den Jenkins Activity Survey zu Hilfe oder zogen Verzeichnisse der menschlichen Mimik heran – Ekmans und Friesens »Katalog der Gesichtszüge« beispielsweise oder den »Cook-Medley Feindseligkeitsfaktor«. Letztlich kam jedoch nichts dabei heraus. Das Ergebnis einiger Studien war, dass Menschen des Typ A einen *niedrigeren* Blutdruck haben. Und Menschen, die viel sitzen und an Übergewicht leiden, sind wieder mit eigenen Herzproblemen geschlagen.

Der Begriff vom Typ A ist vielschichtiger geworden und hat sich verschoben, um sich den wechselnden Bedürfnissen der verschiedenen Forscher anzupassen. V. A. Price zählt auch *Schlaflosigkeit* zu den typischen Merkmalen. Einige Ärzte verlieren angesichts der wenig überzeugenden Ergebnisse die Geduld und verlagern ihr Forschungsinteresse auf Zorn und Feindseligkeit – Untergruppen aus der ursprünglichen Typ A-Wundertüte. Cynthia Perry fand heraus, dass Typ A-Menschen weniger Tagträume haben. Woher weiß sie das bloß? Indem sie die Probanden bittet, Linien zu beobachten, die vierzig sterbenslangweilige Minuten lang über einen Computerbildschirm flirren. Wenn sie von einem Ton (1000 Hertz, 53 Dezibel) unterbrochen wurden, drückten Typ A Menschen, so fand sie heraus, seltener auf einen schwarzen Knopf, um zuzugeben, dass sich sinnlose Gedanken in ihre Köpfe eingeschlichen hatten. Einige Untersuchungen fassten nicht nur Kinder unter den Typ A (nämlich diejenigen mit einer Neigung zu stören und zu konkurrenzorientiertem Spielen), sondern auch noch Säuglinge (diejenigen, die öfter weinen). Inzwischen definieren Wissenschaftler, die ein Herz für Haustiere haben, den Menschen des Typ A als einen, der keine Tiere besitzt. Eine Kommission der National Institutes of Health berichtet: »Die Beschreibung eines ›Verhaltensmusters mit Neigung zu Herzerkrankungen‹ oder Typ A-Verhalten und seine Verbindung zur Wahrscheinlichkeit einer offenkundigen Erkrankung gab Anlass zu der Hoffnung, dass Individuen ihre somatischen Erkrankungen nach gründlicher Anleitung selbständig bekämpfen können, indem sie ihre Lebensgewohnheiten von Grund auf ändern.... Entspannungsübungen, Meditation, Stressmanagement sind inzwischen anerkannte Therapieformen.... Es scheint daher auch glaubwürdig, dass Haustiere, die vielen Menschen treue Begleiter sind, auf ihre Besitzer psychosozial stabilisierend wirken und somit als Maßnahme zur Vorbeugung vor Herzerkrankungen dienen.« Das ist nett, aber wissenschaftlich ist es nicht.

Eine typische Untersuchung zum Typ A sieht folgendermaßen aus: Die Wissenschaftler gehen davon aus, dass bestimmte Zusammenhänge festgestellt werden können. Sie finden nicht die vermuteten, dafür aber andere. Zum Beispiel: Einige Dutzend Kinder im Vorschulalter werden nach ihrer Art zu spielen in Gruppen zusammengefasst und auf ihren Blutdruck hin untersucht. Man kann keinen Zusammenhang feststellen. Später jedoch, bei einem Spiel, bei dem das Gedächtnis wichtig ist, haben die als Typ A identifizierten Kinder einen signifikant erhöhten systolischen Druck. Interessant, nicht wahr? Die Autoren verschiedener veröffentlichter Studien sind offensichtlich dieser Meinung. Doch sie machen sich etwas vor; denn wenn ihre Methode darin besteht, so lange zu suchen, bis sie irgendwo einen Zusammenhang gefunden haben, werden sie früher oder später zu dem gewünschten Ergebnis gelangen. Doch solche Ergebnisse sind wertlos.

Die Kategorisierungen sind zu willkürlich und die Prognosen hängen allzusehr von den Erwartungen ab. Es wird nie so recht deutlich, welche Eigenschaften Typ A *charakterisieren* und welche lediglich mit ihnen einhergehen. »Die freischwebende, aber rationalisierte Form der Feindseligkeit«? Die »tiefsitzende Unsicherheit«? »Ihre Rastlosigkeit, ihre angespannten Gesichtszüge, ihre Ticks oder ihr piepsiger Staccato-Ton beim Sprechen«? Wenn Sie sich abhetzen und dabei freundlich bleiben, nervös, aber dennoch selbstsicher sind – wenn Sie zum Flugsteig rennen, es sich aber kurz darauf *zufrieden* in ihrem Sitz gemütlich machen – gehören Sie dann zu Typ A oder nicht? Wenn Sie den Drang verspüren, immer sehr flott zu laufen, ist das dann nicht gut für Ihr Herz?

Die meisten vergessen, dass es angeblich auch einen Typ B gibt. Er wird weniger durch Eigenschaften bestimmt, die er hat, als durch solche, die ihm fehlen. Menschen des Typ B sind die schattenhaften Gegenstücke zu Typ A. Es sind diejenigen, die nicht so ganz Typ A sind. Sie bekommen *keinen* wunden Finger vom Drücken der Aufzugknöpfe. Ein langsames Auto auf der Überholspur treibt sie *nicht* zum Herzinfarkt; genauer betrachtet sitzen sie nämlich am Steuer des langsamen Autos. Typ B spielte keine wirkliche Rolle beim gesellschaftlichen Aufbruch in den siebziger Jahren. Typ B war bloß eine Hintergrundfigur. Friedman und Rosenman behaupteten tatsächlich, Schwierigkeiten gehabt zu haben, in ganz San Francisco achtzig Männer zu finden, die nicht unter Zeitdruck standen. Schließlich fanden sie ein paar, wie sie mit großer Ernsthaftigkeit schrieben, »unter den Kommunalbeamten und in der Gewerkschaft der Tierpräparatoren«.

Noch bizzarrer allerdings war, dass die erste Studie Friedmans und Rosenmans auch eine C-Gruppe enthielt, die aus sechsundvierzig arbeitslosen blinden Männern bestand. Keine große Eile in Gruppe C. »Der Hauptgrund dafür, dass die Männer aus Gruppe C nur wenig Ehrgeiz, Motivation oder Konkurrenzdenken an den Tag legten«, schrieben die Doktoren, »war die Tatsache, dass sie seit zehn Jahren oder länger vollständig blind waren und keinen Termindruck mehr kannten, weil keiner von ihnen erwerbstätig war.« Kein Wunder also, dass Typ C in späteren Studien nicht mehr berücksichtigt wurde.

Selbst wenn das Typ A-Phänomen nur für unzulängliche medizinische Forschung ausreicht, steht es nichtsdestoweniger für einen Triumph der Sozialkritik. Einige unter uns geben unserer Ungeduld mehr Raum als andere, aber alles in allem sind wir vom Typ A – nicht nur diejenigen mit einer Veranlagung zu Herzleiden, sondern wir alle, als Gesellschaft und als Epoche. Da überrascht es nicht, dass dieser Gedanke sich zu stark als kulturelles Totem bewährt hat, um einfach beiseite geschoben zu werden. Wir verstehen sie. Wir erkennen sie, sobald wir sie sehen. Die Menschen vom Typ A laufen schnell und essen schnell. Sie beenden den Satz für einen, sie haben ein schlechtes Gewissen, wenn sie sich entspannen. Sie versuchen zwei oder mehr Dinge gleichzeitig zu tun – Lesen und Fernsehgucken, Rasieren und Autofahren, auf dem Laufband trainieren, Fernsehgucken *und* mit dem Handy telefonieren ...

»Es ist schon zwanzig nach sechs, die Bücher sind noch nicht gelistet, der *Economist* noch nicht gelesen«, schreibt der Essayist Cullen Murphy. »›Sachte sachte, du läufst zu schnell / lass doch dem Morgen Zeit.‹ Wörter eines Lieds gehen mir durch den Kopf, während ich mich rasiere. Ich hab's verstanden. Fuß runter vom Gaspedal. Tief einatmen, bis zehn zählen – o ... I ... o – Verfahren binär abkürzen. Es klappt nicht, ich bin immer noch überdreht. Vielleicht hat Dr. Friedman doch Recht.«

Ja. Nein. Aber doch ... Typ A-Menschen drücken wirklich diesen nutzlosen Knopf.

Der TÜR ZU-Knopf

Der Aufzug ist ein guter Ausgangspunkt; denn aus den Dingen des modernen Lebens, die Typ A-Menschen als nervtötend empfinden, stechen Aufzüge besonders hervor. Von Natur aus ist das Fahren in Aufzügen – vertikale Beförderungsmittel mit kurzer Reichweite, wie die Industrie es nennt – ein Geschäft unter Zeitdruck. Obwohl es auf der Welt immer noch Orte gibt, an denen Menschen ein ganzes Leben verbringen können, ohne jemals einen Aufzug zu Gesicht zu bekommen, schätzt die Firma Otis, dass ihre Kabinen alle neun Tage das Äquivalent der gesamten Bevölkerung unseres Planeten heben und senken. Diese Klientel schätzt das Warten nicht. Denken Sie also bitte über folgenden Gegenstand nach: die Sky Lobby mit Druckausgleich.

Die Sky Lobby mit Druckausgleich ist ein Raum, ganz oben in einem Megawolkenkratzer, in dem man zum Druckausgleich durch eine pneumatische Schleuse gehen muss, bevor man die schnelle Fahrt nach unten antritt. Die Sky Lobby mit Druckausgleich existiert noch nicht, außer in den Träumen der Aufzugkonstrukteure. Diese sehen sie als eine natürliche Lösung eines schwierigen Problems, das folgendermaßen aussieht:

Megaplaner lieben Megawolkenkratzer – etwa Stadtplaner wie Donald Trump. Aber auch – wie es für die Neunziger eher typisch ist – zahlreiche schnellwachsende, statusbewusste asiatische Unternehmen mit Hauptsitz in den Hauptstädten des ostasiatischen Raums: Hong Kong, Tokyo, Kuala Lumpur, Shanghai, deren Träume durch die ökonomische Krise am Ende des Jahrzehnts kaum gestört wurden. Mit »mega« meinen sie zweihundert oder sogar fünfhundert Stockwerke.

Der größte Engpass, den sie bewältigen müssen, hat weder etwas mit Stahl noch mit Kränen oder Auflagen der Baubehörden zu tun noch mit den An- und Abflugschneisen der Flughäfen. Nein, sie werden durch die Aufzüge Schachmatt gesetzt. Je höher ein Wolkenkratzer, desto mehr Volumen geht für Aufzugschächte drauf. Ansonsten müssten die Menschen zu lange warten. Eine Faustregel besagt, dass man eine Gruppe von Aufzügen pro fünfzehn Stockwerke benötigt. Eine andere besagt, dass nach sechzig Stockwerken und vier Aufzuggruppen ein Transitpunkt notwendig wird – eine Sky Lobby. Einige Bürogebäude haben Doppeldeckerkabinen eingeführt, bei denen die Leute auf zwei Stockwerken gleichzeitig ein- und aussteigen können. Allerdings verlangen diese Aufzüge von ihren Passagieren ein kleines bisschen Extraintelligenz; denn man muss bereits beim Einsteigen wissen, ob man in einem Stockwerk mit einer geraden oder ungeraden Zahl aussteigen möchte. Wenn die Architekten all diese Regeln bis zu ihrem logischen Ende verfolgten, kämen sie zu einem Ergebnis, das eines Kafka oder Escher würdig wäre: ein Gebäude, das nur aus Aufzügen besteht.

Also haben die Ingenieure, die auf vertikale Beförderung mit kurzer Reichweite spezialisiert sind, intelligentere Aufzüge entworfen: Aufzüge mit Algorithmen. Sie funktionieren mittels Mikroprozessoren, die mit Fuzzy-Logik programmiert sind und nicht einfach nach dem Prinzip ja/nein bzw. stop/start funktionieren. In den Kabinen und auf den Treppenabsätzen sind Wärme- und Gewichtssensoren angebracht. Heutzutage gibt es Aufzüge, die über mehr Rechenpower als ein Hightech-Automobil verfügen, also auch mehr als das Apollo-Raumschiff. In der Computerbranche hat der Aufzug einen unverkennbaren Status erlangt. In den frühen achtziger Jahren beschrieben ihn Computerleute als »archetypische dumme Anwendung eingebetteter Systeme« und als »kanonisches Beispiel einer richtig blöden computerisierten Umgebung mit beschränktem Gedächtnis«. Innerhalb eines Jahrzehnts, da sich die künstliche Intelligenz in der Hierarchie der unbelebten Gegenstände immer weiter heruntertastet, ist das Prädikat der »relativ blöden Maschine« an ein noch geringeres Gerät abgetreten worden: den Toaster, und die Aufzugsingenieure konnten großartig behaupten: «Wir bezeichnen das Management des Aufzugmonitorings und -baus als Phase II innerhalb der Revolution der Mikroprozessoren.» Dank einer guten Programmierung haben Aufzüge gelernt, nicht anzuhalten, wenn sie bereits voll beladen sind, um einen Stau zu vermeiden, und sie reagieren auf menschliche Verhaltensmuster. Sie können die Horden voraussehen, die sich jeden Freitag um 16.55 Uhr auf bestimmten Stockwerken sammeln und auf den Abwärts-Knopf eindreschen.

Doch diese Verfeinerungen allein reichen bei weitem noch nicht aus, denn Aufzüge müssen auch schneller fahren. Der erste Aufzug von Elisha Otis legte 20 Zentimeter pro Minute zurück. Die schnellsten Personenaufzüge, die sich meist in Japan befinden, bewältigen über 9 Meter in der Sekunde. Rekordhalter in den späten neunziger Jahren war ein besonderer Mitsubishi-Aufzug in einem Aussichtsturm in Yokohama: über 12 Meter in der Sekunde, die durchschnittliche Steigungsrate eines Flugzeugs.

Doch die Aufzugtechnik muss nicht nur den Gesetzen der Physik Rechnung tragen, sondern auch den Launen der menschlichen Physiologie. Die Fortschritte in der Aufzugtechnik sind an die Grenzen des Komforts gestoßen. Die Hersteller müssen sich um das Ruckeln und die Schwankungen in der Horizontalen kümmern. Außerdem ist da die rohe Kraft der Beschleunigung: Abgesehen von Düsenjägerpiloten fühlen sich wenige Menschen wohl, wenn sie von Aufzügen bei einer Beschleunigung von mehr als ein Achtel der Erdbeschleunigung nach oben geschleudert oder nach unten fallen gelassen werden.

Verbesserte Materialien und eine verbesserte Technik haben die Stöße und Reibungen ziemlich abgemildert – Hitachi entwickelte ein System von Elektromagneten, um die winzigen horizontalen Abweichungen in den vertikalen Schienen auszugleichen. Aber ein kleines Problem widersetzt sich nach wie vor einer endgültigen Lösung. Die Evolution vergaß, das menschliche Trommelfell gegen eine plötzliche Veränderung des Luftdrucks zu wappnen, die mit dem Fall aus Hunderten von Metern mit hoher Geschwindigkeit verbunden ist. Der natürlichen Auslese bot sich selten die Gelegenheit, mit Überlebenden eines solchen vertikalen Falls zu arbeiten und die Eustachische Röhre darauf vorbereitend feinabzustimmen. Mitte dieses Jahrhunderts, als

Frank Lloyd Wright einen Turm entwarf, der eine Meile hoch sein und 528 Stockwerke, einen Hubschrauberlandeplatz und atomstromgetriebene fünfstöckige Aufzüge haben sollte, bekam er sofort Briefe von Flugpiloten, die ihn auf die Undurchführbarkeit dieses Projekts aufmerksam machten. Das Zeitalter der Passagierluftfahrt nahm gerade seinen Anfang, und Piloten wussten, dass Aufzüge, die innerhalb von ein oder zwei Minuten mehrere tausend Meter hinunterfahren, bei ihren Passagieren starke Innenohrschmerzen verursachen würden. Tatsächlich musste der Sears Tower in Chicago Jahrzehnte später den Aufzug, der auf die Aussichtsplattform fuhr, verlangsamen, da mehr als ein Passagier über ein geplatztes Trommelfell geklagt hatte – eine extreme Manifestation der Hetzkrankheit.

James W. Fortune of Lerch von der Firma Bates and Associates, ein führender Aufzugberater, entwarf eine alternative Lösung: die Sky Lobby mit Druckausgleich. »Passagiere auf dem Weg in ein höheres Stockwerk oder eine Sky Lobby bzw. von da zurück müssten zwischendrin umsteigen und ein Interzonenshuttle benutzen; damit hätten sie unterwegs die Möglichkeit zum Druckausgleich«, schrieb er. »Der Vorteil dieses Systems wäre, dass die Passagiere in einer vorbereitenden Druckschleuse auf den Aufzug warten, und von dort aus die Aufzüge besteigen und sehr rasch hinunterfahren könnten.« Während des Wartens, fügte er hinzu, könnten sie gegen aufkommende Langeweile auf audiovisuelle Bildschirme blicken.

Für das wirkliche Leben räumt Fortune gerne die Unwahrscheinlichkeit derartiger Druckkammern in Hochhäusern ein. Und dennoch, sagt er, »wenn wir tatsächlich diese Gebäude mit 150 bis 200 Stockwerken bauen …« Oder den 500-stöckigen »Aeropolis 2001«-Turm, den die Firma Obayashi für die Bucht von Tokyo vorgeschlagen hat. Nicht ganz so abwegig ist die Idee der Videoleinwände, die die wartenden Passagiere besänftigen bzw. einlullen. Sie erinnern an die Therapiestunden des Dr. Friedman für Typ A-Menschen. »Fujitech hat Prototypen dafür entwickelt«, sagt Fortune. »Sie spielen beruhigende Musik und zeigen halt so Kirschblütenszenen.« Auch Spiegel lenken uns ab, haben scharfsinnige Gebäudeentwickler beobachtet.

Innovative Fahrstuhlfirmen beabichtigen, die technologische Sackgasse zu durchbrechen, indem sie flexible Kabinen herstellen, die sich sowohl vertikal als auch horizontal bewegen können. Sie fahren im Aufzugschacht nach oben, werden auf Schienen abgeleitet und fahren durch einen anderen Schacht weiter hoch. Das entspricht dem Effekt mehrerer Schächte. Laut Plan fährt man im Sitzen. Möglicherweise trägt man Ohrenstöpsel. Auf jeden Fall aber entspannt man sich.

Die Hersteller sind auf neue Technologien angewiesen, weil die alten Technologien der vertikalen Beförderung mit kurzer Reichweite die Menschen zu groben Äußerungen von Ungeduld provozieren. Die Erfahrung zeigt, dass der Ärger auf Fahrstühle in Sekundenschnelle ausbricht. Die durchschnittliche Wartezeit beträgt ungefähr fünfzehn Sekunden. Bei vierzig Sekunden beginnen die Menschen sichtlich verstimmt zu sein. »In der Zeit, in der man auf den Lift wartet und mit ihm fährt, hat man das Gefühl, nichts Produktives tun zu können«, sagt John Kendall, Entwicklungsdirektor bei Otis. ›Antsy‹, *ameisenhaft*, ist das Wort, das Fortune gebraucht (wie sonderbar, dass wir unsere Hetzerei ausgerechnet auf diese in gleichmäßigem Tempo arbeitenden Insekten projizieren). Einmal an Bord, wird unser Ameisengefühl nur gesteigert, während wir darauf warten, dass sich die Türe schließt. Wie lange noch? Die automatische Türöffnungszeit ist auf zwei bis vier Sekunden eingestellt. Für einige ist das eine lange Zeit. Und das betrifft nicht nur Amerikaner. »Wenn Sie in Asien unterwegs sind, werden Sie bemerken, dass der TÜR ZU-Knopf derjenige ist, an dem die Farbe am meisten verblasst ist«, sagt Kendall. «Das ist der Knopf, der mehr als alle anderen benutzt wird. Sind sie einmal im Lift drin, wollen sie auch los.« Aus Japan stammt eine weitere Innovation, die so genannte »psychologische Wartezeitlampe«. Sowie jemand den Aufzug ruft, errrechnet ein Computer, welcher Lift als erster das Stockwerk erreichen wird, und das entsprechende Signal wird dann im Voraus beleuchtet. Das gibt die Illusion einer sofortigen Reaktion und – ein Nebeneffekt – bereitet alle Passagiere rechtzeitig auf ein schnelles Zusteigen vor. Sie steigen ein. Dann, wenn sich endlich die Türen zu schließen beginnen, führt der Anblick eines weiteren, auf den Fahrstuhl zueilenden Passagiers zu einem moralischen Test, den viele Liftfahrer nicht bestehen (auf den TÜR AUF-Knopf drücken oder Begriffsstutzigkeit vortäuschen und wegschauen?).

Im Direktorat für Zeit eilte man alte ausgetretene Stufen hinauf.

Untersuchungen von Psychologen und Soziologen haben bei Leuten, die auf den Aufzug warten, ein verqueres Zeitgefühl beobachtet, das immer auf dieselbe Art und Weise verzerrt war. Behauptete jemand: »Ich musste zehn Minuten warten«, betrug die tatsächliche Dauer eher zwei Minuten. Haben Fahrstühle wirklich den Effekt, dass wir die grundlegende Fähigkeit verlieren, kurze Zeiträume richtig einzuschätzen? Oder ziehen wir es vor, um der emotionalen Wirkung willen zu übertreiben? Eine Verzögerung von zwei Minuten rechtfertigt nicht gerade den Vergleich mit einer Folterkammer. Wenn aber die Verzögerung schon keine echten zehn Minuten auf wirklichen Uhren dauerte, so war sie auf einer anderen Skala sicherlich so lang. Forscher, die 1979 im Auftrag der Firma Otis menschliche Verhaltensweisen untersuchten, stellten genaue Beobachtungen an, während der Sekundenzeiger tickte:

Beim Warten auf den Aufzug stehen einige still, andere gehen auf und ab, und wieder andere machen kleine ungeduldige Gesten, sie klopfen etwa mit dem Fuß auf den Boden, klimpern mit ihrem Kleingeld in der Hosentasche, lassen scheinbar konzentriert ihre Augen über Wände und Decken wandern.... In bestimmten Abständen betrachten beinahe alle die Anzeige oberhalb der Lifttüre, die den Standort des Aufzugs angibt, indem sie den Kopf leicht nach hinten neigen und hauptsächlich nur ihre Augen nach oben richten.... Männer, ganz selten Frauen, wippen auf ihren Füssen leicht vor und zurück....

Das lange, beinahe an Bibliotheksruhe gemahnende Schweigen, das herrscht, wenn Menschen auf den Aufzug warten, ist nicht wirklich das, was es vorzugeben scheint.... Je länger die Stille andauert, desto größer die Wahrscheinlichkeit, dass der eine oder andere leicht verlegen wird, ... desto peinlicher und angespannter werden die inneren Dramen, die sich in jedem von uns, in unserem kleinen Projektionstheater, abspielen. ...

Die tatsächlich verstrichene Wartezeit, bevor eine Gruppe das Gefühl bekommt, dass das Warten zu einer beinahe unerträglichen Marter geworden sei, hängt vermutlich in erheblichem Maße von der Zusammensetzung der Gruppe, der Tageszeit und der Art des

Gebäudes ab, in dem man unterwegs ist. ... Man wartet selten wirklich lang, wie sehr auch immer das subjektive Empfinden die Zeit in die Länge zieht.

Die Forscher zogen viele mögliche Erklärungen für die Unruhe der wartenden Fahrstuhlfahrer in Betracht. Beispielsweise führten sie an, dass unsere Vorfahren, auf der Erde umherkriechende Wirbeltiere, lernen mussten, gegenüber Raubvögeln wachsam zu sein. Vielleicht empfinden wir deshalb den rudimentären, genetisch determinierten, neurochemischen Widerhall einer alten Urangst, wenn wir mit vielen Menschen im Gedränge stehen, die verstohlen nach oben blicken.

Auf der anderen Seite sind wir aber vielleicht bloß in Eile.

Die Türen müssen sich schließen. Überall bemühen sich Transportingenieure, winzige Zeitgewinne einzufahren. Die Manager der nicht gerade für zeitliche Präzision bekannten New Yorker U-Bahn entdeckten, dass die Schaffner sich nicht an die Regel hielten, nach der die Türen innerhalb von fünfundvierzig Sekunden nach dem Öffnen wieder geschlossen werden müssen. Die Auswirkungen befielen wie bei einer Kettenreaktion das gesamte System: ein Zug mit einer Minute Verspätung verursacht einen Rückstau durch halb Manhattan. Um Passagiere zur Eile zu mahnen, wurden Schilder installiert mit der Aufschrift: »Zurücktreten beschleunigt Ihre Fahrt«, während Digitaluhren unbarmherzig das Ablaufen der bewilligten Zeitspanne anzeigten. Dann versuchte man, den Schaffnern das Wörtchen »bitte« in ihrem Satz »Türen schließen. Bitte zurücktreten«, zu verbieten. Auf ähnliche Weise wurden durch das Kalkül der Aufzugingenieure wertvolle Sekunden sparsamst ausgegeben, dann wieder eingespart, nur um sie im Laufe des vergangenen Jahrhunderts immer wieder auszugeben. Die ersten automatischen Stoßdämpfer und Lichtschranken, die uns davor schützen sollten, zwischen den sich schließenden Lifttüren zerquetscht zu werden, vergeudeten wertvolle Sekunden, indem sie die Türen wieder ganz öffneten. Ingenieure mussten lernen, in welchem Maße wir es tolerieren, dass die Tür unsere Kleidung streift, während wir durch sie hindurchschlüpfen. Unglücklicherweise nimmt die Wucht einer Tür in Bewegung proportional zu ihrer Geschwindigkeit im Quadrat zu. Wissenschaftler kamen zu dem Schluss, dass menschliche Fahrstuhlführer auf ihre Weise zu Zeitverschwendung führen – sie sind zu höflich. »Durch Fahrstuhlbenutzer, die sich langsam auf den Lift zu bewegen und keinerlei Anstrengung unternehmen, sich zu beeilen, geht viel Zeit verloren«, sagte der Präsident der Firma Otis 1953. Mit dieser Masche wollte er seinen Kunden neue automatisierte Aufzüge verkaufen. Diese verfluchten Passagiere. »Sie wissen, dass der Fahrstuhlführer auf sie warten wird. … Der unpersönliche Aufzug ohne Fahrstuhlführer hingegen schließt die Türen automatisch nach einer vernüftigen Zeitspanne zum Ein- und Aussteigen.« Nicht nur die Aufzüge sollten jedoch an Intelligenz und Effizienz zunehmen. Er fügte hinzu: »Die Leute werden rasch lernen, sich schneller zu bewegen.« Und das haben wir auch.

Obwohl Aufzüge die Fabrik in all ihren Funktionen betriebsbereit verlassen, ist den Herstellern bewusst, dass die Hausverwalter gerne den TÜR ZU-Knopf außer Betrieb nehmen, aus Angst vor eingeklemmten Gliedmaßen und Gerichtsverfahren. Dadurch unterziehen sie die Hausbewohner einem Pawlowschen Experiment mit negativer Rückkopplung. Die Versuchstiere hungern jedoch nach etwas anderem als Futter: nach Geschwindigkeit. Ein enger Verwandter von TÜR ZU ist der Knopf, der an den Ampeln einiger Fußgängerüberwege angebracht ist und die Aufschrift BITTE WARTEN trägt. Die meisten Fußgänger befürchten auch hier, dass ihm keine wirkliche Funktion zukommt, außer der, dass die Ungeduldigen sich selbst entlarven. Schlimmstenfalls trifft das zu. Bestenfalls wird der WARTEN-Knopf schließlich, vielleicht nach ein oder zwei Minuten, bei einer ansonsten immer auf rot stehenden Ampel zu einem grünen Signal führen.

Wie oft drücken Sie auf einen Knopf, ohne dass etwas passiert? Drücken Sie auf den bereits erleuchteten Rufknopf eines Aufzugs – trotz Ihrer Vermutung, dass auch ein erhöhtes Maß an Aufmerksamkeit den Lift nicht schneller heranbringt, auch wenn der Rufknopf schon einmal betätigt wurde? Ihre Vermutung ist korrekt. Computer könnten dem Aufzug den Befehl geben, Stockwerke zu bevorzugen, auf denen der Knopf besonders häufig betätigt wurde. Doch die Aufzugtechniker werden sich hüten, noch weitere als die ohnehin schon vorhandenen Anlässe dafür zu schaffen, den Rufknopf wiederholt zu drücken. Sie kennen Pawlow. Sie wissen, was seinen Hunden widerfährt.

Ihr zweites Gesicht

Während Sie warten, schauen Sie auf die Uhr. Das ist eine Angewohnheit.

Wo die menschliche Anatomie auf Datenverarbeitung trifft, gibt es genau zwei Geräte von Bedeutung: das Gehirn und die Armbanduhr. Das Gehirn, na schön, aber es zeigt die Zeit nicht besonders gut an. Gewohnheitstiere, die wir nun einmal sind, legen wir uns ein extra Ding um – eine Maschine, die tagtäglich von beinahe allen Erwachsenen in der industrialisierten Welt getragen wird, um uns mit einer einzigen Information zu versorgen. »Ihre Uhr kündet von Ihrem wahren Ich«, lautete eine Uhrenwerbung in den Neunzigern. Ihre Uhr ist der Ort, »an dem Sie Ihrem zweiten Gesicht begegnen.« Nun ja, jedenfalls tragen wir die Zeit so nah wie möglich bei uns, dort, wo wir sie Tag und Nacht sehen können. Und nachts leuchtet sie.

Erst nach der Verbreitung des Mikrochips stellte sich heraus, dass das bloße Ablesen der Uhr nur begrenzt von wertvollen anatomischen Größen Gebrauch macht. Dann begann die Technik die Mode zu überholen. Erfinder haben Armbanduhren hergestellt, die an Termine erinnern, den Puls und Blutdruck messen, Telefonnummern speichern, die Luft- oder Wassertemperatur anzeigen, rechnen oder Musik spielen und dabei sogar noch die Zeit angeben. Es gibt Uhren mit Notfall-Leuchtsignalen für Piloten und mit Klappmessern für Möchtegern-James-Bonds. Ein Designer hat den Prototypen einer Blind-date-Uhr gebaut: Speichern Sie Ihre Wünsche in eine Datenbank, und die Uhr eines dazu passenden romantischen Interessenten blinkt auf, wenn Sie nahen. Einige Uhren sind nicht nur dazu imstande, Sie in der vierten Dimension zu orten, sondern Ihre Position auch in den ersten drei ausmachen, zumindest annäherungsweise – mit Höhenmessern, Tiefenmessung und elektronischen Kompassen.

Die Uhrentechnologie lebt von der immer kleineren, immer schnelleren Technologie der Mikroprozessoren. Wir haben Computer speziell für Spülmaschinen und Grußkarten gebaut, also können wir sie auch am Handgelenk tragen. Ein Chip mit der Power eines frühen Apple Computers rüstet die Data Link von Timex mit einem integrierten Terminkalender, To-do-Liste und Telefonbuch aus. Die Uhrentechnologie ist eine felsige Untiefe für Pioniere der funktionellen Ergonomie geworden: Die Nachteile einer winzigen, um ein Handgelenk gelegten Tastatur sind offensichtlich, doch einige Hersteller wollten sie nicht erkennen. Irgendetwas musste auf jeden Fall die raffinierte klassische Ergonomie der Armbanduhren ersetzen, ihre Ein-Rädchen-Schnittstellentechnologie, die uns das Wort ›Aufziehwelle‹ schenkte. Winzige Batterien und Motoren ersetzten das Aufziehen durch Muskelkraft, später ersetzten Knöpfe Welle und Rädchen, die ein Fingerspitzengefühl für die Kontinuität und Kreisläufigkeit der Zeit vermittelt hatten. Knöpfe sind billiger – und da Uhren immer mehr Funktionen haben, als sie Knöpfe besitzen – paradoxerweise komplex. Inzwischen hat die Data Link von Timex ihr eigenes Verfahren für den Datentransfer: sie besitzt einen elektronischen Sensor. Wenn Sie damit auf Ihren Computer deuten, übernimmt sie Bit für Bit neue Termine oder Telefonnummern von einem geheimnisvoll blinkenden Streifen auf den Bildschirm. Ebenso die Zeit – wenn Sie einen Zeitsynchronisator aus dem Internet benutzt haben, der Ihre Computeruhr mit der Zentraluhr unter *tick-* und *tock.usno.navy.mil* verknüpft hat, schließt sich der Kreis.

Handgelenktechnologen litten ihren Anteil an Qualen auf dem Weg zum perfekten Miniaturgerät. Einige Uhren haben versucht, die Grenzen zu sprengen. Bewohner einiger Städte zum Beispiel testeten eine Seiko »Message Uhr«, die sich auf geschickte Weise einen Teil des UKW-Spektrums zunutze machte und Mitteilungen von Telefon-Pagern empfing oder den Aktienindex, die Sportnachrichten und das Wetter. AT&T kündigte den Prototypen einer Telefonuhr an und ließ den Vorsitzenden der Federal Communications Commission damit auf Fotos posieren. Doch die Aussichten dieses Handgelenktelefons, tatsächlich den Markt zu erobern, verschwanden, zumindest für das auslaufende 20. Jahrhundert, da der Markt nicht in der Lage war, ein passendes Netz dafür zur Verfügung zu stellen. Ein Handgelenktelefon hätte eine viel geringere Sendestärke als die relativ leistungsfähigen Auto- oder Mobiltelefone und würde demzufolge ein weit engmaschigeres Netz an Sendern benötigen – in Städten alle paar Blocks einen.

Dennoch sind die großen Uhrenfirmen in den USA und Japan der Meinung, dass die Zukunft intelligenteren Uhren gehört. Die genaue Zeit mit sich herumzutragen ist eine fabelhafte Sache, doch nicht mehr ganz so fabelhaft wie zu der Zeit, als das 20. Jahrhundert noch jung war. Durch ständige Verfügbarkeit hat es an Wert verloren. Viele Männer und Frauen verstehen eine Uhr als eine Art Schmuckstück und sind bereit, Zehntausende von Mark für einen feinen Schweizer Chronographen aus Edelstahl auszugeben, der in gewissen Zeitschriften beworben wird, und sogar noch mehr für weniger beständige Metalle. Der snobistische Reiz liegt nicht mehr, wie noch vor einer Generation, in der Genauigkeit, mit der eine Uhr geht, sondern in der nostalgischen Bedeutung von Handarbeit. Jede Quarzuhr für zehn Mark zeigt die Zeit genauer an. Für hundert Mark mag man ein Recht auf höhere Funktionalität haben. Doch das Reizvolle an einer Uhr kann in vielen Gestalten daherkommen – heute finden Sie vielleicht die Angabe der Mondphasen, der verschiedenen Zeitzonen und einen Datumsanzeiger attraktiv, der sich in Schaltjahren selbst korrigiert. Möglicherweise haben Sie das Gefühl, es fehle Ihnen etwas, wenn Sie nicht im Besitz einer Bergsteigeruhr mit Höhenmesser sind, die täglich fünfzig Datensätze von Kletterpartien speichern kann und Ihnen eine Erfolgskurve Ihrer Gipfelstürme präsentiert, von Ihren besten Skiabfahrtszeiten in den verschiedenen Stilen ganz zu schweigen. Oder einen Ebbe- und Flutkalender, der weltweit 150 Strände über einen Zeitraum von zwei Jahrhunderten umfasst. Oder vielleicht ist Ihr bevorzugtes Statussymbol ein abnehmbarer Miniminicomputer, den Sie clever darauf programmiert haben, *Siedler* zu spielen.

Nach wie vor ist es einfacher, eine neue Handegelenktechnologie in einem Comicstrip zu zeichnen, als sie an die Verbraucher zu verkaufen.

Schneller!

Mehr als ein Höhenflug designerischer Phantasie zerschellte auf dem Markt an einer unsichtbaren Barriere von Größe und Eleganz. Und dennoch könnte das vermehrte Auftreten der Handgelenksgerätschaften nur eine Zwischenstation auf einem längeren Weg sein. Wir binden uns diese Maschinen um unser Handgelenk, weil unsere Körper mit geeigneten Nischen für Zusatzgeräte schlecht ausgestattet sind, insbesondere für solche, die wir sehen oder hören oder in die wir hineinsprechen müssen. Und doch gibt es noch ein oder zwei andere vielversprechende Stellen. Etwa der Nasenrücken, der unterstützt von den Ohren dafür bekannt ist, ein Paar optische Gläser halten zu können. Am Massachusetts Institute of Technology haben Wissenschaftler einen Display-Bildschirm entwickelt, der direkt auf einem winzigen Chip sitzt – vier Millionen Pixel, eine bessere Auflösung als die meisten Computermonitore, doch von der Größe einer Kontaktlinse. Einige Firmen arbeiten an Verkaufsprodukten mit nicht viel größeren Displays. Zum Beispiel ein Faxgerät in Taschengröße mit einem ein Quadratzoll großen Bildschirm.

Die Möglichkeiten sind erschreckend genug. Intelligente Armbanduhren könnten einfach eine andere Art sein, um den heißen Brei herumzuschleichen – Zeit zu schinden, bis wir die Geräte direkt in unsere Körper implantieren können. Wenn Sie schon einmal so weit sind, die Fernbedienung bequem um Ihr Handgelenk gebunden zu haben, soll es dann dabei bleiben? Sie sind schon längst über den Schrittmacher hinaus. Sie haben *Bionic Woman* gesehen und *Robocop*. Sie können gepiercte Näbel und Nasenringe ertragen. Vermutlich sind Sie nicht allzu zimperlich, was die Dinge angeht, die als nächstes auf uns zukommen.

Was auch immer es ist, es wird uns die Zeit ansagen – jenes Stückchen Information, das unser Leben beherrscht. In vergangenen Jahrhunderten hat die Glocke, die die Zeit markiert hat, die Arbeit der Matrosen auf den Schiffen mit den Andachten der Mönche in den Klöstern synchronisiert. Das Industriezeitalter verlangte nach einer komplexeren Choreografie, um Arbeiterkolonnen mit Maschinen zu koordinieren, und somit eine präzisere und autoritärere Zeiteinteilung. Als das Spektrum der Kommunikations- und Beförderungsmöglichkeiten sich erweiterte und zuerst Städte und dann Länder vereinen konnten, sorgten die Uhren für den wesentlichen Zusammenhalt. Für ein Schiff auf See machte der Besitz einer Uhr Navigation überhaupt erst möglich. Es war, als brächte man eine wertvolle Flamme unter Glas in ein Land ohne Streichhölzer. Die Verbreitung von Uhren und Armbanduhren verband Menschen miteinander, da ihre Arbeitspläne aufeinander abgestimmt werden konnten. Zeitmesser dienten also als Agenten einer sozialen Organisation, die es den Menschen erlaubte, in Gruppen mit der Zuverlässigkeit von Automaten zu leben und zu arbeiten. Massenproduktion einer ganzen Arbeiterschaft anstelle eines einsamen Handwerkers war von der Stetigkeit und Wiederholbarkeit des Prozesses sowie von der Materialversorgung abhängig. Anfangs waren die Werksglocke und der Pfiff für die Koordination zuständig, später war es die Firmenuhr und schließlich die Uhr eines jeden Einzelnen. Karl Marx schrieb 1863 an Friedrich Engels: »Die Uhr ist der erste zu praktischen Zwecken angewandte Automat, und die ganze Theorie über Produktion gleichmäßiger Bewegung wurde an ihr entwickelt.« Kein Wunder also, dass einige Historiker die Verbreitung der Zeitmessung als Entmenschlichung und Versklavung schildern. »In der mechanisierten Fabrik werden Menschen mit Maschinen gleichgeschaltet, die meist gleichförmigere Gewohnheiten als die Menschen haben«, schreibt Sebastian de Grazia. »Ebenso muss das Material fließen, um die Maschinen zu füttern, so dass sich eine Gleichschaltung von Mensch, Maschine und Materialien entwickelt, die unpersönlicher und komplexer ist als alles bisher Dagewesene. Die meisten Menschen sind sich heute dessen nicht bewusst, dass sie auf Maschinen ausgerichtet sind – selbst wenn sie gerade vom Läuten eines Weckers geweckt werden und ihren Kaffee in einem Wettlauf mit der Uhr hinunterstürzen.«

Die Kaiser im alten China benutzten die Zeitmessung als ein Instrument der Macht. Sie räumten nur sich selbst das Recht ein, einen Kalender zu führen und das Verstreichen der Stunden mit ihren kunstvollen astronomischen Wasseruhren festzustellen. Sie verboten die Verbreitung der mechanischen Uhrzeit, die eine halbe Welt westlich von ihnen ablief. »Die Chinesen behandelten die Zeit und das Wissen um die Zeit als einen vertraulichen Teil ihrer Souveränität, der nicht mit dem Volk geteilt werden sollte«, schreibt der Historiker David S. Landes. Im Westen wurden Uhren, die vordem majestätische Monumente waren, zu beliebtem Gemeingut. Und auch wenn Armbanduhren unsere Sklavenketten von heute sind, legen wir sie doch nicht ungern an. Einige werden sich nicht um Präzision scheren. Andere, die immer zu spät dran sind, stellen ihre Uhren fünf Minuten vor und versuchen sich selbst etwas vorzumachen (kann eine integre Persönlichkeit sich wirklich mit diesem Trick zur Pünktlichkeit zwingen?). Wieder anderen ist die optimale Feinabstimmung ein besonderes Anliegen. Wenn sich der Zeitwahnsinn nicht in einer überpräzisen Uhr manifestiert, könnte er stattdessen als Multiplikation von Zeiteinheiten auftreten – wo man auch hinschaut: Zeit. »Der Zeitangabe deiner letzten E-Mail zufolge liegt diese 13 Tage, 8 Stunden, 23 Minuten und 4 Sekunden zurück«, schreibt ein E-Mail-Schreiber in dem von Avodah Offits 1992 veröffentlichten Roman *Virtual Love.* »Auf meinem Schreibtisch stehen drei Uhren und eine hängt an der Wand. Seit einiger Zeit trage ich zusätzlich zu meiner Swatch eine alte Taschenuhr an einer Halskette.« Wie schnell die Annehmlichkeit, die Zeit zu wissen, zu einer Obsession wird, sich ständig darüber auf dem Laufenden zu halten! Wenn sich zwei Zeitbesessene treffen, schließen sie eine Wette über die Genauigkeit ihrer Uhren ab und rufen dann die telefonische Zeitansage an. Die Europäer kaufen sich Funkuhren, die auf die Frequenz eines zentralen Zeitsignals eingestellt sind, das in Deutschland ausgesendet wird. Ähnliche Uhren werden jetzt in den USA eingeführt, und Bastler tauschen Aufzeichnungen darüber aus, »wie man seine Uhr besonders genau stellt.«

»Verlieren Sie nie wieder einen Streit darum, wessen Uhr genauer geht« – wirbt ein Mathematiker für seine Künste. Das Attribut ›zeitsparend‹ würde allerdings niemand auf sein Synchronisationssystem anwenden wollen:

> Sie benötigen einen kleinen Schraubenzieher, wie ihn etwa ein Juwelier oder Optiker besitzt. Wenn Sie die Armbanduhr öffnen, achten Sie sorgfältig auf die verschiedenen Schräubchen und die Distanzstücke aus Plastik. … Ihr Ziel ist das, was man den Trimmer nennt, ein runder Gegenstand aus Keramik, auf dem sich eine Einkerbung für den Schraubenzieher befindet. …

Notieren Sie sich auf einem Stück Papier die Zeiten, Bemerkungen und Zeichnungen. ...
Warten sie ein paar Tage ab. Tragen Sie Ihre Uhr wie immer, so dass die Temperaturunterschiede, denen sie ausgesetzt ist, die gleichen wie immer sind. Dann schätzen Sie, wie schnell oder langsam Ihre Uhr geht. Nehmen wir etwa an, drei Tage seien verstrichen, das sind etwa 260 000 Sekunden. Ihre Uhr geht nach Ihrer Schätzung 1,2 Sekunden vor. ... Also geht die Uhr $^{1,2}/_{260\,000}$ oder 4,6 ‰ vor. Sie würden das aber gerne auf unter 1 ‰ reduzieren. Versuchen Sie es noch einmal, vielleicht warten Sie dieses Mal eine Woche, um die Genauigkeit der Fehlerschätzung zu erhöhen. ... Wiederholen Sie die Versuche so lange, bis sie mit dem Ergebnis zufrieden sind.

Irgendwie ist man das aber nie. Und doch, die Genauigkeit bei einer 40 Mark-Uhr auf 1 ‰ zu stellen, ist ein beachtlicher Fortschritt. Für etwa die gleiche Summe testete in der ersten Jahrhunderthälfte das Britische Physical Laboratory in Teddington eine Uhr mittels eines fünfundvierzig Tage dauernden Verfahrens. Ging die Uhr um weniger als 5 Sekunden pro Tag falsch, das entspricht etwa 60 ‰, wurde sie mit dem Prädikat A ausgezeichnet. Heutzutage wissen die Zeitmesser im Direktorat für Zeit aus den Erfahrungen mit der Schaltsekunde, wie genau die Leute aufpassen. »Sie haben eine neue Uhr zu Weihnachten bekommen«, sagt Winkler, »und Sie möchten wissen, wie gut sie ist. Alles scheint in Ordnung zu sein – bis zum 1. Januar.« (Ihre Augen wandern wieder in Richtung seines Handgelenks. Hat *er* eine neue Uhr?) »Dann machen wir diesen Sprung mit der einen Schaltsekunde und die Menschen beschweren sich!«

In ihrer überwältigenden Allgegenwart ist die Armbanduhr eine neue Erfindung. Man hatte versucht, Uhren an Armbänder und Armbinden zu hängen, doch erst gegen Ende des 19. Jahrhunderts traten Armbanduhren häufiger in Erscheinung. Einem Flieger zu Gefallen, der anderes mit seinen Händen zu tun hatte, als ständig seine Uhr aus der Tasche zu ziehen, fertigte Louis-François Cartier im Jahr 1904 eine Armbanduhr, indem er an einem seiner kleineren Modelle ein Lederband anbrachte. Mehr und mehr schien es so, als ob die ganze Menschheit aus diesem oder jenem Grund stets die Hände voll hatte, bzw. sich einfach wünschte, die Zeit mit nur einem Blick erfassen zu können, oder als ob es einfach nicht mehr genügend Westentaschen gebe. Uhrketten wurden so unmodern wie *Monokel*. All das exquisite Zubehör und die damit verbundenen Gesten verschwanden im Orkus der Geschichte. Einige Taschenuhrträger bedauerten den schnellen Wandel. »Die idiotische Mode, seine Uhr am unruhigsten Teil des Körpers zu tragen, sie an einem Armband den extremsten Temperaturschwankungen auszusetzen, wird, so kann man hoffen, bald wieder verschwinden«, schrieb 1917 ein Professor H. Bock aus Hamburg. Auch die englische Upper Class liebte ihre Taschenuhren. Als Sir H. Hardinge Cunynghame, damals Assistent des parlamentarischen Staatssekretärs im britischen Innenministerium, den seinerzeit aktuellen Artikel über »Uhren« für die *Encyclopaedia Britannica* schrieb, erwähnte er, man schrieb immerhin das Jahr 1936, voller Liebe die silbernen oder vergoldeten, mit Totenköpfen oder anderen heiligen Emblemen verzierten Gehäuse, die emaillierten Zifferblätter und Musikkästchen mit sich bewegenden Figurinen, Maria Stuarts Totenkopf-Uhr und die Uhr in Buchform, die Bogislaus XIV., Herzog von Pommern, gehörte. Wie für eine Tänzerin mit wackeligen Beinen entwarf er eine Choreografie für den Fall, dass die Uhr versehentlich durch zu große Nähe zu einem elektrischen Dynamo magnetisiert worden sein sollte – »wirbeln Sie sie schnell herum, während Sie sich vom Dynamo entfernen. Fahren Sie so lange mit der Bewegung fort, bis eine beträchtliche Entfernung zwischen Ihnen und dem Dynamo liegt«. Außerdem gab er seiner Besorgnis über die zunehmende Verwendung falscher Rubine und Saphire und das Bestempeln der Metallteile mittels Maschinen Ausdruck, doch selbst an dieser Stelle konnte er sich nicht überwinden, jene parvenühafte Spezies namentlich zu erwähnen: die Armbanduhr.

Diese war inzwischen schon mehr als eine modische Kuriosität. Sie gab der Miniaturisierung von Maschinen einen Schub, wie es gegen Ende dieses Jahrhunderts der Mikrochip noch einmal tun sollte. Feinste Zahnräder schrumpften auf ein Maß, das die Augen und Linsen der Schweizer Uhrmacher auf die Probe stellte. Die Handwerker quetschten Edelsteine in Öffnungen, die kaum ein Zehntelmillimeter groß und derart präzise gefertigt waren, dass Klebstoff überflüssig war. Die erste automatische Uhr kam in den zwanziger Jahren auf. Ein winziges Gewicht in der Uhr schwang um das Zentrum der Bewegung und spannte dadurch die Feder mithilfe einer Reduktionswelle. Bis zur Mitte des Jahrhunderts wurden winzige Elektromotoren für Armbanduhren verwendet: eine Spiralfeder, die von konventionellen Elektromagneten angetrieben wurde, allerdings immer noch mit mechanischen Kontakten, die ein Zahnrad antreiben – Zahn für Zahn – oder, ab 1953, die ersten elektronischen Motoren, die Stimmgabeln verwendeten, um das federleichte Sperrad anzustoßen.

Ein Meilenstein war die Accutron. Diese Stimmgabeluhr der Firma Bulova Watch, die einen Namen trug, der in den sechziger Jahren flott und modern klang, war der letzte Schrei unter den technischen Gimmicks und zog einen großen Marktanteil der Armbanduhrindustrie auf sich. Auf der Weltausstellung in New York wurde im Jahre 1964 eine Accutron zu einem der Meilensteine der Innovationen des 20. Jahrhunderts gewählt. Die Uhr wurde in einer Zeitkapsel vergraben, die fünftausend Jahre später wieder exhumiert werden sollte. Astronauten trugen die Accutron im All, was zu den Modellen Astronaut Mark I und Astronaut Mark II inspirierte, neben der Doctor's Date und der Citizen Hi-Sonic. Der Zeitphilosoph J. T. Fraser beschrieb auf lyrische Weise die Skala unterschiedlicher Arten, die Zeit abzulesen: »Pinienzapfen in meinem Arbeitszimmer, die sich öffnen, wenn sie reif sind, Gänse die im Frühjahr und im Herbst einem uralten Ruf folgen, die Sonne, die mit großer Wahrscheinlichkeit jeden Morgen aufgeht, und das Summen meiner Bulova Accutron, die ihre $1\,136\,003\,398\,424 \times 10^{10}$ Kreise pro Sternenjahr dreht.« Jedenfalls war damit die Kunst der Feinmechanik, die ihren Gipfel in der Schweiz erreichte, mit dem Fluch des Altmodischen und der Belanglosigkeit belegt. Der Schweizer Nationalrat gab angesichts der Demütigung aus Übersee im Jahr 1968 für immer den renommierten und jahrhundertealten Wettbewerb der Chronometer auf. »Verbittert über ihre frühzeitige Pensionierung bleibt den *régleurs*, jenen Akrobaten der Chronometrik, nichts, als ihre Erinnerungen zu pflegen«, bemerkt David Landes. »Sie treffen sich jetzt auf Begräbnissen und einmal im Jahr zum Abendessen; denn es handelte sich um ein Handwerk, das Erfahrung verlangte. Diese Männer sind also nicht mehr die jüngsten.«

Keine Zeit jedoch für Schadenfreude. 1970 war die Accutron selbst schon wieder veraltet, obwohl ihr noch 4 994 Jahre in der Zeitkapsel verblieben. Es zeigte sich, dass die fingernagelgroßen Stimmgabeln unsinnig waren. Sie mussten winzigen Quarzen weichen, die an ihren kristallinen Oberflächen elektrisch geladen waren und mit einer regelmäßigen Frequenz surrten, meist einer Frequenz von 2^n, etwa 32 768 Schläge pro Sekunde. Einmal mehr hinab ins mikroskopische Loch. Wissenschaftler wandten sich nun den natürlichen Schwingungen von Atomen zu. Die Accutronwerbung hatte noch stolz auf die zwölf beweglichen Teile verwiesen, eine verblüffende Vereinfachung des herkömmlichen Uhrwerks. Eine Quarzuhr mit einem LED-Display kommt vollständig ohne bewegliche Teile aus.

»Unser Verlangen, die genaue Tageszeit zu wissen, könnte als größte Obsession des zwanzigsten Jahrhunderts in die Geschichte eingehen«, bemerkt der Astronom und Anthropologe Anthony Aveni. Es stimmt; für die meisten ist die einzige sinnvolle Funktion des Sekundenzeigers die, uns zu versichern, dass die Uhr geht. Dabei erblicken wir einen formalen Zeiger, der pedantisch genau und mit hoher Geschwindigkeit das Verstreichen der Zeit bezeugt – etwas, das weder der Minuten- noch der Stundenzeiger uns zeigen könnten. Als nächstes schauen wir uns um, ob wir etwas mit diesem bezaubernden Instrument messen können. Zu den begierigsten Käufern der ersten Uhren mit Sekundenzeiger zählten im achtzehnten Jahrhundert Engländer, die für Pferderennen schwärmten. Bereits 1770 gab es Zifferblätter, auf denen die Sekunden in Fünftel zerteilt wurden. Heute können wir das Eierkochen ›timen‹ oder ›checken‹, ob die Fernsehwerbung zehn oder dreißig Sekunden dauert; doch haben die meisten unserer Geräte – von der Mikrowelle bis zum Auto – eine eingebaute Zeitschaltuhr.

Unsere Uhren dienen der Gesellschaft mindestens so sehr wie der Zeitmessung. Die Zahlen, die uns vom Ziffernblatt entgegenleuchten, haben nur Bedeutung mit Bezug auf die Uhren aller anderen Menschen. Wenn Sie wollen, nennen Sie das Versklavung an eine routinisierte, globale Wirtschaft. Die Rudimente des berühmten Schweizer Uhrmacherhandwerks überleben nur deshalb, weil immer noch genügend Menschen Tausende von Dollar an Andemar-Piguet, Patek Philippe und Vacheron & Constantin für die denkbar elegantesten Maschinen bezahlen. Unter den Kunden befinden sich auch jene Männer, die sich mit einer Brosche und einer schlichten Uhrenkette nicht elegant gekleidet fühlen. Vor zweihundert Jahren schrieb die Mode vor, Uhren in mehr als einer Tasche zu tragen – aus ökonomischen Gründen waren einige dieser Uhren nicht echt. Doch Uhren sind nicht bloß Tand und Spielerei. In ihnen erkennen wir eine Ikone des Idealen. Die Geschichte der Uhrmacherei ist die Geschichte der sukzessiven Eliminierung jeder Unvollkommenheit, jedes möglichen Störfaktors und jedes Symptoms der Unregelmäßigkeit. Die Herausforderung der Uhrmacher bestand immer darin, einen materiellen Gegenstand so rein und platonisch wie möglich zu schaffen, dass er gegenüber den Unwägbarkeiten der Materie und den Unzulänglichkeiten der Welt immun war.

»Die Uhr ist eine Maschine, die denselben Vorgang immer und immer wieder wiederholt«, sagt Winkler im Direktorat für Zeit. »Derselbe Vorgang, das beinhaltet auch: *ohne Störung von außen*. Schon das Beobachten stellt eine Störung dar, die wir auf ein Minimum beschränken müssen. Magnetfelder, Feuchtigkeit. Das ist Technologie auf der höchsten Perfektionsstufe, wenn es um Verfahrenskontrolle geht.« Die Uhrmacher trachten danach, alle Mängel am Ideal ihrer Maschine zu beseitigen. Unweigerlich traten, nachdem sie die gröbsten Fehlerquellen ausgeschaltet hatten, subtilere Probleme auf. Metall dehnt sich unter Wärmeeinfluss aus und zieht sich in der Kälte wieder zusammen – das weiß heutzutage jedes Schulkind. Doch im 17. Jahrhundert weigerte sich Christiaan Huygens, der Erfinder der Pendeluhr, zunächst, Gutachten zu glauben, nach denen ein Pendel im Winter schneller hin und her schwingen würde. Uhrmacher, die den Ausschlag ihrer Messingpendel in der Kälte und in der Wärme maßen, konnten keinen Unterschied feststellen – denn ihre Lineale bestanden ebenfalls aus Messing. Generationen später lernten sie, die thermische Ausdehnung mit verschiedenen Instrumenten auszugleichen, etwa mit Federn, die aus zwei unterschiedlichen Metallen hergestellt waren. Der neue Fehlerteufel hieß Reibung. Und auch hier gab die Uhrmacherkunst den Ausschlag, das Schmieren mit Ölen und Fetten pflanzlicher und tierischer Herkunft zu erforschen. Uhren benötigten Edelsteine – nicht zur Verzierung, sondern als strapazierfähige Bauteile. Und doch traten erneut Störfaktoren auf: Jedes Ticken der Unruh bedeutete Beanspruchung

und Erschütterung. Eine wichtige technische Neuerung, die so genannte »Koaxial«-Hemmung, verminderte die Reibung; es folgten viele weitere Innovationen auf dem Gebiet der Hemmung, bis schließlich die
Verwendung von Silizium dazu führte, dass die Uhrmacher sich nicht
länger mit den Capricen der Metall-Öl-Kombination auseinandersetzen
mussten.

Wenn wir auf unsere Uhren achtgeben, lehren sie uns schließlich
etwas weit Wertvolleres: dass gelebte Zeit sich von der Uhrzeit unterscheidet. Unser Zeitempfinden ändert sich je nach unserer Stimmung,
unserem Alter, je nachdem, wie beschäftigt wir gerade sind und wie
komplex unsere Kultur ist. Wir wissen, wie variabel subjektive Zeit ist,
weil wir die Ikone der mechanischen Zeit schnell und einfach zu Rate
ziehen können – ornamentale, praktische, objektive Zeit. Was Sie an
Ihrem Handgelenk tragen, ist eine Version der Wahrheit. »Obwohl das
Ticken der Uhren mit solch einer zuverlässigen Regelmäßigkeit vor sich
geht, wie die Axt-Zeit, die Schwert-Zeit, die Wolf-Zeit und die Wind-
Zeit der Wikinger«, sagt J. T. Fraser, »kann man nie mit Sicherheit wissen, ob der nächste Glockenschlag von Big Ben oder die nächste Oszillation des Quarzkristalls sich tatsächlich ereignen wird.« Eine wunderbare Vorstellung. Doch Poesie beiseite, moderne Uhren sind nicht
so unzuverlässig. Eine Wette um die nächste Oszillation jenes Quarzkristalls würden Sie zweifeslohne gewinnen, wenn Sie könnten – aber sie
ist bereits vorbei, ehe Sie den Gedanken daran überhaupt gefasst haben.

Weltzeit

Solange eine Uhr nicht ans Netz angeschlossen ist, also keinen Funk-
empfänger hat, über den die Uhrzeit automatisch gestellt wird, gleicht
sie einer Flasche, einer dickwandigen Thermosflasche, in der sich flüch-
tiger flüssiger Sauerstoff befindet. Ihr Inhalt, die Zeit, reiste als wertvolle Ladung auf Schiffen durch eine Welt, in der es noch keinen Funk gab.
Ohne sie konnten die Seefahrer ihre geografische Lage nur erraten.
Wenn sie aber wussten, wie spät es in Greenwich, England war, konnten
sie ihre Position auf See genau bestimmen.

Gegen Ende des letzten Jahrhunderts fand dann die schnelle Kommunikation eine rasche Verbreitung: Telegrafen- und Telefonleitungen
wurden in Privathäuser und Firmen gelegt, wenig später folgte die
unsichtbare Übertragung von Funksignalen. Von Anfang an bedeutete
Vernetzung auch Synchronisierung. Die Information, die am meisten
übermittelt wurde, war die Zeit – die »Weltzeit«. Einige Jahrzehnte zuvor hatte es noch keine Weltzeit gegeben. Astronomen und Seefahrer
hielten sich an das Royal Observatory, aber in den weitläufigen Vereinigten Staaten gab es etwa tausend verschiedene Lokalzeiten. Mit der
Eisenbahn änderte sich das. Sie erforderte Pünktlichkeit – sie zwang die
Menschen, sich mehr nach der Uhr zu richten oder gar auf die Minute
pünktlich zu sein. Solange man sich noch nicht per Eisenbahn fortbe-
wegte, reiste kaum jemand so schnell, als dass er an seinem Zielort eine
andere Uhrzeit wahrnehmen konnte. Man brauchte Telegraphen und
Telefone, um Uhren, die Hunderte von Meilen auseinander lagen, zu

synchronisieren. In einer vernetzten Welt ist eine universale, überall unisono verstreichende Zeit normal, doch für das neunzehnte Jahrhundert war die Eisenbahnzeit ein Schock – ein nicht besonders willkommener Nebeneffekt, den die Technik mit sich brachte. Sie zog weitere Schocks nach sich – die Zeitzonen, die Nachbarn an ihren Grenzen entlang plötzlich entzweiten oder die Sommer- und Winterzeit, die die Stadtbewohner von der Landbevölkerung schied. Angesichts der künstlichen, konstruierten Zeit des Industriezeitalters vermutete man, dass auch ein Gegenstück dazu existieren müsse: die *natürliche* Zeit, ein von Geräten ungebrochener Zeitfluss, der nur durch die Schwingungen und Zyklen der Natur bestimmt wird und sich somit sanfter auf unser wahres Selbst auswirkt. Unter diesen Umständen schienen selbst Kalender mit ihrer unnatürlichen Aufteilung des Zeitflusses unmenschlich zu sein. »Das Zerstückeln der Zeit in starre Einheiten ist ein Eingriff in die persönliche Freiheit, der den unterschiedlichen Temperamenten und Gefühlswelten keinerlei Rechnung trägt«, schreibt Charles Dudley Warner 1884 im *Harpers New Monthly Magazine*. Und er war nicht der Erste. Schon Plautus hatte die modernste Technik der Zeiteinteilung, die er kannte, verwünscht: die Sonnenuhr: »Die Götter verfluchen den Menschen, der als erster herausfand, wie man die Stunden einteilt! Verflucht sei auch jener, der an dieser Stelle eine Sonnenuhr aufgestellt hat, die meinen Tag so unbarmherzig in kleine Teile zerstückelt!« Noch im ausgehenden 19. Jahrhundert wehrten sich einige Städte gegen die Einführung einer genauen und standardisierten Eisenbahnzeit. Erst gegen Ende des Ersten Weltkriegs legten die USA die Weltzeit gesetzlich fest.

Synchronisation über riesige Distanzen hinweg – Weltzeit im globalen Dorf. Selbst Mitte des 20. Jahrhunderts hatte sie ihre Eigentümlichkeit noch nicht ganz und gar verloren. *The Benny Goodman Story* setzte dieses Empfinden 1955 mit einem besonderen Trick filmisch um: zu einer Szenerie in einem Rundfunkstudio, in dem vier Uhren an der Wand hingen, die die Zeitzonen der USA repräsentierten, wurden zeitgleich Menschen eingeblendet, die in jeder dieser Zeitzonen tanzten – zu ein und derselben Musik! Heute bringt die Synchronisierung eine Art Gleichzeitigkeit der nationalen Biorhythmen mit sich: Die Bewohner der amerikanischen Westküste beispielsweise stehen früher auf und gehen später zu Bett als die der Ostküste – wegen des sanften Zwangs, die Kommunikation über 3 000 Meilen ständig aufrechtzuerhalten. Und Synchronisierung bedeutet Beschleunigung, wenn auch nur deshalb, weil die Minuten und Sekunden so genau berechnet werden. Henry David Thoreau wurde sich dessen in den ersten Tagen der Eisenbahnzeit bewusst und war deswegen voller Bewunderung. »Haben die Menschen nicht einigermaßen an Pünktlichkeit gewonnen, seit die Eisenbahnen erfunden wurden?« fragte er. »Sprechen und reden sie nicht rascher als auf der Posthaltestelle? Es liegt etwas Elektrisierendes in der Atmosphäre des Bahnhofs.« Obwohl die Weltzeit an manchen Orten noch Unbehagen hervorrief, wurde sie zu einem begehrten Gut. Juweliere ließen sie sich von den Observatorien telegrafisch übermitteln, um sie aus Prestigegründen in ihren Schaufenstern auszustellen, und zahlten dafür jedes Jahr große Summen. Ein Zeitsignal konnte mit einfachen technologischen Mitteln über kurze Distanzen hinweg verbreitet werden. Observatorien ließen einen Ball fallen, Glocken läuten oder einen Pfeifton erklingen. Mit der Verbreitung der Telegrafenleitungen nahm auch das Ansehen der nationalen Observatorien in Greenwich, Paris und Washington zu, die einen Rhythmus vorgaben, der ebenso gleichmäßig war wie der Trommelschlag auf einer Galeere. Rundfunksender nahmen diesen Rhythmus auf, so dass Mitte des 20. Jahrhunderts jeder, der im Besitz des richtigen Empfängers war, die Zeit bis auf Hundertstelsekunden genau erfahren konnte. Dann kam das Telefon. In dem Maße, wie man sich daran gewöhnte, Kommunikationsgeräte dieser Art in der Wohnung stehen zu haben, griff man immer öfter zum Hörer, um Informationen zu erfragen. Man sprach nicht nur mit Freunden, sondern auch mit irgendeiner unpersönlichen Stimme am anderen Ende der Leitung. Es schien, als habe man zusammen mit dem Telefonnetz auch eine mysteriöse, allwissende Person geschaffen. In den kleineren Städten landete man bei Telefonistinnen, die man namentlich kannte und die gelegentlich die Gespräche, die sie vermittelten, mithörten. Doch in erster Linie waren es Stadtbewohner, die sich in diesem unpersönlichen Telefonnetz informieren wollten. Sie fragten nach dem Wetterbericht, Wahlergebnissen, Nachrichten und Sportresultaten. Am meisten interessierte sie jedoch die Uhrzeit. Die Nachfrage danach war so groß, dass die Manager der Firma Bell Telephone diesen Service 1918 einstellten, weil sie ja eben nicht über eine allwissende Stimme verfügten, sondern Tausende von Angestellten benötigten, die immer wieder auf ihre Uhren schauen mussten. Es kostete die Telefonistinnen einfach zu viel Zeit.

Das brachte die Kunden in Rage. Die Zeit war kein Luxusgegenstand mehr, sie war eine Notwendigkeit. »Sie besitzen gewissermaßen das Monopol«, schrieb David Elliott aus Colorado Springs – Senator und Teilhaber – dem Präsidenten der Telefonfirma nach New York. »Sie sollten dafür, dass sie das Monopol haben, auch etwas bieten – etwas, das über den Service hinausgeht, für den die Leute bezahlen. Die meisten Menschen sind an der Uhrzeit mehr interessiert als am Zustand der Straßen zwischen hier und Denver.« Und postskriptum fügte er hinzu: »Ich habe die Uhrzeit von der Post erfahren!« Nachdem sie ihre Unterlagen durchgesehen hatten, kamen die Telefoningenieure zu dem Ergebnis, dass in den Jahren vor dem Ersten Weltkrieg und in den ersten Jahren danach etwa einer von vierzig Anrufern im ganzen Land nach der Uhrzeit fragte. In den größeren Städten waren es sogar noch mehr. Beinahe zehn Prozent aller Telefonanrufe in Chicago beispielsweise waren Zeitanfragen. Das Unternehmen fühlte sich eher befangen, weil es so ein heißbegehrtes und wertvolles Gut – die Uhrzeit – verteilen sollte. »Heute«, schrieb ein Mann aus Rochester, New York, »ist das Telefon überall zu dem geworden, was gestern noch die Kirchturmuhr war. … Ein Mensch allein in seinem Haus, dessen Uhr nicht mehr richtig geht oder gar stehen geblieben ist, ist hilflos. An wen, außer ans Telefon, kann er sich in seiner Not wenden, um Hilfe zu bekommen? … Das kommt fast schon dem Flehen eines Durstigen um Wasser gleich.«

Ein weiteres Jahrzehnt – in dem intern diskutiert und evaluiert wurde und mithilfe von Gummistiften, die die Telefonistinnen in die Löcher ihrer Schaltpulte steckten, Anrufe gezählt und Vermerke gewissenhaft durch die verschiedenen Ebenen der Firma Bell hinauf- und hinuntergeschickt wurden – sollte ins Land gehen, ehe sich die Telefonfirmen schließlich dazu durchrangen, Geld für diesen Service zu nehmen. Im Sommer 1928 schufen die New York Telefone Company und die New Jersey Bell Telephone Company so genannte ›Time Bureaus‹ – Zeitbüros, die eine eigene Nummer hatten: Meridian 1212. Kostenfaktor:

fünf Cents. Allein am ersten Tag berappten die New Yorker 10 246 Fünf Cent-Stücke für diesen Service. Die Zeitbüros waren die offizielle Bestätigung jener ehemals fiktiven, autoritären, zentralen Stimme, auch wenn es sich nach wie vor nur um Telefonistinnen handelte, die auf ihre Uhren schauten. Aus diesem Anlass philosophierte die *New York Times* in ihrem Leitartikel:

> Knickerige Seelen mögen zögern, für einen derart trivialen Zweck wie die Frage nach der Uhrzeit fünf Cents auszugeben, doch wir wagen die Prognose, dass viele der Ansicht sein werden, ihr Geld gut angelegt zu haben. Da sind Hunderte von Familienvorständen, deren Pflicht es ist, jeden Sonntagvormittag Großväterchens Standuhr aufzuziehen und dafür zu sorgen, dass sie auch richtig geht. Andere vergessen, bevor sie sich abends hinlegen, ihre Uhren aufzuziehen, müssen aber, wenn sie an einem kalten Wintermorgen aufwachen, wissen, wie lange sie noch unter der Decke bleiben dürfen.

Im Großen und Ganzen jedoch erkundigten sich die Stadtbewohner zu Beginn des 20. Jahrhunderts nicht in erster Linie deshalb nach der Zeit, damit sie danach wieder schlafen gehen konnten.

Die neuen Akzeleratoren

Allein schon die Uhrzeit zu wissen, führte zu einer Beschleunigung. Doch auch andere Dinge hatten diesen Effekt. Amphetamine, insbesondere das bekannte Metamphetamin, stimulieren das Nervensystem, beschleunigen den Herzrhythmus und lösen ein schnelles, rastloses Gefühl von Aufregung und Energie aus. Dementsprechend heißen solche Drogen im Slang *Speed*. Von allem, was schnell ist, sagen wir, es sei auf *Speed* – eine Metapher in der Metapher. Hochleistungssportler missbrauchten Amphetamine, um im wahrsten Sinn des Wortes schneller zu werden (jedoch vergeblich). Andere verwendeten sie einfach als Antidot gegen Langeweile. Inzwischen geben uns Narkotika einen Kick. In den puritanischen neunziger Jahren, in denen sowohl Alkohol als auch Nikotin zunehmend verpönt waren, kristallisierte sich als letzte gesellschaftlich akzeptierte stimmungsverändernde Droge das Koffein heraus, der Wirkstoff, der nicht nur im Kaffee, sondern auch in den neuen Energydrinks enthalten ist. Junge Männer und Frauen, die einst zahllose Stunden ihres Feierabends in ihrer Eckkneipe verbracht hatten, geben sich heute mit nur einigen wenigen Minuten in Coffee-Bars zufrieden. Feinschmecker auf dem Sprung. Diese Tasse Kaffee könnte Harrar Mokka aus Äthiopien sein oder Sumatra Mandheling-Linton oder speziell mit Koffein angereicherte Tansania Peaberry. Nur nicht Kaffee Hag – nein danke.

Die Geschichte von Coca-Cola nahm im 19. Jahrhundert ihren Anfang mit einem Tonikum, dessen geheimer Inhaltsstoff Koffein war.

54

Gerissen wie sie war behauptete die Firma über Jahre hinweg, dass Koffein in Cola lediglich aus Geschmacksgründen enthalten sei, obwohl Pharmakologen Koffein als ein Alkaloid bekannt war, dass das zentrale Nervensystem stimuliert. Da ist es unerheblich, dass Koffein ein Geschmackselement ohne erkennbaren Eigengeschmack ist. Coca-Cola wurde in einer Epoche der Tonika, Stärkungsmittel und Schnapsfläschchen geboren und unter anderem als ein Mittel gegen die »Langsamkeit des Denkens« angepriesen. Heute wissen wir, dass Koffein in größeren Mengen zu Ruhelosigkeit, Nervosität, Erregung, Schlaflosigkeit, Hyperämie, Diuresis, Magenbeschwerden, Muskelzucken, Unkonzentriertheit, Fahrigkeit, Tachykardie oder Herzrhythmusstörungen, Hyperaktivität und einigen anderen allseits bekannten Zuständen unserer beschleunigten Zeit führt. Aber machen Sie sich keine Sorgen. Kauen Sie noch eine der dunkel gerösteten Bohnen in Schokolade, während Sie an der Website der Firma »Coffee à Go Go« vorbeiswingen, aus der leiser Gesang erklingt: »Koffein, dein Freund und meiner! Unsren Herzen nah und lieb, sozusagen engverbunden mit den synaptischen Impulsen.«

Selbst Alkohol- und Nikotingenuss sind zu Beschäftigungen auf der Basis von »Speed« geworden. Schnaps und Zigaretten, die ihre chemische Wirkung weit schneller zeitigten, als Wein und Pfeife das bislang getan hatten, traten als Zeitsparer in das Leben der Menschen ein. Wir *kippen* destillierte Spirituosen, bemerkt der Historiker Wolfgang Schivelbusch, und der Rausch stellt sich so mehr oder weniger sofort ein, ganz anders als beim gemächlichen Nippen am Wein- oder Bierglas. »Sucht man nach einem Begriff, mit dem man den Fortschritt des Rauchens von der Pfeife über die Zigarre zur Zigarette beschreiben kann«, sagt er, »so bietet sich der der Beschleunigung an«. Wir konsumieren sowohl unsere Aufputschmittel als auch unsere Beruhigungsmittel schneller. Dank der Zigarette haben wir eine neue Zeiteinheit erhalten: die *Zigarettenlänge*, rund fünf Minuten, »unterscheidet sich«, sagt Schivelbusch, von der Zigarrenlänge, die eine gute halbe Stunde dauert, »wie die Geschwindigkeit der Postkutsche von der des Automobils«. Zigaretten und ein Schuss Whisky: schnell, prompt, pauschal.

Das sind Additiva für unsere Motoren. Wir glauben, dass sie das Funktionieren dessen, was wir ganz bewusst als die menschliche Maschine bezeichnen, modifizieren. Das ist praktisch, denn wie sich herausstellt, hängt unser Wissen über Geschwindigkeit beinahe gänzlich von unserem Wissen über Maschinen ab. Lassen wir Pferde und Falken einmal beiseite; erst im Maschinenzeitalter wurde man sich der Geschwindigkeit als einer Eigenschaft bewusst, die messbar, berechenbar und regulierbar ist. In der Antike war Geschwindigkeit etwas Undefinierbares. Bevor das Wort ›*speed*‹ Schnelligkeit bedeutete, bezeichnete altenglisch ›*spede*‹ oder ›*spēd*‹ vielmehr Erfolg und Wohlstand. »God speed« meinte nicht: »Möge Gott dich antreiben«. Aristoteles hatte mit der Abstraktion von Bewegung genug zu kämpfen. Voraussetzung für die genaue Beschreibung eines Geschwindigkeitsbegriffs war eine Messgenauigkeit, die in der vorgalileischen, vornewtonschen Welt nicht zu erreichen war. Die Sprachen hatten keine Bezeichnung für Geschwindigkeitseinheiten, bis die Ära der Segelschifffahrt die eigenartige Prägung *Knoten* notwendig machte (die Matrosen maßen die Geschwindigkeit, indem sie einen Holzklotz über Bord warfen, welcher an einem Seil mit Knoten in regelmäßigen Abständen hing, die sie zählten, während sich der Klotz entfernte). Selbst heute, wo ein modernes Lexikon der Maßeinheiten neben Meter und Pfund auch Joules und Parsek aufführt, zeigt sich der relative Neuzugang des Begriffs der Geschwindigkeit in der Wortarmut dafür. Beinahe immer müssen wir die Geschwindigkeit als eine Division von Einheiten umschreiben: Kilometer pro Stunde, Meter pro Sekunde.

Vor dem Maschinenzeitalter waren nur wenige Menschen direkt in Berührung mit gleichförmiger Bewegung gekommen, wie sie in den Newtonschen Formeln ihren Ausdruck findet. Erst mit Erfindung der Eisenbahn kam eine gleichmäßige Geschwindigkeit auf. Diese verwirrte die Passagiere, da die vertrauten landschaftlichen Merkmale mit *hoher Geschwindigkeit* an ihrem Gesichtsfeld vorbeiflogen. Und es bedurfte noch nicht einmal einer besonders hohen Geschwindigkeit, um erstaunliche und ungewohnte Empfindungen hervorzurufen. »Wir flogen auf den Flügeln des Windes bei einer Geschwindigkeit zwischen fünfzehn und zwanzig Meilen pro Stunde«, schrieb 1830 ein Passagier, der zum ersten Mal mit einer Eisenbahn fuhr. »›Zeit und Raum‹ waren aufgehoben.« Es war ein gewaltiger geistiger Sprung vom alten Begriff der Geschwindigkeit als Attribut eines Planeten oder Pferdes zu ihrem neuen Begriff einer veränderlichen, feinabstimmbaren Eigenschaft. Mit Maschinen können wir diesen Sprung leicht vollziehen. Sie gaben uns die Macht, die Geschwindigkeit eines Gegenstands jederzeit zu verändern, indem wir an einem Regler drehen oder auf ein Pedal drücken. Warum also nicht auch die Geschwindigkeit der Maschine Mensch verändern? Wenn Geschwindigkeit das ist, was wir wollen, warum sollen wir sie dann nicht in Form einer Arznei oder Tablette einnehmen? Im 19. Jahrhundert entdeckten einige der Pioniere des Drogenmissbrauchs, dass sie auf recht wirksame Weise das Tempo ihres zentralen Nervensystems ändern oder zumindest die Empfindung eines anderen Tempos hervorrufen konnten. Arthur Conan Doyles Sherlock Holmes schwor, wie einige echte Londoner übrigens auch, auf Kokain, um aus seiner Trägheit herauszukommen und aktiv zu werden. Und H. G. Wells schuf in seiner Kurzgeschichte von 1901 »Der neue Akzelerator« die Vorstellung einer drogeninduzierten Geschwindigkeit unmöglichen Ausmaßes.

Die Hauptfigur in Wells Geschichte, ein mephistophelischer Professor namens Gibberne, ist auf der Suche nach einem »Mittel zur Stimulierung schwacher Nerven«. Alice im Wunderland schlürfte einen Zaubertrank, um ihre Körpergröße zu verändern. Wells erforschte eine andere Dimension. Die Zeit selbst war in Beschleunigung begriffen – »unsere stürmischen Zeiten« lautete sein Kontext – und normale, »träge« Menschen brauchten das gewisse Etwas, um überhaupt Schritt zu halten. Professor Gibberne machte sich also auf die Suche nach einem Stärkungsmittel, das das zentrale Nervensystem um das doppelte, möglicherweise dreifache beschleunigte.

»Stellen Sie sich vor, Sie besäßen so eine kleine Phiole«, sagt der Professor und hält ein kleines grünes Fläschchen hoch, »und in dieser kostbaren Phiole liegt die Macht, doppelt so schnell zu denken, sich doppelt so rasch zu bewegen, in einer bestimmten Zeit doppelt so viel zu arbeiten wie sonst.« In der Tat eine Macht, insbesondere für einen Politiker, der stets unter Zeitdruck steht (»er könnte seinem Privatsekretär das Mittel geben«), für einen Autor, der sein Buch schnell zu Ende schreiben muss, für einen Arzt oder Anwalt mit einem dringenden Fall, oder für einen Studenten, der für eine Prüfung büffelt. Und Wells fügt noch einen Fall hinzu, der den Konsumenten künstlicher Stimulanzien am Ende des zwanzigsten Jahrhunderts vielleicht nicht automatisch einfallen würde: den Duellanten. »Ich weiß nicht«, sinniert der Erzähler der Geschichte, »bei einem Duell – wäre das fair?« Darauf der Professor scharf: »Das ist Sache der Sekundanten.«

Wells, der Urvater der modernen Sciencefiction, spricht durch seinen Erzähler für sich selbst: »Paradoxien von Raum und Zeit haben mich immer schon fasziniert.« In seinem ersten literarischen Triumph, *Die Zeitmaschine*, entwarf er philosophisch sehr detailliert die Vorstellung der Zeit als vierter Dimension, die sich im Prinzip von den ersten drei räumlichen Dimensionen nicht unterscheidet. Das war fünf Jahre vor der Jahrhundertwende und ein Jahrzehnt, bevor Einstein seine Spezielle Relativitätstheorie veröffentlichte. Raum-Zeit als eine verschmolzene Entität, eine Geometrie, das lag schon in der Luft. Mitte der 1880er Jahre überschlugen sich in England die Spekulationen über die Dimensionen: Bücher wie Edwin Abbotts phantasievolles und seltsames *Flatland*, in dem eine zweidimensionale Welt vorgestellt wurde, welche von zweidimensionalen Wesen bewohnt war, sollten die Leser dazu ermuntern, ihrer Weltsicht eine vierte Dimension hinzuzufügen. Albert Michelson und Edward Morley hatten ihr berühmtes Experiment durchgeführt, das die konstante Geschwindigkeit des Lichts bewies, und H. A. Lorentz hatte seine sonderbare Theorie vorgelegt, nach der sich ein sich im Raum sehr schnell bewegender Gegenstand verkleinert. Wells verfolgte diese Entwicklungen sicherlich, doch sein prophetisches Verständnis der Raum-Zeit-Geometrie entsprang auch den banaleren Entwicklungen einer modernen Welt: neuen grafischen Darstellungsmethoden der Zeit auf den Fahrplänen der Eisenbahnen und den Wetterkarten, die sie in der Fläche als vierte Dimension zeigten. »Hier haben Sie ein allgemein verständliches wissenschaftliches Diagramm, eine Wetterkurve«, sagt der Zeitreisende Wells. »Diese Linie, die ich mit meinem Finger nachziehe, zeigt den Ausschlag des Barometers. ... Das Quecksilber hat diese Linie doch sichtlich nicht innerhalb einer der drei allgemein anerkannten Dimensionen des Raums gezogen?« Eine auf Effizienz und Messbarkeit bedachte Epoche ließ die Zeit als vierte Dimension entstehen, noch bevor Mathematiker und Physiker die Details ausgearbeitet hatten.

Zeitreisen scheinen eine der Vorstellungen zu sein, die grundsätzlich in den Bereich der Sciencefiction gehören; denn sie sind, wie sich herausgestellt hat, technisch nicht durchführbar, selbst nachdem inzwischen U-Boote, Raketen und Laserpistolen die Bühne betreten haben. Wenn man ein bisschen Fantasie entwickelt, ist die Idee, in die *Zukunft* zu reisen, nicht so radikal und abwegig wie all die anderen Dinge. Es ist ein Akt, den wir jeden Augenblick vollziehen. Wenn wir nach dem Nachtschlaf aufwachen, erwachen wir in der Zukunft – in einer veränderten Welt. Rip Van Winkle war ein Zeitreisender ohne Maschine. Die Hauptfigur in Wells *Zeitmaschine* war ein Zeitreisender mit elfenbeinernen Hebeln und Quarzgestängen. Und Professor Gibberne ist ein Zeitreisender auf Drogenbasis, »der sich tatsächlich zu nichts geringerem rüstet als der absoluten Beschleunigung des Lebens.«

Er und der Erzähler vermischen den Trank mit Wasser, stoßen mit ihren Gläsern an und schließen die Augen. Augenblicke später fühlen sie, dass die Welt sich verlangsamt hat und sich nur noch im Schneckentempo bewegt. Lange bevor die Filmindustrie Zeitlupenaufnahmen für sich entdeckte, öffnen unsere Helden ihre Augen und entdecken einen Vorhang an einem offenen Fenster, dessen Bewegungen einfrieren, während er noch im Wind flattert. Gibberne lässt ein Glas aus seiner Hand gleiten, und sie beobachten, wie es ganz langsam dem Fußboden zuschwebt. Draußen ist alles beinahe bewegungslos: eine Staubwolke hängt hinter einem Fahrradfahrer in der Luft, Menschen verharren mitten in ihren Gesten, und der Erzähler spürt angesichts der bloßgelegten Widerlichkeit des Ganzen, was man später als existenziellen Ekel bezeichnen wird – »merkwürdige, schweigende Attrappen mit dem Anschein von Selbstbewußtsein«. Die Laute eines schreienden Mannes und einer Musikgruppe pulsieren langsam in ihren Ohren wie leises Geratter und Seufzer. Sie spazieren mit ihrem tausendfach beschleunigten Schritt umher, unsichtbar für alle anderen. Sie nehmen die langsamen Bewegungen von Pferdebeinen, der Peitsche eines Kutschers und des Flügels einer Biene war. Sie frohlocken angesichts der Überlegenheit durch ihre Schnelligkeit. Geschwindigkeit ist Macht.

Es war unwahrscheinlich wunderbar, diese Leute alle in Bilder verwandelt zu sehen oder zu realistischen Wachsfiguren erstarrt. Es war natürlich absurd, aber es erfüllte mich mit einem unvernünftigen, frohlockenden Überlegenheitsgefühl. Es war wirklich wie ein Wunder! Alles, was ich gesagt, getan und gedacht hatte, seit das Mittel in meinen Adern zu wirken begonnen hatte, war für diese Leute, für die Welt im allgemeinen, im Handumdrehen geschehen.

Dann fangen unsere Helden Feuer, ihre Kleidung hat sich durch die Reibung mit der Luft entzündet – hier nimmt Wells die Idee von Raketen vorweg, die ein Hitzeschild benötigen.

»Der neue Akzelerator« greift auf das neue Jahrhundert vor und fängt einige Empfindungen der Geschwindigkeit ein: Macht, Überlegenheit, Effizienz, pure Wünschbarkeiten. Gibbernes Trank übertrieb nur mäßig die Schnelligkeit, die man ohnehin schon anstrebte. Er bot die Möglichkeit, reine Zeitsegmente für praktische Unternehmungen herauszuschneiden. Er versprach unbegrenzte Stunden zum Schreiben oder Lernen, befreit vom Druck der alltäglichen Pflichten. Er verlieh dem Konsumenten Überlegenheit und konzentrierte Vitalität in höchster Form. Der Trank machte unsichtbar und zugleich auf eine besondere Art und Weise sehend. Man konnte alles tun oder lassen, sogar Verbrechen begehen, »wenn man sie gewissermaßen in eine Zeitlücke hineinschwindelte.« Der Erzähler sinnt über eine Gegendroge nach, ein Mittel mit retardierender Wirkung (Opium? Quaaludes?), also dem umgekehrten Effekt, doch die wahre Stärke lag im neuen Akzelerator. Wir Bürgerinnen und Bürger des nächsten Jahrhunderts, des Speed Age, leben die neue Beschleunigung ein wenig aus, nicht nur wenn wir Methamphetamine einnehmen, sondern auch dann, wenn wir das Gaspedal durchdrücken, um auf der Überholspur an den langsameren Fahrzeugen vorbeizuziehen, die es auf jeder Autobahn gibt. Wir genießen die neue Beschleunigung, wann immer und wie auch immer wir an dem teilhaben, was der Schriftsteller Nicholson Baker den »Almauftrieb der Zeit« nennt.

Diverse neuere Werbespots spielen mit derselben Vorstellung, die Zeit anzuhalten, wenn etwa eine Geschäftsfrau auf einem Flughafen ihr Gepäck abholt und durch eine zur Bewegungslosigkeit geronnene Menge zu ihrem Mietwagen schlendert. Die Freudsche Analyse dieses Traums würde den Wunsch eines jeden Unternehmers offenbaren, an seinen Konkurrenten vorbeizurauschen, ohne unter den Nebenwirkungen dieses Geschwindigkeitsrauschs zu leiden. Die Wirklichkeit sieht jedoch so aus, dass wir schneller werden, die Konkurrenz schneller wird, und der Wettbewerb weitergeht, nur noch schneller.

Baker schrieb hundert Jahre später einen Roman über dasselbe Thema wie Wells, *Die Fermate*. Auch hier kann der Held wie Professor Gibberne die Zeit auf Schneckentempo verlangsamen. Komischerweise weiß er nichts anderes mit seiner Macht anzufangen, als Frauen zu entkleiden. Wo Wells über die Vorteile für einen Politiker nachdenkt, der unter dem Druck sich überstürzender Ereignisse steht, denkt Bakers Erzähler über die Zweckmäßigkeit des Weihnachtseinkaufs in letzter Minute nach. Auch auf der Autobahn wendet er seinen Trick an – »das Universum bei einer Geschwindigkeit von sechzig Meilen anzuhalten schien mir doch äußerst unbesonnen und abartig« – und nimmt seine Welt längst nicht so genau wahr, wie es Wells Erzähler tat: »Eigentümlich war auch, dass ich in den Ohren pfeifende und röhrende Geräusche hatte, wenn ich in oder gegen die Richtung ging, in die ich gefahren war: Meine Vermutung war, dass das etwas mit Vektoren und erstarrten Tonwellen und dem Dopplereffekt zu tun hatte, doch damit gab ich mich jetzt nicht ab.« Er macht sich überhaupt wenig Gedanken über die Beobachtung hinaus, dass Sex selbst eine Möglichkeit ist, die Zeit anzuhalten. Für ihn dient die »Zeitlosigkeit des angehaltenen Augenblicks« eher dazu, langweiliger Arbeit oder übersprudelnden Unterhaltungen zu entkommen, denen er nicht ganz folgen kann.

»Ich habe jede Vorstellung davon verloren, was ›bald‹ heißt«, erzählt er einer Frau. »Möchten Sie nicht auch jede Vorstellung davon verlieren, was ›bald‹ heißt?« Es scheint so, als würden wir das wollen.

In Zeitlupe sehen

Im Sciencefiction ist die Zukunft meist nur die Gegenwart in spärlicher Verkleidung. Der Erfinder des neuen Akzelerators ruft aus: »Das bringt die Theorie vom Sehen in eine ganz neue Situation!« Zu der Zeit, als Wells schrieb, war die Theorie des Sehens allerdings bereits mit einer ganz neuen Situation konfrontiert. Eine erfrischende Art, Bewegungsabläufe zu sehen – indem man die Zeit gefror – hatte eine unmittelbar inspirierende Wirkung auf ihn. Die Sehenswürdigkeiten, deren Professor Gibberne gewahr wurde, als er die Welt um sich herum in Zeitlupe versetzte, hatten einige Pioniere schon vorher erblicken können. Sie benutzten Kameras.

Von den vielen Löchern im Teppich des menschlichen Wissens um 1872 sollte eine besonders eigentümliche Lücke das Verhältnis des nächsten Jahrhunderts zur Geschwindigkeit beeinflussen. Niemand wusste mit Sicherheit zu sagen, ob ein trabendes Pferd zu irgendeinem Zeitpunkt alle vier Hufe gleichzeitig vom Boden hob oder nicht. Viele Reiter glaubten, es zu wissen, aber selbst die, die Recht hatten, lagen doch falsch. Seit Jahrhunderten hatten die Menschen Pferde gezüchtet und Pferderennen veranstaltet, hatten sie in realistischen und ausgefallenen Posen gemalt, hatten sie beobachtet, während Unsummen von Geld auf dem Spiel standen, hatten eine Terminologie zur Klassifizierung ihrer verschiedenen Gangarten entwickelt – Schritt, Trab, Passgang (Zeltergang), schneller Passgang, Kanter (kurzer Galopp) und Galopp – doch was taten die Pferde dabei eigentlich? Ihre Beine bewegten sich zu schnell für das menschliche Auge. Leland Stanford, ehemaliger Gouverneur von Kalifornien und Begründer der Universität, die seinen Namen trägt, darüber hinaus Besitzer von Rennpferden, wettete, dass ein Pferd beim Traben ganz und gar vom Boden abhob. Als Vorstand der Vereinigung der transkontinentalen Eisenbahnen in Promontory, Utah, hatte er bereits einen hervorstechenden Beitrag zur nationalen Synchronisierung geleistet. Als Besitzer von Pferden, darunter das berühmte Rennpferd Occident, war er in erster Linie daran interessiert, Rennen zu gewinnen. Er hatte also mehr als ein bloß akademisches Interesse an den physiologischen Details – so zum Beispiel, ob die Vorderläufe gerade waren, wenn sie auf dem Boden aufkamen, oder ob die Ferse zuerst aufkam. 1873 engagierte Stanford einen zugereisten Engländer, Eadward Muybridge, der die Sache für ihn klären sollte.

Während der folgenden fünf Jahre (nur unterbrochen durch eine Mordanklage vor Gericht – er hatte den Liebhaber seiner Frau erschossen) arbeitete Muybridge auf Stanfords 700 Morgen großem, neben der Trabrennbahn gelegenem Gut in Palo Alto an einem Apparat, der immer komplexer wurde. In jener Zeit bedeutete Fotografie noch riesige Holzkisten auf Ständern, mit nassen Platten, die lange Vorbereitungszeiten beanspruchten, und manuell geregelte Belichtungszeiten. Um die Bewegung von Occident, der mit einem kaum eine halbe Sekunde dauernden Schritt rund sieben Meter zurücklegte, auf eine Platte zu bannen, entwarf er einen mechanischen Verschluss, ein bewegliches Brett, das von einer Feder ausgelöst wurde, wenn das Pferd vorüberlief. Die ersten Ergebnisse fielen derart verschwommen aus, dass Muybridge sie von einem Kunstmaler retuschieren ließ. 1878 hatte er jedoch eine Reihe mit zwölf Kameras mit elektromagnetischen Verschlüssen aufgestellt, die von quer über die Rennbahn gespannten Drähten ausgelöst wurden. Die Bilder, die er hiermit machen konnte, bewiesen, dass ein Traber tatsächlich alle vier Füße gleichzeitig vom Boden hob. Bald darauf untersuchte eine weitere Bildsequenz den Galopp mit einem noch erstaunlicheren Ergebnis. Maler hatten galoppierende Pferde dargestellt, die einen Bogen in der Luft beschrieben, wobei die Vorder- und Hinterläufe weit auseinandergestreckt waren. In der Tat verliert ein galoppierendes Pferd kurzfristig den Bodenkontakt, aber nicht mit ausgestreckten Beinen – sondern vielmehr zu dem Zeitpunkt, an dem alle vier Füße unter dem Körper zusammenkommen. Das war aufregend. Muybridges Pferdebilder erschienen auf der Titelseite des *Scientific American* in Streifen, die ausgeschnitten und mit einem Zootrop betrachtet werden konnten, einem neuen Spielzeug, auch bekannt unter dem Namen »Lebensrad«, einem Zylinder mit Schlitzen rundherum. Drehte man das Zootrop schnell genug, zeigte es dem Auge die Bilder in einer Sequenz, die die Illusion der Bewegung ergaben und somit die Fragmente Muybridges wieder zu einem Ganzen zusammenfügten. Die Menschen würden sicher auch Eintritt dafür zahlen, die einfachsten Bewegungen de- und wieder rekonstruiert zu sehen. Muybridge machte sich an die Arbeit und untersuchte die Bewegungen der Sportler im San Francisco Olympic Club und die der Tiere im Zoo von Philadelphia. Er nannte sein Projektionsgerät »Zoopraxiscop« und nahm es auf Jahrmärkte und Ausstellungen mit. »Wir prophezeien, dass seine Laterna Magica der Momentfotografie sich rund um die zivilisierte Welt verbreiten wird«, schrieb die Zeitung *Alta California*.

Sie tat es, und eine der Konsequenzen war, dass sie Einfluss auf die Maler nahm. Zunächst rümpften einige Kritiker die Nase. »Wir bezweifeln, dass ihr Beitrag zur Kunst von Bedeutung sein wird«, schrieb der Londoner *Globe*. »Kunst zum Zwecke der Darstellung macht es nicht erforderlich, dem Auge mehr zu sehen zu geben, als es von sich aus sehen kann. Und wenn wir von Herrn Sturgess ein Bild vom Einlauf der Pferde im Gold Cup erhalten, wollen wir nicht von Herrn Muybridge erfahren, dass sich kein Pferd je in der Weise bewegt hat, wie im Bild dargestellt. Man müßte geradezu sagen, dass die inkorrekte Haltung (laut der Wissenschaft) die korrekte Haltung (laut der Kunst) ist.« Doch Künstler hatten sich schon immer gerne bei der Wissenschaft bedient, um klarer sehen zu können. Das Sezieren von Leichen in der Anatomie hatte bei der Darstellung von Muskeldetails in Aktzeichnungen zu einer neuen Präzision geführt, und jetzt war die Technik in der Lage, die Bewegung, die Gestik und die Handlung zu zerschneiden und freizulegen.

Muybridge hatte einen Gegenspieler in Frankreich: Jules-Etienne Marey, Physiologe am Collège de France, der damit begonnen hatte, Maschinen zu entwickeln, Diagramme von bisher unsichtbaren Herzrhythmen erstellten. In den siebziger Jahren des 19. Jahrhunderts hatte

Muybridge die Gangarten eines Pferdes eingefangen, während Marey ähnliche Kameras erfand, um die gleichsam unsichtbare Mechanik des menschlichen Gangs in seine Einzelteile zu zerlegen. Er hatte die Idee, die aufeinanderfolgenden Zeitabschnitte auf einer einzigen fotografischen Platte zu vereinigen, und erhielt auf diese Weise Mehrfachbelichtungen, die Offenbarungen gleichkamen. Mit einem »Fotografischen Gewehr«, einer Kamera, die ein mehrmaliges Auslösen erlaubte, nahm er analytische Bilder von Vögeln im Flug auf. Diese beiden Männer, die miteinander korrespondierten, erkannten rasch, wieviele Geheimnisse den alltäglichen Bewegungen zu entreißen waren, nachdem die Technik sie erst einmal schneller sehen gelassen hatte als das bloße Auge. Das Zoopraxiscop und die Chronofotografie enthüllten eine ganze bislang unsichtbare Welt: die Grazie einer Frau, die einen Kübel die Treppen hinauf trägt, Wasser über ihr Haupt schüttet oder ihr Taschentuch zu Boden fallen läßt. Ein Schattenboxer, ein nackter Schmied, der auf seinen Amboss einschlägt, eine nackte Frau, die an ein Bett herantritt und die Laken zurückschlägt, hineinsteigt, ihr Knie leicht anwinkelt, sich zur Seite neigt, unter die Decke schlüpft – all dies festgehalten in einigen Momentaufnahmen. Ein Kind, das sich vom Boden aufrichtet, ein Mann, der ein Bajonett auswechselt, mit einem Holzhammer schlägt, einen Regenschirm öffnet. Akrobaten, Baseballspieler, Hochspringer, Fechter, schwerfällige Elefanten, Tänzerinnen mit Kleidern aus Spitze, die sich im Wind bauschen – oder vollständig unbekleidet. Wie wenig war uns bekannt! Heutzutage, wenn die Fernsehkamera routinemäßig die schnelle Drehung eines Baseballs im Flug zeigt, erstaunen wir kein bißchen mehr über unsere Gelehrsamkeit in Sachen Zeit.

Die Fotografie nahm ihren Anfang also nicht als ein Mittel zu dem Zweck, visuelle Erinnerungen festzuhalten oder einer künstlerischen Vision Ausdruck zu verleihen. Sie ließ eine Welt der schnellen Bewegungen erstarren und vergrößerte die Reichweite unserer Sehkraft in zeitlicher Hinsicht, wie Mikroskope und Teleskope dies in räumlicher Hinsicht tun. Erst danach griffen die Künstler die Frage der Geschwindigkeit als neue Mission auf. Sie versuchten, schnelle Bewegungen zu verstehen und so zu reproduzieren, wie Menschen sie wahrzunehmen *schienen.* »Durch das Verharren des Bildes auf der Netzhaut vervielfälti-gen sich die in Bewegung befindlichen Dinge, ändern ihre Form und folgen aufeinander wie Schwingungen im Raum«, heißt es im Futuristischen Manifest aus dem Jahr 1910. »So hat ein galoppierendes Pferd nicht vier, sondern zwanzig Beine.« Berühmte Kunstwerke, etwa Marcel Duchamps *Akt, eine Treppe hinabsteigend* von 1912, versuchten die fragmentierte, mehrbildrige Empfindung, die die Technik zu Tage gefördert hatte, festzuhalten. Doch man nimmt Bewegung nicht wirk-lich auf diese Weise wahr, als vorbeihuschende Schatten oder strobo-skopische Wiederholungen. Zumindest nahm man sie vor dem Auf-kommen der Fotografie nicht so wahr. Diese Bilder und Fotografien fin-gen eine Beschleunigung der Wahrnehmung ein. Es gelang ihnen, visuelle Informationen sowohl zeitlich als auch räumlich zu komprimie-ren: Impressionisten, Pointillisten, Kubisten – alle spielten sie damit, das Bild auf sein Skelett zu reduzieren, und machten seine Atome und Teilchen ausfindig. Sie taten dies so unbarmherzig wie der Maler Samuel Morse, der die Sprache auf Striche und Punkte reduzierte. Sie lernten, mehr mit weniger zu vermitteln.

Sie konnten jedoch nicht die Realität der Geschwindigkeit einfangen – zumindest nicht in perfekter oder zuverlässiger Form. Die Futuristen hofften in ihrem Manifest auf mehr: »Die Geste ist für uns nicht mehr ein fixierter Augenblick des universellen Dynamismus, sondern wird als solche auf der Leinwand festgehalten. Alles bewegt sich, alles fließt, alles vollzieht sich mit größter Geschwindigkeit.« Also malten sie Schwalben in überlappenden Bögen und Fahrräder mit einem beinahe abstrakt an-mutenden Speichengewirr. Sie liebten Autos und schwärmten für das Maschinengewehr. Doch ein Foto verwischt die Bewegung, während es sie gleichzeitig aufdeckt. Bald jedoch bekamen die seriellen Einzelbilder von Muybridge und Marey ihren natürlichen Nachfolger: den Film – das *bewegte* Bild. Mit dem Film hatte die Technik es verstanden, die Geschwindigkeit wieder zusammenzusetzen. Bis dahin war der Teil einer Geste, der mit kurzer Belichtungszeit eingefangen worden war, nur einer von Tausenden flüchtigen Zuständen, nicht ganz der Wirklichkeit entsprechend und eigentlich häßlich, wie diejenigen, die H. G. Wells' Experimentatoren in »Der neue Akzelerator« zu Gesicht

bekommen hatten: die Geräuschfetzen, die sie gehört, und die einge-
frorenen lüsternen Blicke, die sie gesehen hatten.

Ein anderer Nachfahre Muybridges und Mareys brachte die Technologie des schnellen Sehens noch ein Stück weiter voran: Harold Edgerton vom Massachusetts Institute of Technology. Edgerton begann
in den späten zwanziger Jahren mit Blitzlichtröhren zu experimentieren, indem er Strom durch Xenongas jagte und damit Lichtexplo-
sionen hervorrief. Auch er hielt also die Zeit an, zumindest insofern es
das menschliche Auge betraf, und auch er verliebte sich stroboskopisch
in das Alltägliche und Gewöhnliche. Wer hätte erwartet, dass ein
Tropfen Milch, der in eine Tasse fällt, die Oberflächenspannung durchbricht, einen Krater öffnet und zwei Dutzend weitere Tropfen nach
außen sausen lässt wie Juwelen, die dem Rand einer Krone entfliehen?
Später wurde Edgerton damit beauftragt, die amerikanischen Atom-
bombendetonationen zu fotografieren. In den Dreißigern hatte er Kugeln, die durch Luftballons hindurchgingen, und Tennisbälle, die vom
Schläger abprallten, fotografiert. Wenn Professor Gibberne das geahnt
hätte ...

Heute können elektronische Geräte Lichtblitze produzieren, die nur
noch dreißig Millionstel einer Sekunde dauern. Die Schwierigkeit
besteht darin, die *richtigen* dreißig Millionstel der Sekunde zu erwischen. Die Forscher bedienen sich des Schalls, um den Auslöser zu drücken. Sie können das Timing feinabstimmen, indem sie das Mikrofon
ein paar Zentimeter vor oder zurück schieben und die eher lethargische
Fortbewegungsgeschwindigkeit des Schalls in der Luft dabei ausnut-
zen. Blitzlichter aus »Blitzlichtbomben«; eine Hochgeschwindigkeits-
schockwelle bewirkt ein sofortiges Aufleuchten von der Dauer einer
Millionstel Sekunde oder noch weniger. Der Riesenimpuls-Laser kann
Blitzlichter produzieren, die lediglich dreißig Nanosekunden lang sind.
Der Extremwert der Ultrakurzimpulse hat inzwischen die Femtosekun-
de erreicht – ein Millionstel einer Nanosekunde. Das sind die kürzesten
Ereignisse, die der Wissenschaft bekannt sind. In einer Femtosekunde
legt die Concorde eine Strecke zurück, die nicht einmal der Breite eines
Atoms entspricht. Man bekommt nicht viel zu sehen innerhalb dieses
zeitlichen Limbus, und nur durch clevere Rückschlüsse wissen die
Wissenschaftler überhaupt, wie kurz diese Impulse sind. Da nun aber

das »Femtosekundenblitzlicht« schon einmal vorhanden ist, denken Physiker und Chemiker auch über Anwendungsmöglichkeiten nach; beispielsweise könnte man damit untersuchen, wie der Schmelzprozess eines Festkörpers auf der atomaren Ebene in jedem einzelnen Augenblick vor sich geht.

Mittlerweile versuchen düsengetriebene Automobile in den Wüsten von Nevada oder Utah alle paar Jahre neue Rekorde aufzustellen in einer Kategorie, die, geschwindigkeitsbesessen wie wir sind, für uns zunehmend an Interesse verliert. Die Herausforderung für diese Autos besteht weniger in der Geschwindigkeit als darin, auf dem Boden zu bleiben, ohne sich in ihre Bestandteile aufzulösen. Zu Beginn des Jahrhunderts jedoch waren Autos das Nonplusultra für Geschwindigkeitssüchtige: »Wir erklären, dass sich die Herrlichkeit der Welt um eine neue Schönheit bereichert hat: die Schönheit der Geschwindigkeit«, verkündeten die Futuristen. »Ein Rennwagen, dessen Karosserie große Röhren schmücken, die Schlangen mit explosivem Atem gleichen ... ein aufheulendes Auto, dessen Motor wie ein Maschinengewehr feuert ...« Filippo Marinetti schrieb dies, ergriffen von einem hypermodernen (und proto-faschistischen) Fieber, und er stand damals noch am Anfang. Wenige Jahre später schmiedete er Pläne, die Donau zu begradigen, um Schiffsverkehr mit Hochgeschwindigkeit zu ermöglichen.

Doch unsere Geschwindigkeit ist mindestens ebenso sehr durch die Art und Weise, wie wir wahrnehmen, bestimmt. Schlägt ein Squashball gegen die Wand, gibt es einen Augenblick – weniger als eine Millisekunde –, in dem sich die Vorder- und Rückseite der Kugel umstülpen und sich in der Mitte treffen, so dass der Ball wie ein Doughnut aussieht. Wissenschaftler beobachten Maiskörner in dem Augenblick, in dem sie aufplatzen und zu Popcorn werden. Auf gedehnten Gummibändern, die gerade losgelassen wurden, erscheinen Wellenmuster. Kartoffelscheiben spritzen chaotisch gegen Wände. Wassertropfen fallen in Seifenblasen hinein. Limonen, Bananen und Tomaten explodieren, während Kugeln durch sie hindurchfahren. Der Kolibri erstarrt im Flug.

»Die Natur weigert sich zu ruhen«, schreibt John Updike. Er schaut auf den fallenden Schnee: »Das flüchtige Funkeln schien für eine Mikrosekunde in die Luft eingraviert.« Was wir zu sehen gelernt haben, können wir uns auch vorstellen. Nur in einem Zeitalter der Geschwindigkeit können wir die Zeit anhalten. Und nur in einem Zeitalter der Geschwindigkeit ist das auch notwendig.

Echtzeit

Die schnellste Zeit ist die Echtzeit – ein Ausdruck, den wir heute wie selbstverständlich gebrauchen. Er hat eine täuschend einfache Bedeutung, die in die Irre führt. Echtzeit bedeutet nicht einfach gerade jetzt – beeil dich, subito, Knall auf Fall. Es ist noch nicht allzu lange her, da galt jede Zeit als Echtzeit, aber Echtzeit ist nicht länger ein redundanter Ausdruck. Man bezeichnet so etwas als Retronym, wie *Snail Mail* oder *akustische Gitarre* oder *Wahlscheibentelefon*. Der neue Name eines alten Gegenstands, der notwendig geworden ist, weil der Fortschritt der Technik zu einer Ausdifferenzierung geführt hat (E-Mail und elektrische Gitarren und Tastentelefone – und, ja was eigentlich? Künstliche Zeit? Imaginäre Zeit? Virtuelle Zeit?).

Aber Echtzeit ist nichts Altmodisches. Echtzeit könnte ein Grenzwert sein, dem wir uns asymptotisch annähern, oder eine Geistesverfassung. Das *Oxford English Dictionary* verfolgt den Ursprung des Ausdrucks ›real time‹ bis in den dampfenden, primordialen Urwald der Computerei zurück:

> 1953 *Mathematische Tafeln und andere Rechenhilfen* VII. 73: Mit der Entwicklung von digitalen Hochleistungscomputern in großem Ausmaß stellt sich die Frage nach ihrer möglichen Verwendung zur Lösung von Problemen in »Echtzeit«, d. h. in Zusammenhang mit Instrumenten, die von der externen Umgebung stimuliert werden und darauf reagieren.

1960 *New York Times* 17. Juli 13/4: Die Luftwaffe hat gemeinsam mit Meteorologen des Wetteramts versuchsweise die Bilder zur Erstellung von Wettervorhersagen in »Echtzeit« benutzt – Prognosen, die aktuell genug sind, um von Nutzen zu sein.

1964 *Listener* 19. November 784/1: [Computer] können sich besser in so genannter »Echtzeit« mit Ereignissen beschäftigen. Das heißt, sie können in der Geschwindigkeit rechnen, in der die Ereignisse auch stattfinden.

1970 O. DOPPING *Computer und Datenverarbeitung* vi. 96: Ein Beispiel eines Vorgangs in Echtzeit ist das Kontosystem einer Bank, in welchem alle Transaktionen, z. B. Barabhebungen, dem Computer mitgeteilt werden, noch bevor der jeweilige Vorgang abgeschlossen ist.

Wie die Lexikographen des *Oxford English Dictionary* herausfanden, begann die *Echtzeit* mit der Geburt der Computer. Aber Computer haben die Echtzeit nicht geschaffen. Computer erzeugten eine falsche Zeit – simulierte Zeit in simulierten Realitäten. Im Zuge ihrer Beschleunigung holten die Simulationen hier und da ihre Gegenstücke in der echten Welt ein. Computer definieren sich durch ihre Schnelligkeit, weit mehr als irgendwelche anderen schnellen Maschinen, die vor dem Computer existierten – die Dampfmaschine, das Automobil, das Flugzeug. Auch schon vor der Nanosekundenelektronik konnte man Computer ersinnen, wie es Charles Babbage und Byrons Tochter Ada Gräfin Lovelace im 19. Jahrhundert taten, doch lohnte es sich kaum, diese Dinger aus Röhren geschweige denn aus Zahnrädern herzustellen. Computer bekamen erst dann einen praktischen Nutzen, als sie durch den Einsatz von Halbleitern stark genug (das heißt *schnell* genug) geworden waren, um etwas zu schaffen, das als eine alternative Welt gelten konnte – eine Minirealität, ein Modell der Welt. Diese Realität hat natürlich ihr eigenes Tempo. Um von Nutzen zu sein, muss sich das Modell des Wetters genauso schnell verändern wie das Original. Sonst würde man das Wetter von gestern vorhersagen. Das Verarbeitungssystem für Banktransaktionen muss für den echten Geldverkehr schnell genug laufen. Das war der Punkt, an dem Computertechnologen einen neuen Ausdruck benötigten: *Echtzeit.* Eine Echtzeit-Kontrolle industrieller Vorgänge bedeutet, dass der Computer tatsächlich mit einem Vorgang Schritt halten kann, dass er den Input über Sensoren aufnehmen, Berechnungen anstellen und Ventilsteuerungen und Roboter kontrollieren kann, während das Montageband läuft. Echtzeit-Audio und -Video im Internet bedeutet, dass die Übertragungskapazität der Telefonleitung mit der Datenmasse Schritt halten kann, die von einer lebendigen Quelle kommt – einer Pressekonferenz des Präsidenten oder dem Vorbeiflug eines Planeten. Wunderbar! Und doch begleitet heutzutage ein Hauch von Ironie den Ausdruck, der auf einer gedruckten Seite nicht immer wahrnehmbar ist und den auch das *Oxford English Dictionary* nicht registriert hat. Orale Kommunikation in Echtzeit ist das, was man einmal *Konversation* nannte. Einige Kinder in den Neunzigern wurden von ihren Eltern dringend gebeten, ihre Schuhe in ›Echtzeit‹ anzuziehen.

Es gibt Entscheidungen in Echtzeit. »Wir sind gerade dabei, das zu erörtern, in Echtzeit, während wir sprechen«, sagt ein Top-Manager redundanterweise. Der Ausdruck soll das Hier und Jetzt intensivieren. Wertpapierhandel in Echtzeit heißt nichts anderes, als dass Ihr Makler Ihre Anweisungen schnell ausführt, möglicherweise so schnell, dass Sie gar nicht mehr den Rückruf abwarten müssen. Planen in Echtzeit, Katalogisieren in Echtzeit, Echtzeitanalysen, Rechnungsprüfung in Echtzeit und eine Tanzperformance in Echtzeit – das bedeutet alles ein klein wenig mehr als bloß *schnell* oder *nicht zu spät.* Was auch immer Echtzeit ist, wir wollen sie. Herr Ober, meine Vorspeise bitte, in Echtzeit! 1980 verwendete die *New York Times* diesen Ausdruck lediglich viermal, im Verlauf des gesamten Jahres 1990 insgesamt einunddreißig Mal – häufig noch geschützt durch den Panzer der Anführungszeichen. Am Ende der neunziger Jahre erschien der Begriff *Echtzeit* täglich, ebenso wie ›cutting edge‹ und *Quantensprung.*

Trotz seiner Bastardisierung ist der Begriff der Echtzeit eine echte Bereicherung in unserem Verständnis des Phänomens Eile. Und nicht nur der Eile. Echtzeit impliziert einen Kommunikationsprozess. Um irgendeinen Vorgang in Echtzeit zu verstehen, erweitern wir unser Gefühl für Tempo und geben ihm Zeitskalen an die Seite. Mit oder ohne Computer – wir leben ein komplexes Leben. Möglicherweise ist

Ihre finanzielle Situation so prekär, dass Sie eine genaue zeitliche Abstimmung mit Ihren Gläubigern vornehmen müssen. Wenn Sie gerade in dem Augenblick den Scheck unterschreiben, die Briefmarke anfeuchten und den Briefumschlag in den vorbeifahrenden automatischen Roboter-Postwagen werfen, in dem Sie Ihrem Anrufer sagen: »schon in der Post«, läuft zumindest ein Teil Ihres Lebens in Echtzeit ab. Die vielen Computer, die ein Auto steuern, arbeiten in Echtzeit. Es würde wenig Sinn machen, all den Sensor-Input der Räder und Bremsen zu messen und die Wahrscheinlichkeit des Schleuderns zu berechnen, wenn man schon im Graben liegt. Echtzeit heißt Schritt halten. Ein Jongleur leistet rechnerische Kopfarbeit in Echtzeit. Ein Baseballspiel im Fernsehen wird in Echtzeit ausgestrahlt, das heißt »live«, ungeachtet all der vielen »Wiederholungen«, die in virtueller Zeit hineingeschnitten werden. Die Sprache der Echtzeit ist eine ständige Gegenwartsform: Wo der Sportjournalist einer Zeitung sich noch dem Luxus einer »historischen« Reflexion hingeben kann, benötigt der geistreich und schnell reagierende Kommentator einer Fernsehübertragung eine an Echtzeit angepasste Syntax, wenn sich die Gegenwart vor unseren Augen in Vergangenheit verwandelt, immer und immer wieder, Augenblick um Augenblick. *Laufen – laufen – gelaufen.*

Die Übertragung von Daten in Echtzeit ist zu einer Obsession des 20. Jahrhunderts geworden, die von einem Aufmarsch neuer Technologien gefüttert wurde. Börsenticker wurden zu dem Zweck erfunden, ununterbrochen und rechtzeitig ein paar entscheidende Daten anzuzeigen. Vor langer Zeit wurden die wichtigen Ereignisse eines Baseballspiels wegen der begrenzten Bandbreite auf die nackten Zahlen reduziert, mittels Telegrafen an die Radiosprecher der kleineren Städte geschickt, die wiederum ihre eigene Rekonstruktion der übermittelten Daten unternahmen, indem sie mit ihrer Fantasie die dramatischen Spielereignisse ergänzten. Die Spannung darüber, was übermittelt werden konnte und was nicht, wuchs mit den vorbeiziehenden Jahrzehnten. Am Ende des Jahrhunderts mussten privatwirtschaftlich organisierte Sportunternehmen Klage erheben, um die Kontrolle über die Verbreitung ihrer Spiele zu behalten, die inzwischen von erfindungsreichen Unternehmern mittels Kabel oder Funk an Heimcomputer und Pocket-Pager geschickt wurden. Die National Basketball Association versuchte die »Übermittlung von Daten in Echtzeit« zu unterbinden – den laufenden Spielstand, der aus den Arenen sickerte, wobei den mündlichen Berichten sofortige globale Wirkung zukam. Es war ein sinnloser Versuch. Wie Louis Menan kommentierte: »Es wird schwierig sein, das zu untersagen, denn die Menschen sind nun einmal besessen von Daten in Echtzeit.«

Der Computer verzehnfacht natürlich diese Obsession wie ein Vergrößerungsglas im Sonnenlicht. Und zehn Computer sind in der Nutzung der Datenverarbeitung weit effizienter, wenn sie miteinander verbunden werden. Und einhundert miteinander verbundene Computer führen dazu, dass E-Mail in einer Universität oder einem Büro greifbare Formen annimmt. Darauf folgen neue Größenordnungen, die auf das moderne Internet hinauslaufen: grob gesagt, die Vernetzung aller Computer miteinander. Das ist dann nicht einfach *mehr*, es ist auch *anders*. Die Chaos-Theorie weiß, dass derartige Systeme Phasenübergänge durchlaufen, ähnlich wie Wasser, dessen Moleküle sich, wenn es zu Eis wird, ordnen, als Wasserdampf aber eine geringere Ordnung aufweisen. Der ausschlaggebende Faktor in unserem Fall ist nicht Wärme oder Energie, sondern pure Vernetzung. »Wir prognostizieren, dass große Systeme künstlicher Intelligenz und kognitive Modelle plötzliche Phasenübergänge aufweisen und aus unzusammenhängenden Einzelteilen kohärente Strukturen werden, wenn ihre logische Vernetzung über einen kritischen Wert hinausgeht«, schrieben Bernardo Huberman und Tad Hogg vom Xerox Forschungszentrum in Palo Alto 1987, lange noch vor der Geburt des World Wide Web. »Beim Übergang machen diese Ereignishorizonte Größenänderungen explosiven Ausmaßes durch.«

Nachdem diese Schwelle überschritten war, wurde das WWW zu einem universellen Publikationsorgan. Plötzlich – innerhalb von fünf Jahren nach seiner Entstehung – drohte diese kristalline Struktur (oder war sie kochend?) Zeitungen, Buchhandlungen, Verlagshäuser, Radio- und Fernsehsender, Plattenproduzenten, Cartoonisten, Softwarehändler und so gut wie jeden weiteren Informationsübermittler überflüssig zu machen. Die langsameren Medien – Jahresberichte, Monatsmagazine, Tageszeitungen, sogar das Radio und Fernsehen – verzweifeln angesichts der Zerschlagung ihrer traditionellen Zyklen. Die dritte Runde der Impeachment Hearings in der Geschichte Amerikas begann mit einer Aussage des Präsidenten, die in Echtzeit gesendet wurde – das heißt live –, jedoch nicht auf den wichtigen Fernsehkanälen, die weiter ihre Seifenopern und Talk Shows sendeten, um sinkende Marktanteile zu retten. Egal. Die Öffentlichkeit konnte in Echtzeit zwischen vielen der fünfhundert Programme auswählen: CNN, *CNN Headline News*, zwei C-Spans, MSNBC, CNBC, *Fox News*, und CourtTV. Während der Pausen konnten die Zuschauer ihre kurzfristig gebildete Meinung via Telefon oder Internet den Fernsehstationen übermitteln, und in einigen der Kommentare wurde angemerkt, dass die Öffentlichkeit die Aussage schon vorher gekannt hatte, weil sie in der Nacht durch Myriaden von Nachrichtenkanälen durchgesickert war. Jeff Greenfield zum Beispiel erinnert sich voller Nostalgie an die Zeit, da nichts als besinnliche Reflexion die Stunden zwischen den Abendnachrichten und der Auslieferung der Morgenzeitung am nächsten Tag unterbrach. Inzwischen, sagt er, »hat sich das Ganze in einen Malstrom von halbinformiertem, uninformiertem Geschwätz verfangen.« Erst Stunden später begann Peter Jennings in den Nachrichten von *ABC News*, die nicht vorgezogen worden waren, über das Hearing zu berichten. *ABC News* sei, wie er sagt, von den neuen Sendern zu einem besonneneren, älteren Staatsmann gemacht worden. Jennings selbst machte seine Runde durch die fünfhundert Programme, um für ein Begleitbuch zu einer gemeinsamen Sendung von ABC und dem Geschichtskanal zu werben. »CNN berichtet ununterbrochen und wir berichten nicht ununterbrochen«, sagte er. »Was wir also besser machen können, während sich CNN durch den Tag hetzt, ist zu versuchen, dem, was wir tun, mehr Bedeutung zu verleihen.« Er sorgt sich inzwischen um die »Risiken der Live-Sendungen« – den Druck, der mit dem Verschwinden der obligatorischen Pausen einhergeht:

Als ich ein junger Reporter im Mittleren Osten war, konnte ich nach Indien reisen, wie ich es etwa 1971 tat, um über den Indisch-Pakistanischen Krieg zu berichten. Ich ging morgens los, machte einen Bericht über etwas, dann nahm ich den Film und schickte ihn hinunter zum Dum Dum Flughafen in Kalkutta. Wenn ich Glück hatte, brachte irgendjemand den Film persönlich nach Bangkok und dann weiter nach Tokio, wo sie ihn bearbeiteten und auf den Satelliten nach Los Angeles setzten und nach Kalifornien übertrugen – so lange dauerte es, den Film zu übermitteln.

Damals erschien das als schnelle Kommunikation auf einem immer kleiner werdenden Erdball. Heute wird derselbe Film vor Sonnenaufgang durch die Internet-Klatschseiten laufen. In den zwölf Stunden Zwangspause, die ihm damals zur Verfügung standen, konnte er seinen Bericht reflektierter und distanzierter schreiben als heute – »wenn ich einfach meine Kamera oder mein Aufnahmegerät einstecke und live berichte.«

Die Information wird durchgenudelt, von einem Programm zum nächsten, wobei sie Wirbel und Strudel der Selbstreferenz hinterlässt. Schnelle Überlegungen, Expertenanalysen und ziemlich viel Wiedergekäutes überlagern sich rund um die Uhr. Möglicherweise stellt sich die Menschheit hinsichtlich ihrer Informationsverdauung als Mitglied der Gattung der Wiederkäuer heraus. Zeitungen befürchten, von ihren eigenen Websites in die Tasche gesteckt zu werden. Als Tribut an das neue Medium kann es ihnen passieren, dass sie schnellere und redaktionell weniger gut bearbeitete Artikel der Agenturen unredigiert übernehmen, die früher einmal den Redakteuren als Rohmaterial gedient hatten. Doch selbst die Agenturen sind nicht schnell genug, denn die Zeitungen konkurrieren außerdem mit noch hurtigeren Online-Magazinen und Klatsch-Services, die mit ihren unausgegorenen Gedankenblitzen die E-Mail-Boxen füllen. Einige dieser Dienste bieten jedoch – wie die Katze, die sich in den Schwanz beisst – nichts anderes als einen Abriss dessen, was in den Zeitungen steht, dies jedoch schnell geliefert und in gut verdauliche Portionen aufgeteilt. Millionen Amateure üben anstelle Tausender Professioneller diese redaktionellen Tätigkeiten aus. So rappeln sich also alle herkömmlichen Verlagshäuser plötzlich auf, um nicht als Außenseiter dazustehen. Auf der anderen Seite – der der Nutzer – hat die Erfahrung mit der Schnelligkeit auch ihre Schattenseiten. Das Aufschlagen einer Zeitung, das Umblättern oder Zusammenfalten bringt Reibung mit sich; ein Buch auszuwählen, die ersten Knicke in den Buchrücken zu machen, die Seiten aufzuschneiden, die Lampe in die richtige Position zu bringen und das Lesezeichen ins Buch einzulegen – das alles kostet Zeit. Diese Kinkerlitzchen dienten einem unbeabsichtigten Zweck: Hatte man einmal die Investition getätigt, fand man es natürlich, relativ große Brocken Zeit für das Lesen selbst aufzuwenden. Im Gegensatz dazu erleichtert das Netz den Informationskonsum auf ähnliche Weise, wie die Fernbedienung das Fernsehen erleichtert hat. Online Lesen wird zu einer anderen Art des Zappens.

Dieses unruhige Verhalten beschränkt sich nicht allein aufs Lesen. Das Internet schmiert auf ähnliche Weise den Aktienhandel. In der Welt vor der Vernetzung versammelten sich einige Aktienmarkt-Besessene – Day Trader – im Foyer von Brokerfirmen und sahen dem Ticker zu, wie er mit elektrischen Lichtsignalen die Kurse angab. Sie gaben ihre Aufträge zum Kauf und Verkauf an Boten weiter, die hin und her liefen. In der Online-Welt brauchen die Day Trader dies alles nicht mehr. Sie sind aus den Eingangshallen der Brokerfirmen ausgezogen und versammeln sich jetzt zu Hunderttausenden im virtuellen Raum, wo sie ihre augenblickliche Meinung vernehmlich kundtun, indem sie sie eintippen. Für moderne Day Trader ist eine Aktie kurzfristig, wenn sie sie innerhalb von Sekunden ge- und wieder verkauft haben. Eine Transaktion ist langfristig, wenn jemand die Position mehrere Stunden gehalten hat. Und wenn einmal ein Day Trader eine Aktie über Nacht hält, ist das wahrscheinlich ein Fehler und ganz sicher ein Regelbruch. Ken Wolff, ein Dozent für Day Trading aus Kalifornien mit einer Website und Chat-Room, erzählt seinen Studenten, dass er viele Ausreden kenne, warum Aktien zu lange gehalten werden, etwa: »Verdammt, meine Stopp-Anweisung ging unter, während ich auf der Toilette war.« Über Nacht ist noch schlimmer. In der Nacht schläft man!

Das Aufkommen elektronischen Day Tradings wurde erleichtert durch Technologien, die inzwischen die quasi sofortige Ausführung der Kauf- und Verkaufsanordnungen online erlauben. Für diesen schnellen Austausch so genannter »leichtgewichtiger« Daten sind die Brokergebühren relativ gering – häufig nur zehn Dollar oder weniger. Früher kostete eine Transaktion, um hundert Anteile von IBM zu kaufen, so viel und dauerte so lange, dass die Investoren es sich genau überlegt haben. Später konnten sie sie dafür ihren Enkelkindern vermachen. Heute können sie das nicht mehr. Heute sind Day Trader entzückt, wenn sie ihre Gewinne Sekunde für Sekunde in Viertel, Achtel oder Zehntel messen können. So sieht der Momentum Trader Chat-Room, Wolffs Website, an einem beliebigen Tag aus:

> 7:22: Malichi hat gerade bemerkt, dass 500 Anteile meiner Be
> stellung PVTR $\frac{5}{8}$ Obergrenze bei ⅜ eingegangen ist.
> ¼ hoch auf 500. :)
> 7:22: Cessna auf XYBR 8 ⅞ bin ich ok oder verkaufen?
> 7:23: the woman verkauft PVTR + ¼
> 7:24: wwjd deckt meinen Leerverkauf bei 7 total erledigt und
> kreidebleich!

Niemand hier interessiert sich für Grundsätzliches. Day Trader prüfen keine Rechnungsabschlüsse, analysieren weder den Businessplan noch evaluieren sie das Firmenmanagement. Sie starren auf Computerbildschirme, sehen Zahlen vorbeiflitzen, drücken auf ihre »Schneller«-Buttons und halten sehnsüchtig Ausschau nach »Trends« und »Mustern«. Sie sind auf Infos aus, und diese Nachrichten sind seicht und kurz – jemand empfiehlt ein neues Arzneimittel, die Quartalsumsätze sinken unter die Erwartungen der Experten. Jeder Day Trader muss ein Echtzeit-Anzeigesystem der Kursschwankungen haben, das bislang Berufsbrokern vorbehalten war, die teuer für das Privileg bezahlen mussten – das jetzt allerdings günstig über das Internet bezogen werden kann. Niemand weiß, wie viele Day Trader es insgesamt gibt – genug jedenfalls, um eine Flut über Nacht erschienener Bücher zum Thema, Seminare und darauf spezialisierte Brokerfirmen zu unterstützen. Viele der Day Trader scheinen Studenten zu sein, wenn auch nicht gerade arme Studenten, andere sind wohl Menschen im Ruhestand, wobei der Ruhestand manchmal aus einer augenblicklichen Laune heraus entstand; zugunsten der Spekulation von zuhause aus gaben sie Berufe auf, mit denen sie einen echten Beitrag zur Weltwirtschaft leisteten.

Durch die kollektive Entscheidungsfindung kommt eine enorme Masse zusammen, die es möglich macht, die Preise von schwachen Aktien in die Höhe zu treiben. Die grundsätzliche Strategie ist eine sonderbare Mutation der herkömmlichen Taktik: »Niedrig kaufen, hoch verkaufen«. Day Trader versuchen beinahe einmütig zu kaufen, wenn eine Aktie steigt, und wieder zu verkaufen, wenn sie sinkt. Diese Strategie spiegelt den derzeitigen Stil ziemlich vieler professioneller Händler wider und ist per definitionem instabil. Der Effekt ist, dass die Bewegungen am Aktienmarkt verstärkt werden, wenn Day Trader in heiße Geschäfte einsteigen wollen und aus jenen aussteigen, die sich abkühlen. Manche Aktienbewegungen – insbesondere, wenn die Firma einen Touch von Internet-Business hat – sind aufsehenerregend, wenn man sie an einer monatlichen oder sogar täglichen Zeitskala beurteilt. Im Extremfall folgt ein Kursanstieg einem Pyramidenschema, in dem die letzten Käufer die großen Verlierer sind. Ende der neunziger Jahre begannen Marktregulierer nach Anzeichen wachsender Unbeständigkeit Ausschau zu halten. Sie schätzten, dass Online-Trading schon rund ein Viertel aller Transaktionen privater Investoren ausmacht. »Es ist schwer genug, langfristige Anlagen zu planen, geschweige denn Investitionen für die Nanosekunde«, sagte der Vorsitzende der Securities and Exchange Commission, Arthur Levitt. Es fällt schwer, online irgendetwas langfristig zu unternehmen. Die Redakteure des *Economist*, die dieses neue »Cyber-Heer« von Großbritannien aus beobachteten, waren noch skeptischer: »Die Casino-Kapitalisten, die sieben oder acht Stunden täglich vor ihrem PC verbringen und mit Internet-Aktien spekulieren, scheinen total verrückt geworden zu sein.« Nur langsam reagierte man mit Regulationen auf diese neue Dynamik auf dem Wertpapiermarkt, die von Day Tradern ausgelöst wird: die Anhäufung winziger Anteile von 100 oder 500 Aktien mit dem Schwergewicht auf Internet-Papieren und tagtäglich erstaunliche Preissprünge, die von flüchtigen Nachrichtenfetzen ausgelöst werden. Aufgrund der extrem schnell reagierenden Vernetzung werden momentane Launen in den Day Trading-Räumen zu Massenobsessionen.

Die Vernetzung der Computer aus aller Welt durch das Internet öffnete weitere Kanäle, durch die all diese Daten wie eine Flüssigkeit mit minimaler Viskosität hindurchfließen. Die Daten können selbst die Form von Software annehmen. Dieses besondere Produkt der Industrie ist praktischerweise aus Bits gemacht. Weil die Software so schnell vom Desktop eines Programmierers zu dem des Verbrauchers fließen kann, fand sich selbst die Computerindustrie damit konfrontiert, dass ihre eigenen Zeitpläne im Umbruch sind. David Hancock, Chef der PC-Abteilung der Firma Hitachi, motivierte sein Team mit dem Slogan »Geschwindigkeit ist Gott, und die Zeit ist der Teufel«. Die Produktzyklen von Software, die mit Zeitspannen zwischen achtzehn Monaten und zwei Jahren ohnehin schon sehr kurz sind, begannen sich in nichts aufzulösen. Statt eigenständiger, getesteter und in Plastikfolie eingeschweisster Software verkaufen Hersteller Upgrades und korrigierte Versionen, die sich innerhalb weniger Monate oder Tage ändern. Parallel bieten sie offizielle Versionen einer Software und deren Weiterentwicklungen an, die noch in der Testphase sind. Da das Internet Verzögerungen durch den Werbe- und Verkaufsprozess aufhebt, denken die Softwarehersteller inzwischen in sechsmonatigen Produktzyklen. Internet-Lebenszeiten werden angeblich in »Hundejahren« gezählt. Kathleen Eisenhardt, Professorin an der Stanford University, propagierte für Unternehmen ein Zeitgefühl wie beim Basketballspiel: »ein schnelles, flüssiges Spiel«. Das bedeutet, keine Fünf-Jahres-Pläne mehr. »Fünf-Jahres-Pläne???« sagte sie. »Für Manager, die wissen, wo es langgeht, ist es eher wie ein Fünf-Wochen-Arbeitsplan im Rahmen eines Fünf-Monats-Plans innerhalb einer Fünfzehn-Monate Idee.«

Computerhersteller erreichen jetzt die äußerste Grenze dessen, was Managementberater »schnelle Umlaufzeit« nennen: die systematische Verkürzung jeder Stufe von der Konzeption eines neuen Produkts bis zu dessen Auslieferung. Und die Risikokapital-Firmen im Silicon Valley streben ausgesprochen kurze Lebenszyklen für die Firmen an, die sie finanzieren: Sie hoffen auf achtzehn Monate von der Gründung bis zur Börsennotierung. Der Wettbewerb um die Zeit hat in der Wirtschaft einen Bereich nach dem anderen verändert. In der Automobilindustrie dauerte ein Entwicklungszyklus üblicherweise fünf Jahre, bis japanische Firmen ein technisches Paket zusammenstellten, um besser, das heißt schneller im Wettbewerb mithalten zu können – inklusive der »Just-in-time-Lieferung« von Autoteilen der Zulieferfirmen. 1993 war der Zyklus schon auf neununddreißig Monate gesunken und 1997 bei vierundzwanzig Monaten angelangt, doch Toyota rühmte sich mit achtzehn Monaten und versuchte, auf vierzehn herunterzukommen. Die Beschleunigung war nicht so schwierig, sie war hauptsächlich eine Frage der überflüssigen Managementebenen, die wegrationalisiert werden mussten, sowie der Computerisierung des Entwicklungsverfahrens. Detroit jedenfalls blieb keine Wahl: Der Kundengeschmack änderte sich immer schneller. Computer unterstützten diese schnellen Techniken und hingen gleichzeitig von ihnen ab. 1999 behauptete die Firma Dell, dass die Einzelteile nicht mehr als acht Stunden in der Fabrik verbleiben, bevor sie sie als fertige PCs verlassen. Inzwischen experimentieren Unternehmen mit »Just-in-time-Accounting« (einen Schritt vor den Rechnungsprüfern) und »Just-in-time-Training« (wobei vermutlich nur das Kurzzeitgedächtnis gefordert wird).

Ist das schlecht? Es kann zu einer Stressquelle für Manager werden, die sich an ihre alten, ruhigeren Zeiten erinnern. Und dennoch, die Erfindung von »just-in-time« bedeutet, weniger Kapital in eine effizientere Lieferantenkette zu verschwenden und ein geringeres Risiko einzugehen, das Ziel durch ungenaue und veraltete Prognosen zu verfehlen. Im evolutionären Wettbewerb um wirtschaftliche Fitness hat das Schnelle das Langsame aus dem Rennen geschlagen. Manchmal profitieren die Verbraucher davon. Manchmal hastet jeder nur in Echtzeit durch die Gegend. In den siebziger Jahren dauerte die Entwicklung von Urlaubsfotos noch rund eine Woche, wenn man den im Voraus bezahlten Film an Kodak einschickte. Dann begannen Fotomaten aus der Erde zu sprießen, die sich kleinerer und billigerer Maschinen zur Filmentwicklung bedienten und somit eine einstündige Entwicklungszeit versprechen konnten. Die Namen der Nachkommen des Fotomaten lassen keinen Zweifel an seiner Bestimmung: In Großbritannien finden wir beispielsweise Kallkwik, Prontaprint und Snappy snaps. Domino's Pizza (mit halbstündiger Lieferzeit), Citibank-Kredite (Genehmigung nach fünfzehn Minuten) und zahlreiche andere Produkte und Dienstleistungen haben die Geschwindigkeit zur Essenz ihrer Geschäftsstrategie gemacht. Die zehntausend angestellten Verkäufer der Firma Frito-Lay (die Kartoffelchips und ähnliches herstellt) schießen ihre täglichen Verkaufszahlen per Taschencomputer an die Zentrale. Eine Studie, die von Managementberatern gerne zitiert wird, besagte, dass Produkte, die in der Herstellung 50 Prozent über ihrem Soll lagen, immer noch weitaus profitabler waren als Produkte, die sechs Monate zu spät auf den Markt kamen. Und doch, noch vor einer Generation war man weit davon entfernt, es selbstverständlich zu finden, dass Schnelligkeit sich auszahlt. Als sich Federal Express auf dem Markt zu etablieren suchte, waren die älteren Lieferfirmen verwundert über die hohen Preise, die sie fordern wollten. Die herkömmlichen Preisberechnungen hingen allein von zwei Faktoren ab: Gewicht und Größe. Schnelligkeit, interessiert das jemanden?

Verloren in der Zeit

Noch vor dem Internet wurde der Hardwarebereich des Computerbusiness unter der Peitsche eines der essentiellen Geschwindigkeitsgesetze des Jahrhunderts in rasantem Tempo vorwärtsgetrieben: Moores Gesetz. Der Pionier der Halbleiterforschung Gordon Moore sagte 1965 voraus, dass die Chipdichte – und damit alle Arten von Rechenleistung – sich ungefähr alle achtzehn Monate verdoppeln würde. Das hat sich als richtig erwiesen. Moores Gesetz kodifizierte das blitzartige Tempo, mit dem sich der technologische Wandel vollzieht. Offiziell verläuft die Beschleunigung der Technologie exponentiell. Betrachtet man dieses Phänomen im Verlauf der Jahrhunderte, begann dieser Prozess schon vor recht langer Zeit. Die Erfindung der Druckerpresse bahnte sich ihren Weg durch die moderne (nachmittelalterliche) Welt – und brauchte dazu viele Generationen. Kein Wunder also, dass unsere Großeltern die Verbreitung des Telefons als besonders schnell empfanden! Sie und ihre Kinder konnten die Veränderungen beobachten, die Radio und Fernsehen unmittelbar – wie es schien – in unseren Gesellschaften auslösten. Erst jetzt sehen wir, wie allmählich die Verbreitung solcher Fortschritte tatsächlich vor sich ging. Da können wir demjenigen verzeihen, der den Blick für die tatsächliche Geschwindigkeit der technologischen Veränderungen verloren hat – jemand, der, sagen wir, 1994 zum ersten Mal das hipp klingende Wort Internet hörte und 1995 schon Nacht für Nacht cool im Netz surfte – wie schnell die Technologie jetzt ist, und doch auch wie langsam noch immer.

Nehmen wir einmal an, Sie sehen fern auf einem LCD-Flachbild-
schirm, der soeben auf den Markt gekommen ist, oder aber auf einem
»alten« Farbfernseher, den ein digitaler Satellitenservice mit seinen
fünfhundert Programmen füttert (im Amerika war der Satellitenservice
kaum ins Leben gerufen worden, als er schon innerhalb weniger
Monate die erste Million Kunden verzeichnen konnte), auf jeden Fall ist
der Apparat an einen Videorekorder angehängt, kein Betamax natürlich, denn dieses Format war mit seiner Geburt fast schon wieder obsolet, sondern Dolby-fähig, nicht bloß altes Dolby, sondern Dolby Sur-
round, Dolby Pro-Logic, genauer gesagt Dolby Digital AC-3, DVD
und HDTV kompatibel – der also nicht wie ein Laserdiskplayer in der
Sackgasse landet –, jedenfalls schauen Sie fern und spielen nicht mit den
Zimmerantennen herum, denn Sie wissen kaum noch, was Zimmerantennen waren, und, ach du meine Güte, das ist in Schwarzweiß! Kinder
verachten alle Sendungen in Schwarzweiß, weil sie davon ausgehen, dass
sie *zu langsam* sein werden. Aber diese Sendung ist seltsam vertraut.
Der Vorspann läuft, ein Raumschiff ist kurz davor abzuheben auf dem
Weg zu unbekannten Planeten, im Kontrollraum wimmelt es von Men-
schen, und auf dem Schirm erscheint in Großbuchstaben das Datum.
Ein Jahr in ferner, ferner Zukunft: 1997.

»Das ist der Anfang«, intoniert die Erzählstimme. »Das ist der Tag.
Sie sind Zuschauer bei einem der größten Abenteuer der Menschheitsgeschichte.« Es ist die erste Episode der Fernsehserie *Lost in Space*,
wie sie 1965, in den Kindertagen des amerikanischen Raumfahrtpro-
gramms, von CBS ausgestrahlt wurde. Eines Ihrer Programme, das Sci-
Fi-Programm wiederholt die ganze Serie *Lost in Space* in ihrer origina-
len schwarz-weißen Pracht.

Da also, auf dem Bildschirm, wuseln Fotografen in Alpha-Control
herum, um diesen historischen Moment aus dem Jahre 1997 einzufan-
gen, und die Glühbirnen der Blitzlichter knallen. Ja, *Blitzlichtbirnen*.
Erinnern Sie sich an die? Richtige Magnesiumbirnen, die einmal auf-
blitzten, nach verbranntem Metall rochen und für die nächste Aufnahme ersetzt werden mussten. Jetzt schwenkt die Kamera von einem Bild
der Galaxis zurück, das auf einer riesigen Attrappe eines Fernsehgeräts
anno 1965 gezeigt wird – die runden Ecken verraten es. An den Wänden
des Kontrollraums befindet sich ein Computer neben dem anderen, alle

Jahrgang 1965: Schränke groß wie Kühltruhen mit blinkenden Lichtern und großen Spulen. Auf einem Schreibtisch befindet sich ein Overhead Projektor, wie Sie ihn zuletzt im Raum für audio-visuelle Lehrmittel in Ihrer Schule gesehen haben. Er scheint auf absurde Art sperrig. Eigentlich ist alles sperrig und irgendwie langsam – die riesigen altmodischen Fernsehkameras, die umherrollen und ihre Kabel hinter sich herschleifen, sogar die Beleuchtung (keine Miniatur-LEDs). Die Ingenieure der Raumfahrtmission arbeiten an Tischen, die mit großen Schaltern und sperrigen Tasten und eigenen blinkenden Lichtern ausgestattet sind – aber Sie kommen gar nicht umhin zu bemerken, dass es keine Tastaturen, keine Mäuse, keine Monitore gibt.

Und was sind das für glänzende runde Scheiben, die auf den Schreibtischen dieses modernen Hightech-Kontrollraums einer Raumfahrtmission ruhen? Aschenbecher.

Die Evolution der Technik vorherzusagen, ist ein schwieriger Job, aber irgend jemand muß ihn machen. Die Sciencefiction-Gestalter und -Artdirektoren der letzten Generation brachten sich in eine prekäre Lage nach der anderen – unglücklicherweise neigt die Zukunft dazu, zu kommen, und zwar früher als man denkt. Wer kann schon erahnen, welche gerade aktuellen Materialien, Moden und Geräte das Entstehungsjahr dieser Sciencefiction verraten werden, wenn wieder eine Generation vorüber ist – oder welches aktuelle gesellschaftliche Verhalten: Niemand konnte eine Generation zuvor ahnen, dass ein Kontrollraum aus dem Jahre 1997 eine Nichtraucherzone sein würde.

Norman Garwood hat sich auf clevere Weise aus der Affäre gezogen, als er 1985 den Film *Brazil* für Terry Gilliam entwarf. Er schuf eine glitzernde, unheilvolle und bedrohliche Zukunft angefüllt mit verstaubter Technik, pneumatischen Röhren und Fernschreibern. Das Ergebnis war ein düsteres Mischmasch aus Antiquiertem und Futuristischem – perfekt; denn wenn die Zukunft herangeschlichen kommt, sieht sie ganz genauso aus: Sie ist weder glänzend noch strahlend, weder ordentlich zusammengestellt noch gut verpackt in Plastikfolie. Sie kommt ganz durcheinander wie ein Trödelladen daher, Altes kunterbunt vermischt mit Neuem. Ihr Handy und der tragbare CD-Spieler (an dessen Mini-Laser kein Gedanke mehr verschwendet wird) ruhen auf dem Regal neben einem Tesafilmabroller aus den fünfziger Jahren, der irgendwie nie ersetzt wurde. Oder vielleicht besitzen Sie eines dieser uralten, schwarzen Wahlscheibentelefone, dessen Hörer schwer wie Blei sind und die Sie nun für viel Geld im Antiquitätenladen erstehen können. Da ist auch eins im Kontrollraum von *Lost in Space*, und wir dürfen nicht »antiquiert!« denken. Aber wie läßt sich das vermeiden? Wenn es klingelt, *klingelt* es, mit diesem drolligen altmodischen Geräusch eines Metallhammers, der auf eine Metallglocke schlägt. »Für die Zeit sah die Hardware ganz schön sophisticated aus«, erinnert sich die Schauspielerin June Lockhart, die in den drei Jahren, in denen die Serie lief, als Maureen Robinson von einem Planeten zum nächsten hüpfte. »Abgesehen von Wahlscheibentelefonen und solchen Dingen.« Kommen Sie also an Bord von *Jupiter 2:* »dem Höhepunkt beinahe vierzig Jahre währender intensiver Forschung und dem raffiniertesten Stück Hardware, das bisher von einem menschlichen Gehirn erfunden wurde«, tönt der Erzähler. Schauen sie nicht zu genau auf den Feuerlöscher aus dem Eisenwarenhandel, der an der Wand des Raumschiffs hängt. In Kürze wird jemand versuchen, ihn durch die Windschutzscheibe zu werfen. Denken Sie nicht über die Borduhr nach, deren Ziffern mit der Hand auf Scheiben aufgemalt sind, die sich wie der Kilometerzähler eines Autos drehen. Muß ein Astronaut mal nach draußen für einen Spaziergang im All, ist er an einem Seil befestigt, das aus demselben ausgefransten Hanf gemacht ist, den ein Matrose 300 Jahre zuvor erwartet hätte. Ein Bergsteiger auf der Höhe der Zeit kann da nur süffisant lächeln.

Lockhart hat auch nostalgische Erinnerungen an den Wäschekorb aus Plastik, den sie immer durch die Sendung trug. 1965 war er ein Standardrequisit. »Dann nahm ich die Wäsche und gab sie in ein Gerät, drückte ein paar Knöpfe und fünfzehn Sekunden später kam die Wäsche frisch gewaschen, gebügelt und in Plastik verpackt wieder heraus«, sagt sie. »Das ist eine Erfindung, auf die die Welt bis heute wartet.« Es gibt noch ein paar andere Dinge, bei denen die Technik weit hinter den Vorstellungen der Erfinder von *Lost in Space* im Jahre 1965 herhinkt. Eine echte Mondlandung schien nicht mehr in weiter Ferne. Sicherlich war die Vermutung, dass wir drei Jahrzehnte später in der Lage sein würden, ein halbes Dutzend Leute samt einem bekloppt aussehenden Roboter in einem zweistöckigen Raumschiff ins All zu schicken, kein übertriebenes Wunschdenken.

Doch nein. Während Computerisierung, Miniaturisierung, Elektro-
und Materialtechnik einen Sprung nach vorne gemacht haben, sind wir
unerschütterlich erdgebunden, mehr als die meisten Wissenschaftler
prognostiziert haben würden. Die Technologien, die sich so schnell verändert haben, sind diejenigen, die unter Moores Gesetz fallen. Sie
haben nicht nur die gravierenden Veränderungen der Computerkultur
mit sich gebracht, sondern auch die subtileren Veränderungen derjenigen Strukturen, die mit der alles durchdringenden Miniaturisierung
von Lichtquellen, Summern und diverser Erleichterungen unseres
Alltags einhergehen. Es fiel nicht schwer, sich 1965 interstellaren Verkehr
im All vorzustellen. Wesentlich schwerer hingegen war es, sich vorzustellen, dass diese zukünftigen Wesen gegen Ende des Jahrhunderts
Anrufbeantworter, Faxgeräte, E-Mail und Computer in der Größe von
Kreditkarten besitzen würden. Selbst innerhalb der Computerkultur
neigt man dazu, die Bedeutung der Fortschritte in der Rechenleistung
zu überschätzen: Der nächste Sprung nach vorn bei der Rechenge-
schwindigkeit eines Supercomputers wird Ihr Leben nicht verändern,
doch die unerbittlichen Fortschritte der Vernetzung der kleinen Computer schon.

Im Vergleich dazu hat sich die Technik, mit der wir durch unser
Universum reisen, kaum verändert. Bis 1972, dem Ende der amerikanischen Mondlandungen, war es insgesamt nicht mehr als vierundzwanzig Personen gelungen, sich über die relativ niedrige Umlaufbahn etwa
der »Space Shuttle« hinaus von der Erde wegzubewegen. Da das
Jahrtausend eben zu Ende gegangen ist, verharrt die Zahl nach wie vor
bei vierundzwanzig.

Und der Effekt all dieses schnellen technologischen Wandels? Uns
wird schwindlig. Wir werden uns der Unsicherheit unseres eigenen
Platzes in der Gesellschaft bewusst. Bald, behauptet der Wissenschafts-
journalist James Burke,

> wird die Quote der Veränderungen so hoch sein, dass Menschen,
> die sich nur auf einem Gebiet qualifiziert haben – welches ihr
> ganzes Leben lang für das, was sie tun und sind, bestimmend ist –,
> so überholt sein werden wie Federkiel und Pergamentpapier. Dazu
> verändert sich das Wissen zu schnell. Wir müssen regelmäßig alle

10 Jahre unsere berufliche Qualifikation erneuern, schon um unseren Job zu behalten.

Wir misstrauen unseren Maschinen um so mehr, weil wir nicht mehr mit ihrer Bedienung hinterherkommen. Es war noch amüsant, als die rasch sich ändernde Mode mal einen längeren, mal einen kürzeren Rocksaum in Paris oder Mailand mit sich brachte. Uns dreht sich der Magen um, wenn es heißt, dass wir all unsere LPs durch CDs ersetzen müssen und dann durch DVDs. Wir haben keine Zeit mehr, die Bedienungsanleitungen zu studieren. Die Hersteller, die sich dauernd beeilen müssen, mit ihren Produkten auf den Markt zu kommen, haben keine Zeit mehr, diese anwenderfreundlich zu gestalten, so dass das ewig aufblinkende 00:00 auf dem Videorekorder zu einer ständigen Einrichtung wird.

Wir rennen nicht vor den neuen Technologien davon, die den Fortschritt vorantreiben und unser Leben bereichern, aber wir haben sehr wohl Verständnis dafür, wenn Edward Tenner, Autor des Buchs *Die Tücken der Technik. Wenn Fortschritt sich rächt*, sich für einen »Rückzug aus der Intensität« ausspricht. Nicht jedes Software-Upgrade ist unbedingt lohnenswert. Ein höheres Arbeitspensum führt nicht automatisch zu höherem Profit. Versuchen Sie es mit Finesse, schlägt Tenner vor. »Im Büro bedeutet Finesse, mehr zu schaffen, indem man öfters Pause macht«, erklärt er. »Auf der Straße bedeutet es einen ruhigeren Fahrstil, der die Geschwindigkeit und die Wirtschaftlichkeit aller Fahrer verbessert, indem er sie dann zum Langsamfahren bringt, wenn wir impulsiv eher zur Beschleunigung neigen.«

Zur Internet-Zeit

Also schickt Dean Hughson, ein siebenunundvierzigjähriger Eierhändler aus Las Vegas, Nevada, eine E-Mail an einen Kollegen, von dem er annimmt, er sei in Amsterdam, obwohl ihn nicht wirklich interessiert, wo er ist, das Telefon klingelt und ein anderer Kollege ruft aus Mexico City an, um anzukündigen, dass er gleich ein Fax über einen neuen Internetservice schicken wird, und genau in diesem Augenblick piept seine Seiko-Uhr, weil jemand ihm mit dem Pager eine Nachricht schickt. Macht es da noch etwas aus, dass seine Frau, die sich im selben Raum befindet wie er, die ganze Zeit versucht, seine Aufmerksamkeit zu erregen? Dann betritt die Katze den Kampfschauplatz und springt auf seinen Schreibtisch. Hughson betrachtet sein Leben mit Verwunderung: »Wo zum Teufel ist der alte Eiermann geblieben, und warum wird sein Leben mit zunehmendem Alter technisch immer komplizierter statt einfacher?« Doch die Kräfte des Bösen zerren ihn nicht gerade gegen seinen Willen in die informationsüberflutete Zukunft. Immerhin ist Hughson selbst der Webmaster, der einen speziellen Button auf seiner Internetseite installiert hat, mit dem ihm jeder eine Nachricht über seine Armbanduhr schicken kann. Er wird nostalgisch, wenn er an die gute alte, langsame Zeit denkt, aber irgendwie fragt man sich, wie sehr er diese Zeit wirklich vermisst. »Ich bin vor zwanzig Jahren ins Eiergeschäft eingestiegen, als man tatsächlich ein Flugzeug bestieg, in eine Stadt flog, ein Auto mietete und persönlich zum Kunden fuhr«, sagt er. »Jetzt habe ich viele Kunden, die ich so gut wie nie sehe, mit denen ich aber, als würden Träume meinem Hirn entsprießen, per E-Mail kommuniziere« – »übrigens per Kabel und mit enorm hohem Datendurchsatz«, wie er stolz hinzufügt.

Für viele Menschen und Unternehmen ist Geschwindigkeit gleich Vernetzung. Die Tatsache, dass sie miteinander verbunden sind, macht sie effizienter – vielleicht sogar beweglicher. Traurigerweise gibt sie ihnen aber auch das Gefühl, beschäftigter, möglicherweise sogar überlastet zu sein. Wenn Sie früher eine Anwaltskanzlei auf dem Land in einem grauen Holzhaus an einer kleinen asphaltierten Straße hatten, da kam es schon vor, dass Ihre Arbeit beendet war, wenn Sie die Vormittagspost erledigt und den Postausgang vorbereitet hatten. Das Geschäft verlief wie eine Partie Fernschach – es blieb genug Zeit zum Nachdenken. »Unglücklicherweise herrscht in der Öffentlichkeit die Meinung, dass Rechtsanwälte ermüdend langsam sind«, führte 1958 ein Flugblatt der amerikanische Anwaltskammer mahnend an. Sie riet den Anwälten, sich moderne, automatische Geräte anzuschaffen. Elektrische Schreibmaschinen bewirken eine gewisse Tempobeschleunigung (»sie sind schneller« und »benötigen zu ihrer Bedienung weniger als ein Zwanzigstel der physischen Kraft«). Diktiergeräte lassen den Puls der Firma auf andere Weise schneller schlagen, indem sie es dem Anwalt ermöglichen, nachts oder am Wochenende zu arbeiten, ohne auf die Stenotypistin warten zu müssen. (»Der Zeitverlust durch Unterbrechungen wird minimiert und die Korrespondenz ist schnell erledigt. ... Ideen, Honorarsätze und ähnliches können festgehalten werden, ehe sie wieder in Vergessenheit geraten. ... Offen gestanden ist ein direktes Diktat von Person zu Person besonders ineffizient und sollte vermieden werden, außer in den seltenen Fällen, wenn die Anwesenheit der Sekretärin im Büro zum Diktat *unbedingt erforderlich* ist.«) Im Zeitalter von Voicemail und Videorekordern erkennen wir den Nutzen als eine Art der Zeitumverteilung. In anderen Berufen spielen andere technische Beschleunigungen eine Rolle: Die Medizin hat sich so grundlegend durch den einfachen Beeper verändert wie die Rechtsprechung durch den Fotokopierer. Einige Ärzte sorgen sich um das Aufkommen der so genannten »Beepermedizin«. Sie beobachten eine Sucht nach dem Pager und schnellen Problemlösungen. Laborresultate und neue Organe sind schnell beschafft, und im Rahmen der Bereitschaft rund um die Uhr können viele Leben gerettet werden. Doch der Arzt riskiert, die Kontrolle über sein eigenes Tempo zu verlieren. »Alles Handeln ist nur noch krisenorientiert«, klagen Dr. E. Ide Smith und Dr. William P. Tunell in Oklahoma City.

> Die Intensität und die Begeisterung, mit der heutzutage der Beeper eingesetzt wird, hat schon epidemische Ausmaße angenommen, und neuere Geräte mit Speicherfunktion können zahllose Nachrichten gleichzeitig aufnehmen. Die Vision, fünfzig Pagernachrichten pro Minute zu bekommen, ist zu einer durchaus realistischen Möglichkeit geworden.

In einer weniger vernetzten Zeit wurde das Tempo jedes Geschäftes, das auf Schriftverkehr beruhte, von der Post bestimmt, das heißt, zwei, vier, sechs oder noch mehr Tage lagen zwischen den Antworten. Dann gab es den Overnight-Kurier und dessen Kinder des Industriezeitalters – im Jargon von Federal Express *»expedited cargo«, »just-in-time-delivery«, »high-speed premium transportation«* und *»automating and streamlining the supply chain«*. Wenn etwas unbedingt am nächsten Tag da sein sollte, bot Federal Express seine Dienste an. In einer Welt vor Federal Express, als »es« einfach nicht am nächsten morgen da sein konnte, musste es das auch selten. Jetzt, wo es kann, muss es. Wie viele der Techniken, die unser Leben beschleunigen, brachte auch der Overnight-Kurier seinen ersten Kunden einen Wettbewerbsvorteil. Als jeder mit dem Service zu arbeiten begann, war die Gleichheit wiederhergestellt, und nur das generell schnellere Tempo blieb.

Das große Instument der Vernetzung war natürlich das Telefon, das das Jahrhundert vom einen Ende zum andern vollkommen verändert hat. Polizeireviere, Börsenmakler und Zeitungen konnten einst ohne Telefon auskommen, aber wir können uns heute kaum noch vorstellen, wie das möglich war. Vormals schickten die Zeitungsredaktionen ihre Reporter zu den Landungsbrücken, um Nachrichten von den Passagieren zu erfahren, die von Bord der großen Ozeandampfer gingen. Sie verließen sich auf die Post, die diese Schiffe brachte, wobei die transozeanische Bandbreite nicht in Bits pro Sekunde sondern in Bits pro Woche gemessen wurde. Nachrichten vom Tage waren schnelle Nachrichten. Die *New York Times* behielt ihre anachronistische Kolumne

»Shipping / Mails« sogar bis 1984 bei. Im selben Jahr galt es noch als teurer Spaß, wenn eine Anwaltskanzlei über ein Faxgerät verfügte, das vermutlich hauptsächlich für die Kommunikation mit einem bestimmten Kunden eingesetzt wurde. Lediglich achttausend Faxgeräte wurden in diesem Jahr in den USA verkauft. Nur drei Jahre später jedoch, 1987, hatte beinahe jede amerikanische Anwaltskanzlei ein Fax, und binnen zwei weiterer Jahre waren auch Makler, Restaurants mit Lieferservice und Eisenwarenläden auf den Zug aufgesprungen. Geschäftsleute und Privatpersonen kauften 1989 zwei Millionen Faxgeräte in den USA, und eine Visitenkarte ohne Faxnummer sah plötzlich leer aus. Bis zum noch schnelleren Boom von E-Mail-Adressen und Webseiten, der damals unvorstellbar schien, sollten bloß noch sechs Jahre vergehen.

Die Vernetzung hat uns überschwemmt. In einer Gruppe von n Personen wächst die Zahl der potenziellen Telefongespräche, die Möglichkeit, sich bei einem Abendessen neben diese oder jene Person zu setzen, und die Übertragungsmöglichkeit von Geschlechtskrankheiten kombinatorisch, und kombinatorisches Wachstum ist viel schneller als geometrisches Wachstum: es ist exponentiell. Der größte Teil der menschlichen Erfahrung (Wissen, Krankheiten) breitet sich durch Nähe aus, und für jede gegebene Person ist die Zahl der Personen, die in unmittelbarer Nähe sind, explodiert. In der Vergangenheit kamen wir selbst in dichtbevölkerten Städten nur wenigen Menschen so nahe, um, sagen wir, ihre Zeitungen lesen oder die Temperatur ihrer Warmwasserbäder erfahren zu können. Jetzt stellt man diese Informationen en masse ins Internet. Die Multiplikation der Informationswege führt zu einer positiven Rückkopplung in Bezug auf Massenhysterie. Je mehr über eines der gelegentlichen Massenphänomene geredet oder geschrieben wird, das die hysterische Aufmerksamkeit der amerikanischen Kultur erregt – sei es O. J. Simpson, El Niño, Monica Lewinsky oder das Jahr 2000-Problem –, desto mehr wollen die Leute auch darüber erfahren. Je mehr die Journalisten darüber erfahren, desto eher fühlen sie sich in der Lage – und sogar dazu genötigt –, immer mehr darüber zu reden und zu schreiben. Wenn der Druck einer Flüssigkeit steigt, kollidieren die Moleküle, wie wir in der Schule gelernt gaben, schneller und öfter, was zu einem weiteren Temperaturanstieg führt. Dichtes Zusammengedrängtsein und die Übertragungsgeschwindigkeit sind zwei

Seiten einer Medaille. Das ist der Grund, warum sich der Schall schneller in dichten Kristallen ausbreitet. Und das ist auch der Grund dafür, dass der Eierhändler Dean Hughson sowohl ein klägliches Opfer als auch ein vergnügter Täter der Informationsflut ist. 1915, im vierten Jahrzehnt der kommerziellen Telefondienstleistungen, konnte das amerikanische transkontinentale System drei gleichzeitig ankommende Anrufe bearbeiten. Eine Generation später entwickelte AT&T ein koaxiales Kabel, das mit 480 Anrufern auf einmal fertig werden konnte. In den achtziger Jahren stellten individuelle Telstar-Satelliten ausreichend Kapazität für beinahe 100 000 Telefonverbindungen zur Verfügung, obwohl man eine solche Bandbreite eher für Fernsehübertragungen verwenden würde. Jetzt geht Terabit-Übertragung online – eine Billion Bits pro Sekunde, das reicht aus für dreihundert Jahrgänge einer sehr dicken Tageszeitung. Das ist das Informationszeitalter – das nicht immer gleichzusetzen ist mit Informationen in unserem Gehirn. Manchmal kommt es uns so vor, als würde die Information mit Lichtgeschwindigkeit an unseren Ohren vorbeizischen, zu schnell, um aufgenommen zu werden.

Die amerikanische Firma, die das Internet in den ersten Jahren am meisten promotet hat, Sun Microsystems, führte 1997 eine Studie über das Leseverhalten im Netz durch und kam zu der einfachen Schlussfolgerung: »Man liest nicht«. Man überfliegt den Text und schnappt den einen oder anderen Satz, das ein oder andere Wort auf. Warum ist das so? Zum Teil, weil jede Seite, die der flatterhafte Nutzer zufälligerweise gerade angeklickt hat, mit Millionen anderen um dessen Aufmerksamkeit buhlt. Jakob Nielsen, der Wissenschaftler, der die Untersuchung für Sun Microsystems durchgeführt hat, zitiert die typische Beschwerde eines Test-Users, der darüber bestürzt war, tatsächlich mit Prosa konfrontiert zu sein – ganze Absätze davon: »Wenn mir das bei der Arbeit passieren würde, wo ich täglich siebzig E-Mails erhalte und fünfzig Nachrichten auf meinem Anrufbeantworter habe, das wäre das Letzte! Wenn es mich nicht sofort anspringt, lasse ich es gleich bleiben.« Nielsen schlug Richtlinien vor, wie man mit den Bedürfnissen solcher Leser umgehen kann, Richtlinien, die immer mehr den Lesegewohnheiten im Internet angepasst sind: hervorgehobene Schlüsselwörter, übersichtliche Listen, häufig Untertitel, Absätze, die nur eine einzige

Idee enthalten. Nichts Zähes, das den ungestümen Rutsch des Lesers durch den Text aufhalten könnte.

Das Lesen von E-Mails beginnt einem Gewaltmarsch durch eine schattenlose Landschaft zu gleichen. Weitere Untersuchungen der Firma Sun Microsystems stellten, wie Nielsen sagt, fest, dass

> *jeder*, der über E-Mail verfügt, darüber klagt, wieviel Post er bekommt. Interessanterweise beschweren sich alle in etwa gleichem Maße, völlig unabhängig davon, wieviele Nachrichten jemand tatsächlich bekommt. Mit anderen Worten, jemand wird behaupten: »Ich werde überschwemmt, kaum zu glauben, ich erhalte täglich zehn E-Mails«, und das im gleichen Tonfall wie jemand, der sich über hundert oder mehr E-Mails beklagt.
>
> Meine Erklärung für dieses Phänomen ist, dass die Erwartungen der Leute dahingehend, wie sie mit ihrer Mail umgehen, sich verändern. Wenn sie wenig Post bekommen, behandeln sie sie wie eine persönliche Korrespondenz und überlegen sich jede Antwort genau. Bekommen sie viel Post, erleiden die meisten Nachrichten das Schicksal, sofort mit der »Entfernen«-Taste in Berührung zu kommen. Die User hinken ständig hinterher, wenn es darum geht, ihr Verhalten an diese Kurve der Informationsmissachtung anzupassen, also fühlen sie sich ständig gestresst.

Keinen Stift anzuspitzen, keine Tinte zu trocknen, nur Bits, immer mehr Bits, mit Lichtgeschwindigkeit. Irgendwie finden diese gestressten Menschen minutenlang Zeit dafür, eine Webseite zu besuchen, die ihnen in *Echtzeit* zeigt, was andere Menschen suchen. Die Suchbegriffe rauschen vorbei, flüchtige Wegweiser durch die Informationsflut: »romantische Ideen«, »schreiben UND Liebe UND Briefe«, »Kabeltrommelwagen«, »gratis clip art«, »London real estate«, »Verhaltensstörung«. Es ist, als ob das Gehirn der Neuen Welt in einem naturhistorischen Museum ausgestellt wäre und man hineinschauen und die Neuronen knistern hören könnte. Die Technik hat einen direkten Kanal dorthin eröffnet. Das ganze Zeug, das hineinströmt, verursacht Verstopfung, braucht Platz, mindert die Produktivität, überschwemmt den Keller und hyperventiliert auf dem Dachboden. Das jedenfalls ist das Gefühl, das beinahe alle teilen. Mehr als 20 000 Websites sprechen das

Problem der Informationsüberflutung an und leisten auf diese Weise ihren eigenen Beitrag dazu. »Information Overload?«, fragt eine Bannerwerbung im World Wide Web für, so stellt sich heraus, Zeigegeräte von Microsoft: die vorgeschlagene Lösung lautet: »Get Moving« mit einer interaktiven Demonstration von Scrollen und Zoomen.

Wer hätte je geahnt, dass das Lästige am altmodischen Briefeschreiben auch einen Puffer darstellen würde? Verkehrsplaner lernten, dass ein Stau vermieden werden kann, wenn die Autos schon an den Auffahrten an langen, scheinbar sinnlosen Rotlichtern warten müssen – zu ihrem eigenen Vorteil, wie sich herausstellt. Auf dieselbe Weise diente vor dem Fax, vor Federal Express und E-Mail die unausweichliche Verzögerung der geschäftlichen Kommunikation durch den Postweg als Nachdenkpause. Ein Anwalt konnte einen übereilt geschriebenen Brief noch einmal überdenken, solange er sich unter den zu erledigenden Briefen der Stenotypistin befand. Und Entscheidungen konnten während dieser unbeabsichtigt langsamen Phasen reifen.

Vielleicht hatten wir bisher einfach noch keine Zeit, uns anzupassen. Möglicherweise müssen wir uns eine bestimmten Zeitspanne zum Nachdenken reservieren, was wir sonst während der zwangsläufig entstehenden Pausen taten. In Reaktion auf den Informationsüberfluss entstand in den neunziger Jahren eine Bewegung unter dem Motto »Simplify Your Life« – wie Sie Ihr Leben entscheidend vereinfachen. Einfachheit liebt das Paradox, und die Vereinfachung scheint ihre eigenen neuen Informationsquellen zu benötigen. Linda Manassee Buell aus Arizona beispielsweise, professionelle Trainerin und Beraterin für Life-Style, bot Workshops und »Tele-Unterricht« dazu an, wie man das Leben entscheidend vereinfacht, darüber hinaus ein Büchlein mit 101 Tipps, eine Kassette und ein Arbeitsbuch – alle Kreditkarten werden akzeptiert. Das Kaufhaus Macy's empfahl zur Vereinfachung des Lebens den Service eines persönlichen Einkäufers und eine »Riesen-Auswahl«. Ein Nachteil bei der Vereinfachung des Lebens schienen bisher immer die damit einhergehenden Entbehrungen zu sein. Einige der Dinge, die das Leben verkomplizieren, sind eigentlich eher begrüßenswert. »Leben Sie so, als ob Sie nur drei Freunde hätten«, empfahl *Redbook*. »Schauen Sie keine Fernsehnachrichten mehr an«, riet Elaine St. James, die zum Reigen der Simplify Your Life-Autoren gehört. »Kündigen Sie die Hälfte Ihrer Zeitschriftenabonnements.« »Kaufen Sie Ihren Kindern weniger Spielzeug.« (»Wenn Sie all das getan haben«, murrte eine ihrer Leserinnen, »stoßen Sie einen tiefen Seufzer aus und sagen Sie zwanzigmal vor sich hin: ›Ich versichere, dass ich einen Lebensstil geschaffen habe, der meine Anwesenheit überflüssig macht.‹«) Auf der anderen Seite müssen Sie möglicherweise neue Dinge anschaffen, um Ihr Leben zu vereinfachen: das simple Girokonto, einen Holzdielenfußboden, Telefon und Fexgerät in einem, große Einbauschränke, eine Hypothek oder irgendein anderes der unzähligen Dinge und Dienstleistungen, die im Namen der Vereinfachung angeboten werden.

Die ganze Geschichte erweist sich in der Vorstellung einfacher als in der Umsetzung, und die Gurus halten sich selber selten an das, was sie vorbeten. Leser haben die Qual der Wahl zwischen Büchern, die 100, 52, 365, 99 oder 90 Arten anbieten, das Leben zu vereinfachen. Offenbar kann kein Autor über nur eine Möglichkeit schreiben. Schon Frau St. James allein spuckt ihre Ratschläge zur Lebensvereinfachung in mindestens fünf Versionen aus. Die meisten Menschen lesen diese Anleitungen auf voyeuristische Weise, so, wie sie auch Reisemagazine lesen, die imposante Berichte über Speisen al fresco und strahlend weiße Sandstrände in weiter, weiter Ferne enthalten – Speisen, die sie niemals essen, und Strände, die sie niemals besuchen werden. Die Grundidee der Lektion von der Vereinfachung des Lebens, die Idee, die das Phänomen ins Leben rief, ist überzeugend und sinnvoll: Sie haben die Macht, Entscheidungen zu treffen, also treffen Sie sie. Versuchen Sie zu unterscheiden zwischen den kleinen nörgelnden Dämonen, die jeden Augenblick ausfüllen können, und den größeren, stilleren Geistern, die die verstreichenden Stunden bereichern. Das können Sie ruhig tun, denn die Lebensvereinfachungstrainer tuen es nicht. Die sind schwer damit beschäftigt, eine unverkennbare Vereinfachungsüberschwemmung hervorzubringen.

Wir beschweren uns zwar über den Informationsüberfluss, aber schätzen ihn dennoch sehr. Wir schließen nicht unsere E-Mail-Accounts, im Gegenteil, wir kaufen Taschencomputer, Funk-Modems und

Mobiltelefone mit winzigen Bildschirmen, um sicherzugehen, dass wir uns vom Strand oder vom Berggipfel aus einloggen können. Diese Geräte werden von der ewigwachsenden Miliz der Informationsträger gefüttert, den professionellen und den Amateur-Journalisten. Ihre Spionagesatelliten, Horchposten und Videokameras umstellen den Globus. Ohne diese Informationsquellen würden wir einen Sinnesverlust empfinden, als hätte man uns unseres Hörgeräts oder der Brille beraubt. Allwissend wie wir inzwischen sind, können wir kaum nachvollziehen, dass der Angriff auf Pearl Harbor 1941 das Ende einer elftägigen Seefahrt der unsichtbaren und lautlosen japanischen Flotte durch ein Datenvakuum markierte. Oder dass zweitausend Menschen in der Schlacht von New Orleans sterben mussten, vierzehn Tage nachdem der diesbezügliche Friedensvertrag in London unterzeichnet worden war. Wir erwarten, dass die Informationen überall aufscheinen, und zwar schnellstmöglich. Die rund um die Uhr sendenden Nachrichtenprogramme unterminieren – ob es uns gefällt oder nicht – die Bedeutung der herkömmlichen Nachrichtensendungen, wie diese zu ihrer Zeit, indem sie scheinbar unmittelbar Fakten und Bilder lieferten, die Abendzeitungen ausbooteten. Diese kamen allerdings gar nicht so unverzüglich, von der einen oder anderen Liveübertragung einmal abgesehen. Alles spielte sich innerhalb von Stunden ab. Heute erwarten die Zuschauer alles innerhalb von Minuten. Korrespondenten, die sich einst den Zugang zu einem Kurierdienst oder einer Telexmaschine »organisieren« mussten, oder, wie Peter Jennings, sich abmühten, dass der Film persönlich von einer Hauptstadt Asiens in die nächste transportiert wird, haben nun alle eine komplette mobile Satelliten-Übertragungsstation in ihrem Handgepäck, neben ihren Laptops und Handys natürlich.

Mehr als 58 Millionen Menschen in den USA und Europa haben »mobile Berufe«, behauptete die Firma Hewlett-Packard 1998, die schnell mal einen Vertrag, einen Zeitungsartikel oder eine Marktanalyse scannen und faxen müssen, während sie sich an einem Ort aufhalten, der dadurch gekennzeichnet ist, dass er sich zwischen zwei anderen Orten befindet: auf der Fahrt zwischen Verkaufsverhandlungen oder in einem Flugzeug oder während sie auf ein Flugzeug warten. Hewlett-Packard bietet natürlich die neue Techologie an, die diese Informationen schnell zu erhalten und weiterzuleiten hilft. Wir betreiben unsere Geschäfte im Stoßbetrieb. Während neue Offerten eingehen, verdammen wir Angebote wie EIN JAHR GRATISABO oder 1,5 MIO TRAUMHAUS SUPER-GÜNSTIG ABZUGEBEN !!! Wir sind es leid, jenny@babeview.com anzuschauen, deren Schreibe sich darauf reduziert, WoW:{} und SEE YA von sich zu geben, und die uns dazu einlädt, Videomaterial mit nackten Frauen anzuschauen. In unserer Inbox finden sich mehr Witze ein, als wir je von unsern Kumpeln an den Pissoirs gehört haben. Wenn in der Betreff-Zeile der E-Mail steht: FW: FWD > Fwd- (FWD) EIN WITZ FÜR DICH, sagt uns etwas, dass wir nicht die ersten sind, die diesen Witz zu lesen bekommen, aber wir lesen ihn trotzdem, und dann schicken wir ihn weiter. Unsere eigenen kleinen Mailinglists mit vier, sechs oder acht Seelenverwandten bilden hübsche kleine Pfade, doch früher oder später sind sie global vernetzt. Witze über Sex, Witze über UNIX, Witze über Anwälte, Witze über *Star Trek* oder Bill Gates in Form von schlechten Wilhelm Busch-Versen oder David Lettermans Top Ten Listen – sie alle fließen mit der Kraft von Ebbe und Flut durch den Cyberspace. Schrecklich morbide Katastrophenwitze tauchen auf und verbreiten sich mit einer Geschwindigkeit, wie wir sie bislang nur von engverknüpften witzeerzählenden Gemeinschaften von Zynikern kannten, die Zugang zu den weltweiten Kommunikationsnetzen haben, nämlich Börsenmakler und Journalisten. Vertreter-Humor ist obsolet, weil wir keine Vertreter mehr brauchen, die die Witze verbreiten. Bald werden zwischen dem Augenblick, da ein Witz geboren wird, bis zu dem Augenblick, da jeder Mensch im Besitz eines Modems ihn erhalten hat, nur noch Minuten vergehen.

Jedesmal, wenn wir die zum Überlaufen volle Inbox verfluchen und noch einen Kettenbrief-Witz weiterschicken, enthüllt das eine Diskrepanz zwischen dem, was wir fühlen, und dem, wie wir handeln. Wenn wir nicht Masochisten sind oder Lemminge, müssten wir eigentlich etwas wissen, was wir uns nicht eingestehen. Wir mögen E-Mail. Wir mögen Vernetzung. An einer Kehrtwendung in Richtung des einfachen Lebens, an das wir uns in diesen rosigen, nostalgischen Farben erinnern, scheinen wir kein Interesse zu haben. Unsere schnellen Leben, die mit allem in Verbindung stehen, fühlen sich auf ihre Weise gut an. Der Ökonom Herbert Stein, der die neuartigen Horden von Männern und Frauen beobachtet, die in den Städten auf den Bürgersteigen mit an Ohr und Mund gepressten Handys herumlaufen, urteilt, dass unser Bedürfnis nach Information auf Abruf ein genauso primitiver Instinkt wie der eines jeden Tiers ist.

Es ist die Möglichkeit, mit jemand anderem, irgend jemandem in Kontakt zu sein, der einem versichert, dass man nicht allein ist. Man mag sich einbilden, bloß seine Mailbox abzufragen, doch tief im Inneren befragt man die eigene Existenz. Selten sehe ich Leute, die auf dem Gehsteig in ihr Handy sprechen, in Begleitung anderer. Es ist das Alleinsein, das sie nicht ertragen können. Und für viele Leute bedeutet Alleinsein in Wirklichkeit »ohne Mutti sein«. Wir sehen eine Generation heranwachsen, die mit Babyfon aufgewachsen ist, das Mutti über jede Bewegung des Babys in seinem Bettchen auf dem Laufenden hielt. Bald werden wir mit Sendern an unserem Revers oder unserer Handtasche herumlaufen, ständig via Satellit mit Mutti verbunden.

Ein Freudianischer Wirtschaftswissenschaftler! Der Walkman, sagt er, ist eine Möglichkeit, den gleichmäßigen, ruhigen Beat der Wiegenlieder aus der Kindheit wiederzuerlangen. Immerhin sind wir doch alle verbunden geboren worden. Die Einsamkeit kam mit der Reife.

Bevor irgend jemand eine Vorstellung von Bandbreite hatte, bevor Techniker den Informationsfluss als eine Wissenschaft studierten, spielten Menschen per Briefwechsel miteinander Schach. In diesem Fernschach dauerte die Übertragung von ein paar nützlichen Bytes Tage. Das logische Denken ist ebenfalls langsam. Diese Art von Schach ist inzwischen zum Teil durch Online-Partien ersetzt worden. Doch nur zum Teil, denn einige Spieler schätzen mehr denn je den kuriosen Reiz, mehr als hundert Stunden an ein Spiel zu verschwenden. Bandbreite in Bits pro Tag ist eine Rebellion oder einer Art von zur Schau getragenem Konsumverhalten wider den Zeitgeist, wie das Tragen von Gamaschen. Im Geschäftsleben können sich nicht viele Menschen kuriose Nervenkitzel erlauben. Wenn uns jemand erreichen will, wollen wir erreichbar sein – also im Extremfall das Internetfax, der mit der Webseite verbundene Armbanduhrpager und die E-Mail-Kommunikation per Kabel und mit enorm hohem Datendurchsatz.

Ihre Meinung? Schnell!

Als George Bush 1992 seine Regierungserklärung abgab, sponserte der Nachrichtensender CBS eine Telefonumfrage in Echtzeit. Beinahe fünfundzwanzig Millionen Amerikaner versuchten anzurufen und verstopften das Telefonnetz der Nation. Etwas mehr als ein Prozent der Anrufer kam auch durch, so dass CBS die Ja oder Nein-Antworten auf ihre Fragen sofort registrieren und Dan Rather ankündigen konnte: »Innerhalb von Sekunden direkt auf Sendung – das ist uns bislang noch nicht gelungen.« Sich eine Meinung zu bilden, ist ein Prozess. Sie auch kundzutun, ist ein anderer. Einen auf den Boden geschlagenen Baseball abzufangen, ist ein Vorgang. Ihn zum First Base zu werfen, ein anderer. Manchmal wäre es besser, einen Prozess erst reifen zu lassen, bevor man sich an den nächsten macht.

Meinungsforscher erfanden Sofortumfragen in der Hoffnung, ihre Arbeitszeit dadurch zu entlasten. Doch sie versuchen gleichsam ein bewegliches Ziel zu treffen, wenn sie während der heißen Phase eines Wahlkampfs mehrere tausend Menschen telefonisch nach ihrer Meinung zu den Kandidaten befragen. Wer weiß schon, ob die Stimmung am Mittwoch noch dieselbe ist wie am Dienstag? Und wenn nicht, welche Meinung legen die Meinungsforscher dann zugrunde? Überdies machen ihnen ihre Kunden Druck, weil sie schnelle Ergebnisse fordern: Meinung, die so nah wie möglich an Echtzeit herankommt. Die Technik kommt ihnen dabei zu Hilfe. 1973 verteilte das damals größte Meinungsforschungsinstitut der amerikanischen Wirtschaft, Nielsen Media

Research, neue Boxen auf den Fernsehapparaten repräsentativ ausge-
wählter Bürger, die mithilfe eines Telefonanschlusses direkt an die
Zentralcomputer des Instituts angeschlossen waren. Mit diesem so
genannten »Storage Instantaneous Audimeter« konnte in der zentralen
Auswertung des Instituts in Florida das Auf und Ab des Zuschauer-
verhaltens von Minute zu Minute verfolgt werden. Diese genaue und
feine Zeitstruktur war erst der Anfang, nicht das Ende. Filmstudios
testen inzwischen routinemäßig ihr Produkt, indem sie ihre Filme
einem Testpublikum vorführen, das mit einem Messgerät an der Hand
ausgestattet ist, womit eine Art unmittelbare elektrische Zustimmung
registriert werden kann. Doch Zustimmung wozu eigentlich?

Im Zusammenhang mit den Begriffen *Echtzeit*, *Time-sharing* und
Multitasking taucht noch ein anderer, sonderbarer »Bazillus« auf,
bekannt unter dem Namen ›*Race Condition*‹. ›Race Conditions‹, unterschiedliche Signaldurchlaufbedingungen, sind ein besonders heimtü-
ckisches Symptom unseres schnellen Lebens und eines ausgeklügelten
Timings. Es bezeichnet das, was passiert, wenn die verschiedenen Code-
streifen eines Programms, das nach einer festgelegten Reihenfolge ablaufen soll, aus dem Rhythmus geraten. Vorgang A soll ein Benutzer-
konto eröffnen. Vorgang B soll dieses wiederum mit einem Passwort
sichern. Die ganze Zeit über werden Dateien erstellt, geöffnet, geschlossen, erneut geöffnet, und dabei können seltsame Timingfehler
auftreten. Ein Fenster kann sich eine Millisekunde lang öffnen, wodurch sich ein »Hacker« einloggen und weitgehend Zugang erlangen
kann. Programmierer gehen manchmal von einem ablauffixierten Timing aus, das in einer im Feilauf fahrenden Multitasking-Gesellschaft
einfach nicht existiert. Einen Prozess, der durch eine solche Attacke verwundbar ist, nennen wir ›*raceable*‹: Man kann ihn zum Durchdrehen
bringen. Er ordnet sich den Ambivalenzen des Hier und Jetzt unter. Es
liegt in der Natur der Sache, dass Race Conditions am ehesten in solchen Systemen auftauchen, die in Echtzeit funktionieren müssen. Ein
Echtzeit-Netzwerk, das etwa den Kartenverkauf in einem Kino regelt,
Bankkonten verwaltet oder in dem Flugreservierungen vorgenommen
werden, erfordert selbst auf der Ebene der Millisekunden noch eine
strenge Kontrolle, wenn vermieden werden soll, dass ein und derselbe
Sitzplatz zweimal vergeben oder ein Dollar doppelt ausgegeben wird.

Unmittelbare Meinungsumfragen gleichen Race Conditions ohne Computer. Es könnte ein verfälschtes Ergebnis entstehen, da die Meinung, die exemplarisch herausgezogen wird, noch gar nicht existiert. Und doch wird weiter gemacht. Bei geschäftlichen Meetings von Top-Managern ist ein Tischmessgerät für Meinungsumfragen in Mode gekommen. Die Redner beziehen ihre Zuhörerein, indem sie sie unmittelbar um ihre Meinung bitten, die wiederum innerhalb kürzester Zeit in Tabellen umgesetzt und im Besprechungszimmer für alle sichtbar ausgestellt wird. CNN hat haben sich derselben Technik bedient, um spontane Reaktionen auf Präsidentschaftsdebatten unmittelbar im Fernsehen übertragen zu können, indem die Umfrageergebnisse beinahe simultan mit der Diskussion in Grafiken umgesetzt und ausgestrahlt werden. Auch Filmproduzenten bedienen sich dieser Methode bei Film-Previews vor der Freigabe eines Films: Die Zuschauer reagieren in Echtzeit, auf eine sehr spontane Weise, »aus dem Bauch heraus», ohne auch nur eine Sekunde lang den Film verarbeitet oder reflektiert zu haben. War diese Bemerkung lustig oder nicht? Schnell! Ist diese langsame Passage vielleicht als Überleitung zu etwas anderem gedacht? Wir werden es nie erfahren. *Adagio* ist einfach kein adäquates Tempo für ein Testpublikum, das an einem Messgerät hängt. Es handelt sich um ein »Stimmungsbarometer«. Doch sind Stimmungen wie Schall und Rauch, und in den meisten Fällen messen diese Barometer etwas, was noch nicht völlig ausgereift ist: eine Meinung – eine *öffentliche* Meinung – die sich erst nach Stunden oder Wochen der Reflexion und Diskussion bildet. Auf der anderen Seite gibt es einige Beispiele dafür, dass sich die öffentliche Meinung schneller als je zuvor herauskristallisiert, weil die Kommentatoren in den Abendnachrichten und Tageszeitungen mit den Experten im Internet konkurrieren, wenn sie ein bestimmtes Ereignis erklären, beurteilen, in einen moralischen Kontext stellen und sofortiges Nachdenken darüber bewirken wollen. So schnell kann Geschichte eigentlich nicht geschrieben werden. Manche Ereignisse brauchen eine angemessene Zeit der stillen Trauer. Als 1998 zwei Jungen Gewehre stahlen und ein Dutzend ihrer Schulkameraden erschossen, machte sich der Kritiker George Steiner über die unmittelbar dazu verlautenden Erklärungen und die »Soundbite-Mentalität«, wie er sie nennt, lustig:

Denken Sie einmal an Dostojewski, der in seinem berühmten Ta-
gebuch etwas Ähnliches beschreibt – zwei Jungen, die andere Kinder umbringen. Stellen Sie sich vor, was Dostojewski damit anfangen würde. Er würde sich Gedanken machen über die außerordentlich wichtige Frage des Bösen im Kinde. Heute würde der
Redakteur sagen, »Fjodor, bitte, morgen, dein Text. Sag bloß
nicht, du brauchst zehn Monate zum Nachdenken. Fjodor, morgen!«

In dem Begriff ›Soundbite‹ versucht Steiner all die sprachlichen Beschleunigungen zusammenzufassen, die man mit Fernsehnachrichten
verbindet. Politiker, die in weniger als einer Minute eine ganze Geschichte erzählen wollen, lernen in Soundbites zu sprechen. Es gibt
sogar Unternehmensberater, die sich darauf spezialisiert haben, ihren
Klienten beizubringen, in Soundbites zu sprechen: Top-Managern in
Meetings, Autoren auf Lesereise und allen anderen, die eine Botschaft
rüberbringen möchten in unserer ach so geschäftigen Welt. Für die
Fernsehnachrichten sind Soundbites ein derart wichtiges Format, dass
man sie katalogisiert und misst. Sie haben sich von über vierzig
Sekunden Redezeit für Präsidentschaftskandidaten im Jahr 1968 auf
weniger als zehn Sekunden im Jahr 1988 verkürzt. Die meisten Kommentatoren und viele der Insider im Nachrichtengeschäft finden das
beschämend. Welche tieferen Einsichten kann ein Politiker in 8,2 Sekunden noch vermitteln?
Aber selbst zu der Zeit, als ein Soundbite vierzig Sekunden dauerte,
war dies kein Vergleich zu einer Debatte zwischen Lincoln und Douglas. Ein Kandidat kann Redegewandtheit und Oberflächlichkeit genauso
gut in Brocken von zweihundert wie von zwanzig Wörtern unter Beweis stellen. Als die Fernsehsender auf die Kritik reagierten und den Versuch unternahmen, Regeln einzuführen, um Redezeiten von weniger
als dreißig Sekunden zu unterbinden, mussten sie feststellen, dass ihre
Berichte flach wurden. Das Publikum schätzt die Schlagkraft kurzer
Zitate, die ja auch besser in die Struktur eines kurzen Nachrichtenbe-
richts passen. Vielleicht ist die Verkürzung der Bildeinspielungen Ausdruck für den Reifungsprozess des Mediums ebenso wie für das zunehmend höhere Niveau des Publikums. »Soundbites sind insbesondere

deshalb kürzer geworden, weil das Medium damit effektiver kommunizieren kann«, behauptet Mitchell Stephens von der New York University. »Die wütenden Reaktionen auf ihr Verschwinden ist eher ein Ausdruck von mangelndem Verständnis und von Angst angesichts der Ära der neuen Bildtechnik, in die wir gerade eintreten.«

Ein Nachrichtensegment, das fast drei Minuten dauert, zählt im Rahmen einer halbstündigen oder dreiundzwanzigminütigen Fernsehsendung wahrlich zu den langen Formaten. Man sollte den 60 Sekunden-Bericht vielleicht eher als eine Kunstform betrachten, in der Knappheit und Prägnanz auf die Spitze getrieben werden, wie die japanische Kurzgedichtform Haiku oder Miniaturen in Öl. Man kann die Künstler bei der Arbeit beobachten, wenn man einen beliebigen Redaktionsraum der CNN betritt, wo rund um die Uhr Nachrichten gesendet werden. Das neueste Redaktionsequipment misst die Rohtexte auf den Bändern bis auf Hundertstelsekunden genau. »Auf diese Weise können wir mehr unterschwellige Botschaften reinbringen«, sagt ein Redaktionsleiter in der Tür. »Kleiner Scherz!« Ein Redakteur mit flinken Händen an Tastatur und Joystick arbeitet gemeinsam mit einem Reporter daran, einen Beitrag über Showbusiness zu straffen, der in wenigen Minuten auf Sendung gehen soll. Psychologen haben den Versuch unternommen, die Grenzen menschlicher Wahrnehmungsfähigkeit ausfindig zu machen, doch diese Redakteure, die Bilder und Töne auf ein Minimum kürzen, sind die eigentlichen Praxis-Experten bei diesem Projekt. Wenn sie ihre Kunstfertigkeit noch ein wenig weitertreiben, wird man nur noch vorbeihuschende Gespenster wahrnehmen, die zwar vorhanden, aber nicht wirklich sichtbar sind. Gehen die Künstler noch einen Schritt weiter, haben wir keine Chance mehr, völlig unabhängig davon, wie geübt und scharfsinnig wir sein mögen.

›Soundbite‹ bezeichnet hier lediglich ein Arbeitstool – es hat keinerlei abwertende Konnotation. »Wir machen noch einen Soundbite, dann kommt der Schlusssatz und wir sind fertig«, sagt der Reporter. Der Schlusssatz besteht darin, dass der Korrespondent das Ende des Beitrags ansagt (»Sam Donaldson ABC News Washington«). Das Soundbite hätte genauso gut SOT heißen können (sound on tape), und man hätte es mit einem NAT (natural sound, einem natürlichen Geräusch wie Autohupen oder Telefonklingeln) kombinieren können.

Sie schneiden noch ein paar Wörter raus, sehen es sich an, und er sagt: »Jetzt ist es gut. Es scheint mir zwar ein bisschen verstümmelt, aber so sind die Spielregeln eben.«

Mittlerweile rührt sich die öffentliche Meinung in einem nie dagewesenen Tempo. Unser gemeinschaftliches Wissen verbreitet und assimiliert sich mit beinahe neuronaler Unmittelbarkeit. Selbst vor der Zeit von Internet, Kurierdiensten und Fax wussten 1963 schätzungsweise 68 Prozent der US-Bevölkerung binnen einer halben Stunde von der Ermordung Kennedys. Ein Jahrhundert zuvor hatte es Tage gedauert, bis sich die Nachricht von Lincolns Ermordung herumgesprochen und in den Köpfen verankert hatte, obwohl Eisenbahn und Telegrafie schon begonnen hatten, die moderne, vernetzte Welt einzuläuten. Als George Washington in Virginia starb, brauchte die Nachricht eine Woche, bis sie nach New York gelangte. In noch früheren Zeiten wurde die Meinung der Öffentlichkeit nach einer Eiszeit-Zeitskala gewichtet. Sie wurde selten registriert oder in Zahlen ausgedrückt. Deswegen war eine nationale politische Wahl von so großer Bedeutung. Eine Wahl war wie der Zusammenbruch der Wellenfunktion in der Quantenmechanik – die Realisierung von etwas, das bis zu diesem Augenblick unbestimmt und unvorhersehbar war. Die Wahlergebnisse erlangten keine besondere Genauigkeit, aber wenigstens griffen sie der tatsächlichen Meinung nicht vor.

Wir stoßen auf eine Geschwindigkeitsbegrenzung. Wir können mit der Kommunikation in Echtzeit nur bis zu einem bestimmten Punkt gehen – zumindest solange die Menschheit noch kein einziger Organismus geworden ist, dessen Teile wie ein Bewusstsein in Lichtgeschwindigkeit zusammengefügt werden. Die Beschränkung liegt in unserem Gehirn. Wir haben eine endliche Fahrtgeschwindigkeit. »Zum Beispiel hängt unsere Intelligenz mit der Geschwindigkeit unseres Denkens zusammen«, vermutet der Kognitionswissenschaftler Douglas R. Hofstadter. »Wenn unsere Reflexe zehnmal schneller oder langsamer wären, hätten wir vielleicht ein ganz anderes Bündel von Begriffen zur Beschreibung der Welt entwickelt.«

Zersetzung braucht Zeit

Aus einem Artikel mit dem schönen Titel »Zehn Märchen über das Kompostieren«:

> Eine Reihe von Zeitungsinseraten haben wohlmeinende Gärtnerinnen und Gärtner irregeführt, indem sie ihnen suggerierten, dass sie binnen vierzehn Tagen Kompost herstellen könnten. Solche Erwartungen sind unrealistisch und sollten nicht beachtet werden. Zersetzung braucht Zeit. Auch wenn eine schnelle Kompostierung sicherlich praktisch ist, sollte sich niemand dazu genötigt fühlen, Holzschredder oder andere technische Geräte zu kaufen. Und selbst wenn etwas nach ein paar Wochen wie Kompost *aussieht*, sollte man ihn vor der Weiterverwendung immer noch einen Monat reifen lassen. …

Man kann Kompost aus denselben Gründen nicht zur Eile antreiben wie die Liebe oder einen Hefeteig. Die Biochemie hat ihr eigenes Tempo. Das heißt jedoch nicht, dass wir es nicht trotzdem versuchen.

Ohne lange darüber nachzudenken, geht man davon aus, dass ein Unternehmen mit dem Namen Dombey & Söhne, Trujillo & Söhne, Eubelhor & Söhne oder Harvey & Töchter ein altehrwürdiges Geschäft sein muss. Heutzutage gründet man seine Firma nicht mehr in der Hoffnung, dass die Enkelkinder eines Tages die Familientradition weiterführen werden. Nein, Enkelkinder brauchen Zeit. Man kauft ja auch keine neue dunkelblaue Jeans, deren Farbstoff sie von alleine stehen lässt, und findet sich damit ab, dass man sie mindestens ein Jahr lang tragen muss, bis sie diesen ausgewaschenen Look bekommt. Man kauft sie »prewashed« , »preshrunk« und möglicherweise schon mit Flicken auf dem Knie oder Hinterteil. Wer kann schon darauf warten, dass die Dinge ihren natürlichen Lauf nehmen. Die klassische Lederjacke, die nach zehn Jahren Tragen wie eine zweite Haut sitzt, war im ersten Jahr nicht wirklich bequem. Man musste schon etwas investieren. Die Liebe zu alten Klamotten gehört derselben Kategorie an wie die zu alten Teddybären, das heißt, sie erwächst weniger aus dem, was im Stoff selbst vorhanden ist als aus einem emotionalen Gewebe von Assoziationen und Erinnerungen. So wie unsere Reflexe mit einer bestimmten Geschwindigkeit operieren, tun es auch unsere Erinnerungen, die Ablagerungen unserer Nostalgie. Können also die Jahre, die es braucht, um sich an etwas zu gewöhnen, effektiv umgangen werden?

Es scheint so, denn ein gewöhnlicher Katalog bietet unter dem Motto »Klassiker« an: »Eine Jacke, die (in früheren Leben) schon alles gesehen hat. … Hinter jedem Kratzer und jeder Schramme des behandelten, schweren, genarbten Rindsleders verbirgt sich eine Legende oder Geschichte.« Der Katalog offeriert natürlich weitere bewährte gute alte Dinge. Disney kündigte 1997 *Die kleine Meerjungfrau* als den »zeitlosen Klassiker« an. Gerade mal acht Jahre zuvor war der Film neu herausgekommen. Ist auch das eine Möglichkeit, die Grenzen der Biologie zu strapazieren – diese Möchtegern-Einreihung einer neuen kulturellen Ikone in den Kanon unserer klassischen Erinnerungen?

Die modernen Zeiten haben gewisse Leiden mit sich gebracht, die wir als Technologie-Krankheiten bezeichnen könnten: radioaktive Vergiftungen (das wahre Erbe der Marie Curie), das Karpaltunnelsyndrom (ein Nachkomme der Sehnenscheidenentzündung). Ein einzigartiger Fall ist der Jetlag, denn hier handelt es sich um eine Uhrenkrankheit. Die Uhren sind natürlich wir selbst. Jeder sich wiederholende biochemische Prozess versucht einen natürlichen Rhythmus zu entwickeln. Die Rhythmen unseres Körper – komplex, ineinander verzahnt und manchmal chaotisch – haben sich den großen astronomischen Frequenzen unseres rotierenden Planeten angepasst. Unser Körper weiß, wann in etwa ein Tag zuende geht. Und so ist es all die drei Milliarden Evolutionsjahre lang gewesen. »Und die ganze Zeit über«, schreibt Arthur Winfree, ein Spezialist in der Wissenschaft der biologischen Zeit,

> »nahmen wir wahr, wie der Himmel eins ums andere Mal hell und wieder dunkel wurde, während der Planet sich unerbittlich drehte: eine Billion Zyklen von Licht und Dunkelheit, von Wärme und Kälte, ohne einmal auszusetzen, sich tief einprägend in die biochemische Natur unseres Seins. Wir sind gut angepasst an diese alles durchdringende Monotonie von Sonnenaufgang und Sonnenuntergang. ...«

Das heißt nicht, dass wir diese Monotonie mögen müssen. Unsere inneren Uhren verfügen über Mechansimen, die wir verwirren und durcheinanderbringen können. Es war schwierig genug, das herauszufinden. Aus uns unbekannten Gründen läuft unser innerer Rhythmus eher in Abständen von fünfundzwanzig als vierundzwanzig Stunden. Wir müssen ihn kontinuierlich nachstellen, wenn wir nicht rückwärts durch die Stunden treiben wollen. Wir sind so konstruiert, das heißt auf die Zeitsignale eingestellt, die unsere Umwelt an uns sendet. Wie sehr wir auch unsere Muskeln anspannen und das Tempo unserer Welt bestimmen wollen, wir bleiben ihr doch auf sensible Weise verbunden.

Während der ersten drei Billionen Zyklen blieben wir und unsere Vorfahren mehr oder weniger fest verwurzelt. Sicherlich ändert sich die Sonnenzeit, wenn man einen Schritt nach Osten oder Westen geht. High Noon, die Mittagszeit, kommt eine Millisekunde früher oder später, aber das ist so minimal, das wir es nicht wahrnehmen können. Mit dem Reisen in Hochgeschwindigkeit – in Ozeandampfern, der Eisenbahn und – am beunruhigendsten – im Motorflugzeug – kamen auch die ersten ernstzunehmenden Anschläge auf unsere biologische Uhr. So entstanden beängstigende geistige Paradoxe (Was passiert eigentlich wirklich, wenn man um das Ende der Internationalen Datumsgrenze am Pol herumläuft?) und das als Jetlag bekannte Unwohlsein (das spezialisierteste der verschiedenen Syndrome der Hetzkrankheit), die von Winfree als »jenes von Reisenden in der Zeit empfundene, unangenehme Gefühl« definiert wird, »als seien ihre Organe über ein Dutzend Zeitzonen verteilt, während die leere Hülle weiter der Zukunft zustrebt«.

Also basteln wir an der Maschine herum. Wir schieben unsere Mahlzeiten hin und her, nehmen Melatonin ein oder experimentieren mit 10 000-Lux starken Lichttherapien, in der Hoffnung, dadurch die unvermeidliche Müdigkeit und Desorientierung zu verringern, die bei langen, schnellen Reisen über mehrere Zeitzonen hinweg entsteht. Möglicherweise fallen wir auf Marotten wie den »Biorhythmus« herein – wir beginnen Pseudozyklen von dreiundzwanzig oder dreiundreißig Tagen abzuzählen, erstellen Kurven, kaufen Software, vergleichen die Biorhythmen von Berühmtheiten. Tatsächlich ist der Biorhythmus eine Subkategorie der New Age-Welle, der kurz vor dem Wahrsagen und Orakeln kommt. Doch es gibt einen Grund für die plötzliche Faszination, die vom Biorhythmus ausgeht. Denn der Biorhythmus ist wichtig – die biologischen Rhythmen geraten in Konflikt mit anderen Tempi, die wir viel leichter manipulieren können. Wir wollen uns selbst stets perfektionieren und sind manchmal deshalb gerne leichtgläubig. Sony vermarktet ein Lernprogramm für Japanisch mit dem Slogan »Lernen Sie Japanisch in 3 Sekunden!« Eine andere Firma bietet einen SuperMind Brain Computer an: »Setzen Sie die Kopfhörer sowie die Brille mit den Lichtimpulsen auf und drücken Sie eine bestimmte Taste auf der Befehlsleiste. Ein Schnell-Lern-Programm wird automatisch eine ganze Französischlektion in Ihre Gehirnzellen einprägen.« An guten Tagen erkennen wir, dass einige biologische Zeitabläufe beim besten Willen nicht unter ein bestimmtes Minimum reduziert werden können. Zersetzung braucht Zeit. Das Testen von Arzneimitteln braucht Zeit, weil der Verlauf einer Krankheit oder einer Arzneimitteltherapie im menschlichen Körper von dessen komplexer Biochemie abhängt. Trotzdem beschleunigte die United States Food and Drug Administration in den neunziger Jahren unter dem Druck der Industrie widerstandslos die Zulassungsverfahren für neue Arzneimittel, ohne Widerstand zu erregen. 1996 und 1997 verdoppelte sich die Zahl der zugelassenen Medikamente beinahe. Erschreckend viele dieser Neuzulassungen mussten schnell wieder zurückgerufen werden. Das schmerzstillende Mittel Duract der Firma American Home Products beispielsweise wurde gerade mal ein Jahr lang in größerem Ausmaß geprüft. Elf Monate nach seiner Zulassung wurde es wieder vom Markt genommen, nachdem mehrere Fälle von Leberversagen bis hin zu Todesfällen

bekannt geworden waren. Einige Experten in Sachen Gesundheitspo-
litik gaben die Schuld eindeutig den schnelleren Zulassungsverfahren
und den voreiligen von der Industrie finanzierten Arzneimittelprü-
fungen.

Einst hatten wir Menschen den Eindruck zu trödeln, wenn wir sahen,
wie schnell die Natur voranschritt. *Flut und Zeit warten auf niemanden.*
»Heutzutage, in der Zeit elektrischer Drähte«, sagte Mark Twain etwas
vorschnell, »…drehen wir diesen Satz um. Der Mensch wartet weder
auf die Zeit noch auf die Flut.« Ein Teil unserer Biologie besteht im
Prinzip aus Pausen: zum Beispiel der Schlaf. Pausen dienen dem Zweck,
den Fluß zu unterbrechen. So wie die Pause in der Musik oder die Zäsur
in der Dichtung. Wie früher die nächtliche Unterbrechung des Nach-
richtenzyklus und der Finanzmärkte, die in unserer 7 x 24 Stunden-Ära
längst Vergangenheit sind. Selbst ein überzeugter Atheist und Sonn-
tagsfahrer wird glauben, dass der Sabbath auch zu jener Zeit, als die
Menschen ihn noch achteten, einem therapeutischen Zweck diente.
Heute sind die meisten der puritanischen Regeln Vergangenheit (»Eine
Frau darf ihr Kind am Sabbath oder am Fastentag nicht küssen!«), und
Federal Express wirbt damit, auch am Sonntag zu liefern, »weil die Welt
sieben Tage die Woche arbeitet«. Haydn war vermutlich der erste große
Meister der Pause in der musikalischen Komposition. Er setzte die
Pause als Überraschungselement ein, oder um die Spannung zu steigern, oder sogar mit Fermaten, um die Stille auf unbestimmte Zeit zu
verlängern. Pause *und* Fermate. Eine Pause mit einer Fermate steht auf
der Werteskala am anderen Ende vom Schnellrestaurant mit Express-
schalter. Musikstudenten an modernen Konservatorien, die kompliziert-
teste Polyrhythmen beherrschen, brechen dennoch in Schweiß aus,
wenn sie mit so etwas konfrontiert werden:

Musikern fällt es schwer, der Pause ihren vollen Wert zu geben, um gar nicht erst von der unbestimmten zusätzlichen Zeit zu reden, die eine Fermate verlangt. Sie können einfach nicht lange genug warten. Wenn Sie Pistazien essen, ergeben sich gezwungenermaßen Pausen: Pistazien ohne Schale sind ein teurer Luxus – noch ein Fast Food – und irgendwie enttäuschend. Es ist bezeichnend, dass Wissenschaftler, die sich mit sprachlichen Äußerungen beschäftigen, die unter Zeitrdruck gemacht werden, in den Unterbrechungen und Pausen, die unsere Rede durchziehen, versteckte Satzzeichen sehen und herausgefunden haben, dass die Verständlichkeit geringer wird, wenn diese Pausen wegfallen. Für die meisten von uns sind Kaffeepausen denselben Weg gegangen wie der erzwungene Sabbath, und weder transzendentale Meditation noch die Abgeschlossenheit einer Zelle ohne Wahrnehmungsreize scheinen diese ersetzen zu können.

Doch die Biologie schlägt zurück (oder ist es die Technologie?). Den Pausen gelingt es, sich wieder in den Fluß unserer schnelleren, Multitask-Lebensmentalität einzufügen. Ihr Web Browser stellt gerade die Verbindung her zu einer entfernten Webseite, während Ihnen aus dem Telefonhörer an Ihrem Ohr eine Stimme mitteilt »Legen Sie bitte nicht auf«, und drei Minuten später stellen Sie fest, dass Sie in eine Art Trance verfallen sind. Die Vermittlung hat sich nicht gemeldet und der Web Browser hat immer noch nichts gefunden. Gleich wird der Computer ankündigen, »Time out«. Ja. *Katatonie.* Es ist Sabbath.

Auf die Plätze, fertig, denken!

Von einem kosmischen Standpunkt aus gesehen, ist die Geschwindigkeit menschlichen Denkens mehr oder weniger festgelegt – und doch ist sie praktischerweise in Einklang mit der Geschwindigkeit eines vom Baum fallenden Apfels oder der Rotationsgeschwindigkeit der Erde, der Sprunggeschwindigkeit eines Kojoten auf Raubzug, dem sanften Übergang der Jahreszeiten, der Wellenlänge des sichtbaren Lichts und hörbaren Schalls. Von diesen, wie von vielen anderen Geschwindigkeiten, werden wir bestimmt. Man könnte sich Wesen vorstellen, die nach einem vollkommen anderen Stundenplan leben. Man kann sie sogar sehen: Bienen oder Pinienzapfen, die in zeitlichen Ebenen beheimatet sind, die sich mit unseren kaum überschneiden. Doch Vorsicht! Sie werden nicht allein durch Geschwindigkeit definiert.

Aus einem begrenzten Blickwinkel könnten wir uns mit den kleinen Varianten der menschlichen Geschwindigkeiten beschäftigen. Der Vergleich von Laufzeiten ist ja selbst zu einem Sport geworden. Gehörten wir zu den Psychologen, die sich gerne als ›Psychometriker‹ bezeichnen, könnten wir so tun, als wäre der Vergleich von Denkgeschwindigkeiten eine Wissenschaft. Noch die kürzesten Intervalle, die in athletischen Disziplinen vorkommen können, hat die Technik für den Wettkampf nutzbar gemacht. Der Spielraum ist so minimal geworden, dass meist der Zufall die Oberhand über das Talent gewinnt, das die Sportler perfektionieren wollen. Ein Windstoß, eine Unebenheit der Rennbahn, zufällige Längenabweichungen bei den Bahnen im Schwimmbad können ausschlaggebend sein. Die Millisekunde hat ihre Existenzberechtigung bekommen. Die schnellsten modernen Kameras haben zu Tage gefördert, dass Baseball, das gemeinhin als Spiel um Zentimeter gilt, eigentlich ein Spiel um Millisekunden ist. Die entscheidenden Ereignisse geschehen in winzigen Zeiträumen und stellen die Reflexe des Schiedsrichters auf eine harte Probe. Keine normale Stoppuhr vermag eine Millisekunde in weitere Bestandteile zu zerlegen. Bis vor kurzem konnte also eine Millisekunde nicht über Platz oder Sieg entscheiden. Jetzt kann sie es. Bobfahren gehört zu den olympischen Disziplinen, für die inzwischen eine Millisekunde ausschlaggebend sein kann. Weitere Disziplinen sind Canoeing und Radrennen. Die Genauigkeit bis auf Millisekunden führt zu weiterer Abhängigkeit von der Technik. Schwimmer hüllen sich in teflonbeschichtete Anzügen aus Mikrofasern. Radrennfahrer benutzen Rennmaschinen, deren aerodynamische Eigenschaften in Windkanälen exakt ausgetüftelt wurden. Wenn sich die schnellsten Sprinter der Welt zum Hundert-Meter-Lauf am Start aufstellen, vernehmen sie den Startschuss der Fairness halber elektronisch, um einer millisekundenlangen Verzögerung des Schalls vorzubeugen, die durch die Übertragung in der Luft entstehen kann. Auf ihren Rücken wird ein Laser projiziert, der eine kontinuierliche Dopplermessung ihrer Geschwindigkeit, Beschleunigung und Verlangsamung ermöglicht. Und die Ziellinie wird von computergesteuerten, digitalen Kameras überwacht, die die Zeit derart präzise in so winzige Bestandteile zerlegen, dass ein Mensch sie längst nicht mehr wahrnehmen kann.

Auf dem Höhepunkt seiner Leistungsfähigkeit verlor Carl Lewis gelegentlich einen Hundertmeterlauf, den er eigentlich schneller als die anderen Teilnehmer *gelaufen* war. Seine Reaktionszeit – die Zeit, die es braucht, bis das Startsignal sich vom Trommelfell auf Gehirn, Nerven und Muskeln überträgt – war generell eher mittelmäßig, ungefähr 140 Millisekunden im Vergleich zu den 115 bis 120 Millisekunden der schnellsten Starter. Diese Fünfzigstelsekunde Unterschied spielt jetzt eine Rolle. In der Tat ist sie so wichtig geworden, dass die Reaktionszeiten regelmäßig überprüft werden. Ein Fehlstart liegt nach offiziell er Wertung nicht nur dann vor, wenn ein Teilnehmer vor dem Startschuss losläuft, sondern auch, wenn er nur eine Zehntelsekunde *danach* losläuft – denn derart schnelle Reaktionszeiten gelten als menschenunmöglich.

Sprinter trainieren heutzutage also nicht nur mehr das Laufen. Sie trainieren auch, den optimalen Körperteil über die unsichtbare Ziellinie zu werfen, die die elektronische Kamera genau festlegt. Sie arbeiten an ihren Reaktionszeiten. Sie lernen, sich in einen Zustand intensiver, angespannter Aufmerksamkeit zu versetzen, wenn sie auf den Startschuß warten – doch die Trainer haben inzwischen festgestellt, dass niemand diese Anspannung sehr lange aufrechterhalten kann. Also hassen sie es, wenn *zwischen fertig und los* zu viel Zeit verstreicht. »Wir sprechen hier von Tausendstelsekunden!« sagt George Dale, Präsident der International Track and Field Coaches Association. »Blitzlichter, Lärm aus der Zuschauermenge, eine zu Boden fallende Nadel können die Läufer zum Starten bringen. Sie konzentrieren sich auf den Schall – das ist das einzige, worauf sie gedrillt sind.«

Könnte es sein, dass wir irgendwann einen Punkt erreicht haben, ab dem die Ergebnisse bei Rennen wieder rückläufig werden, einen Punkt virtueller Perfektion? Statistische Trenderfassungen über einen längeren Zeitraum hinweg scheinen darauf hinzudeuten, dass wir uns als menschliche Gattung asymptotisch einer echten Höchstgeschwindigkeit nähern. Insbesondere was die ursprünglichen, uralten Wettrennen zwischen Läufer und Läufer, Schwimmer und Schwimmer betrifft, nähern wir uns möglicherweise einer absoluten Grenze der Geschwindigkeit, die sich in einer großen, gut durchtrainierten Welt aus einer Kombination von Muskelkraft, Übung und Technik erreichen lässt. Zumindest können wir ohne eine exakte Uhr nicht mehr zwischen Gewinner und Verlierer unterscheiden.

Beim Denken die Zeit zu stoppen, funktioniert nicht ganz so einfach wie beim Laufen. Wie lange brauchte ein einzelner Mensch, um zu beweisen dass für n größer 2, die Gleichung $a^n + b^n = c^n$ keine Lösung hat, wenn n eine ganze Zahl ist? Jahre (bzw. Jahrhunderte oder Jahrtausende, je nachdem, wie man misst). Man könnte eine Top Ten-Liste derer erstellen, die zwar langsam, aber sehr effektiv gedacht haben. Charles Darwin hielt sich für so wenig schlagfertig, dass er sich nicht an Diskussionen beteiligen wollte. »Ich glaube, ich bin ein recht langsamer Denker«, sagte er in dem Jahr, als er *Die Entstehung der Arten* veröffentlichte. Auch Einstein schilderte sich selbst bescheiden als langsamen Denker, aber nach seinem Tod bewahrte ein Pathologe dieses berühmte Gehirn noch über Jahre in einer Flüssigkeit auf – nur für den Fall, dass die Psychometrie irgendwann einmal etwas damit anfangen könnte. Auf irgendeine Weise muss Einstein doch *schnell* gewesen sein.

Irgendwann im Laufe des 20. Jahrhunderts begann die Vorstellung die Runde zu machen, dass der Durchschnittsmensch lediglich einen Bruchteil seiner vorhandenen Gehirnfunktionen nutze. Vielleicht glauben auch Sie: *Wenn wir nur unsere wahren Möglichkeiten erkennen, trainieren und optimieren könnten.* »Diese Phrasen sind zum Gemeinplatz geworden. ›Wir nutzen bloß zehn Prozent unseres Gehirns‹«, schrieb der Popkulturexperte David Feldman zusammenfassend auf eine Frage, die er immer wieder von Lesern gestellt bekam. »Wie will man denn feststellen, dass wir nur zehn Prozent und nicht fünf oder fünfzehn Prozent nutzen?« Die Idee scheint in den vierziger Jahren an der Ohio State University entstanden zu sein. Ein dort lehrender Gestaltpsychologe, Samuel Renshaw, behauptete nachgewiesen zu haben, dass ein Durchschnittsmensch »eine zwanzigprozentige Nutzung seiner Sinnesmodalitäten« erziele. Die *Saturday Evening Post,* die 1948 Renshaws Arbeiten veröffentlichte, machte daraus: »Die meisten Menschen sind zu knapp zwanzig Prozent lebendig. … Wir benutzen unsere Augen, Ohren, Nase, unseren Geschmackssinn, unseren Tastsinn – und unser Gehirn – zu einem Fünftel oder weniger dessen, was möglich ist.« Eine der Spezialitäten Renshaws war Schnelllesen. Er behauptete, seinen Studenten beibringen zu können, fünfmal schneller als vorher zu lesen – mehr als tausend Wörter pro Minute. Geschwindigkeit machte im Wesentlichen seine Methode aus. Er benutzte ein mechanisches Tachistoskop, eine bessere »Laterna magica«, um Bilder für gerade mal eine Hundertstel Sekunde auf eine Leinwand zu projizieren. Seine Schüler lernten, Ziffernabfolgen, die vor ihnen in kurzen Abständen aufleuchteten, zu lesen und wiederzugeben, und die Marine stellte ihn im Zweiten Weltkrieg ein, damit er die Flugzeugaufklärer in Schnelligkeit trainiere. Wenn sie ein bisschen übten, fanden sich die Menschen in diesen winzigen Zeitregionen sehr gut zurecht.

Die Vorstellung, dass große Teile unseres Gehirns im Schlummerzustand brachliegen, macht sich bei genauerer Untersuchung als biologisches Faktum nicht gut. Sollen all diese unzähligen Neuronen wirklich untätig darauf warten, eine moderne Ausbildung zu bekommen? Doch vielleicht handelt es sich hier um eine Art kultureller Wahrheit. Die Idee scheint eine verschobene Vorstellung des Verhältnisses zwischen den Menschen und der Welt, die sich vor ihren Sinnen abspielt, wiederzugeben. Mit dem 20. Jahrhundert hatte sich diese Welt derart beschleunigt, dass auch wir das Gefühl haben mussten, uns verändert zu haben. Unsere Vorfahren hatten nicht die Möglichkeit, täglich Zehntausende von Wörtern, ob nun geschrieben oder gesprochen, zu verarbeiten, noch stellten sie ihre Retina den Herausforderungen der kinematischen Montage. Selbst ohne Renshaws Tachistoskop merkten die Menschen unbewusst, dass das menschliche Potenzial immer mehr genutzt wurde. Renshaws Verdienst war nicht so sehr, Menschen so zu trainieren, dass sie großartige mentale Leistungen vollbringen, als zu entdecken, dass sie großartige geistige Leistungen vollbringen können. Wir nehmen die Stimuli einer schnellen, komplexen Welt auf. Um uns bestimmte Teile daraus anzueigenen (Autos, Videorekorder, Gameboys), benötigen wir eine spezielle Schulung, und häufig genug bereitet sie uns Vergnügen.

Wir bewundern schnelles Denken nicht automatisch – denn, so haben wir festgestellt, es ist häufig auch Ausdruck von Oberflächlichkeit und Schlagfertigkeit. Aber wir assoziieren es doch mit Intelligenz, heute mehr denn je. Rechenmaschinen mit Blitzgeschwindigkeit müssen einfach intelligent sein, ungeachtet der gelegentlich auftretenden *idiots savants*. Schlagfertige Menschen, die geistig rege und nicht auf den Kopf gefallen sind – wählen wir nicht immer unbedingt zum Mannschaftskapitän oder Präsidenten, doch treten wir ihnen meistens respektvoll gegenüber. Zwar haben wir schon von gemächlichen Eigenschaften wie Weisheit und Klugheit gehört, aber nichtsdestoweniger glauben wir, dass Studenten, die sich mit mühsamen Berechnungen herumquälen, nicht ganz so gescheit sein können wie ihre Kommilitonen, die sofort mit den Fingern schnalzen und die Antwort wissen. Einige moderne Unternehmen haben diese Einschätzung ihren Einstellungsverfahren zugrunde gelegt. »Zumindest in solchen Bereichen wie Hightech und Finanzwesen ist Scharfsinnigkeit entscheidend«, beobachtet Nicholas Lemann, Autor des Buchs *The Big Test.* »Firmen wie Microsoft oder die Aktiengesellschaft D. E. Shaw sind besonders dafür bekannt, nach geistiger Agilität einzustellen und die Stellenbewerberinnen und -bewerber beim Bewerbungsgespräch mit schnellen Fragen zu bombardieren, um ihre Qualitäten auf Hochtouren zu bringen.« Ein Großteil unseres Lebens ist zu einer Quizshow geworden, und unsere Finger sind ständig bereit, den Summer zu drücken. Entweder sind wir schnell oder tot. Um aufgeweckt zu sein, reichte es früher einmal aus, lebendig zu sein. Heute erwarten wir darüber hinaus Schlagfertigkeit und schnelle Reaktionszeiten.

»Das ist kein Zustand, der im Laufe der Geschichte immer und überall als normal und gesund erachtet worden wäre«, fügt Lemann hinzu. Begleitet wird diese Erwartungshaltung von Ungeduld. Vor jedem Highschool-Schüler, dem die Zeit davonläuft, wenn er in den letzten Zügen seines Multiple Choice-Tests liegt, hinter jedem Bewerber um eine Stelle bei Microsoft, der ein logisches Problem in einer bestimmten, in Sekunden bemessenen Zeit zu lösen hat, sitzt ein Richter, der mit imaginären Fingern auf einen imaginären Schreibtisch trommelt. So seltsam es inzwischen scheinen mag, eine ganze Zeit lang war die kurze Geschichte der Intelligenztests um einiges geduldiger. Die ersten Psychologen, die sich mit Psychometrie beschäftigten, haben selten die *Geschwindigkeit des Denkens* in Betracht gezogen, obwohl sie erpicht darauf waren, ein tatsächliches, angeborenes, allgemeines Qualitätsmerkmal mentaler Fähigkeit ausfindig zu machen, das sie mithilfe von Tests ermitteln konnten. Einige Tests hatten ein Zeitlimit, andere wiederum keines, und es war überhaupt nicht eindeutig auszumachen, dass das erfolgreiche Abschneiden bei den »schnellen« Tests mehr mit Intelligenz zu tun hätte als das erfolgreiche Abschneiden bei den Tests ohne zeitliche Begrenzung. Charles Spearman, britischer Psychologe und Erfinder des Begriffs einer allgemeinen Intelligenz namens g, bezog Schnelligkeit nicht in seine Überlegungen mit ein, da er sie als nicht relevant erachtete. Er stellte sich die physikalische Grundlage von g eher als eine Art Energie vor – das lag nahe bei Wissenschaftlern um die Jahrhundertwende, als Physiker viele neue, sichtbare und unsichtbare Formen von Energie entdeckten. Von diesem Faktor wird bis auf weiteres angenommen, »dass er aus etwas vom Charakter einer ›Energie‹ oder ›Kraft‹ besteht, die allgemein der gesamten Großhirnrinde (oder möglicherweise sogar dem ganzen Nervensystem) zu Dienste steht.« Diese Nervenzellengruppen würden folglich als alternative »Motoren« fungieren. Zugegeben, seine Annahme war spekulativ: »Es scheint Grund für die Hoffnung zu geben, dass eine materielle Energie von der Art, wie sie die Psychologen brauchen, eines Tages entdeckt wird.«

Ein halbes Jahrhundert später hatte die Psychometrie immer noch keine Energieunterschiede im Gehirn feststellen können, die auf irgendeine bemerkenswerte Weise mit der Intelligenz in Zusammenhang standen. In der Zwischenzeit waren jedoch Computer auf der Bildfläche erschienen – eine fruchtbare Quelle für neue Metaphern der Gehirnfunktionen. Während PC-Käufer von den Eckdaten der Prozessorengeschwindigkeit besessen waren – 4,77 Megahertz (Millionen Zyklen pro Sekunde), 6 Megahertz, 16, 20, 66, 100, 233, 300, 550 und mehr (exponentiell steigend, versteht sich) – begann eine Gruppe vornehmlich amerikanischer Psychologen nach einer Methode zu suchen, mit der die Informationsverarbeitungsgeschwindigkeit des Gehirns gemessen werden kann. Dabei spielte es keine Rolle, dass Gehirne, die aus Kohlenstoffmolekülen bestehen, nicht nach demselben Digitaluhrenrhythmus ihrer neuesten Gegenstücke aus Silikon funktionieren. Seit den siebziger Jahren hängen Psychologen Elektroden an Arme und Köpfe von Versuchspersonen, um die Geschwindigkeit zu messen, mit der ein elektrischer Impuls durch das Nervensystem fliesst. Möglicherweise sind Sie enttäuscht, dass Ihre Leitungsgeschwindigkeit lediglich 50 Meter pro Sekunde beträgt. Die Psychologen maßen die Reaktionszeit, »RT«, die Zeit, die dafür benötigt wird, einen Stimulus zu erkennen und auf diesen hin zu reagieren. In einem Test, den Arthur Jensen, ein Psychologe aus Berkeley, entwickelt hatte, mussten die Probanden ihren Finger zu demjenigen der acht Schalter bewegen, der gerade aufleuchtete. Damit maß er in etwa dieselbe minimale Differenz, die den Goldmedaillenträger im 50 Meter-Freistil vom Silbermedaillenträger trennte, der eine Zehntelsekunde zu spät losgesprungen war. Jensen jedoch hielt viel von seiner Methode. »Universitätsstudenten weisen eine schnellere Reaktionszeit auf als Fachhochschulstudenten, die wiederum schneller sind als ungelernte Fabrikarbeiter, die wiederum schneller sind als geistig Zurückgebliebene«, schrieb er 1984. Er und seine Kollegen waren auf der Suche nach einer anderen »Chronometrik«, nach Maßeinheiten, die mit irgendeiner biologischen Version der Datenverarbeitungsgeschwindigkeit in Verbindung gebracht werden konnten. Da wäre die Wahrnehmungszeit, die häufig mit dem Tachistoskop oder dessen Nachfolgern gemessen wird, indem ein paar Linien für den Bruchteil einer Sekunde über einen Bildschirm flimmern, und daraufhin danach gefragt wird, welche länger zu sehen war. Da wäre die Zeit, die es dauert, um zu entscheiden, ob zwei Wörter gleich oder verschieden sind, und die Zeit, die es dauert, um zu erinnern, ob eine bestimmte Zahl schon einmal in einer Reihe vorgekommen ist, die man vorher zu Gesicht bekommen hat. Viele Wissenschaftler behaupten, Korrelationen zwischen diesen Messungen der Gehirngeschwindigkeit und den Ergebnissen von Intelligenztests zu sehen. »Die einfachste Erklärung für diese Resultate ist, dass intelligentere Gehirne auch schneller sind«, bestätigt einer von ihnen.

Näher besehen erweist sich diese Interpretation als nicht ganz so einfach. Auf dem notorisch politisierten Gebiet der Psychometrie neigen die Wissenschaftler dazu, Experimente mit keiner oder negativer Korrelation nicht zu beachten, und davon gibt es viele. Manchmal stimmen die Ergebnisse der verschiedenen Geschwindigkeitsmessungen noch nicht einmal miteinander überein, ganz zu schweigen von den Ergebnissen der IQ-Tests. Oft scheinen schnelle Reaktionszeiten mit einem guten Testergebnis für Aufgaben, in denen es nicht um Schnelligkeit geht, einherzugehen – was aber bei Schnelligkeitsaufgaben nicht der Fall ist. Hier wird es problematisch für die Veteidiger des Zusammenhangs zwischen schneller Verarbeitungsgeschwindigkeit und Intelligenz. Auch wenn es intuitiv einleuchtend scheint, dass schnelle und effiziente Neuronen jedem nützlich sein werden, der einen Job als Softwareentwickler anstrebt, sind unsere eigenen Prozessoren doch immer noch komplexer strukturiert als die von Intel. Eine Eigenschaft, die die Psychometrie eindeutig testen kann, ist die Fähigkeit, solche Tests zu bestehen – sich auf diese Art von Tests zu konzentrieren, Strategien zu entwickeln und die Wahrnehmungsmuster der Testfragen zu erlernen. Hat man den soziologischen Ballast abgeworfen, besteht die eigentliche Lehre, die sich aus dieser Forschung ergibt, darin, dass

Menschen, die gute Ergebnisse bei den Tests der Psycholgen erzielen, gute Ergebnisse bei den Tests der Psychologen erzielen. Normalerweise. »Wenn überhaupt«, sagt Robert J. Sternberg, Psychologe an der Yale University, »bedeutet Intelligenz, dass man weiß, wann man schnell denken und handeln sollte und wann man langsam denken und handeln sollte.« Halten Sie einen Moment inne und denken Sie darüber nach.

Eine Millisekunde hier, eine Millisekunde dort

Zwischen den Gedanken sind Pausen – sehr, sehr kurze Pausen. Lässt sich diese Zeit nutzen?

Messbare Pausen trennen die Songs einer Schallplatte voneinander. Manche dieser Pausen sind länger als andere. Das ist meist Absicht. Ein einfühlsamer Plattenproduzent wird bestimmte Songs kurz aufeinander folgen lassen, aber zwischen anderen eine längere Pause einschieben, je nachdem, welchen Effekt er haben möchte. Irgendeiner muss jedoch auf die Idee gekommen sein, dass diese Pausen Zeitverschwendung sind, ähnlich wie das Ausblenden zwischen zwei Fernsehsendungen, bei dem der Bildshhirm kurzfristig schwarz wird. Es war sicherlich jemand, dem bewusst geworden ist, wie lang eine Sekunde eigentlich sein kann – nicht mehr nur ein Augenblick, sondern ein Raum, der sich vor uns ausdehnt wie ein unruhiges Etwas, voller Ereignisse und Leere, das mit Milli-, Nano- und Picodingen gefüllt werden muss. Sicherlich reicht eine Sekunde aus, um ungeduldig zu werden. Deshalb hat der Discman von Sony, Baujahr 1996, eine Funktion, mit der der Hörer die Lücken auf der CD schließen kann. In der Betriebsanleitung steht: »Genießen Sie Musik ohne Leerzeit zwischen den Stücken.«

Schon seit langem ist es eines der größten Anliegen der technischen Evolution, Zeit zu sparen, wenn auch in immer kleinerem Maßstab. Sicherlich verhalfen die Baumwollentkörnungsmaschine, das Automobil und der Staubsauger dem Menschen zu schnellerer Arbeit, schnellerer Fortbewegung und schnellerem Saubermachen – Zeitersparnisse,

121

Schneller!

die in Stunden und Minuten gerechnet werden. Heute sparen wir Bruchteile von Sekunden ein: eine Millisekunde hier, eine Millsekunde dort – summieren sie sich zu irgendetwas? Die Labors, die sich mit der Entwicklung von Konsumgütern beschäftigen, sind davon überzeugt. Sie schneiden für uns die Zeit in immer feinere Scheibchen. Eine andere Spezies von Erfindern nutzt möglicherweise die Zeitfenster in die Welt der Millisekunden auf tiefgründigere Weise. Airbags, die lebensrettenden Bestandteile eines Autos, konnten erst dann entwickelt werden, als es möglich geworden war, komplexe mechanische Geschichten zu visualisieren – Beginn, Mitte, Schluss –, die in einer Zehntelsekunde stattfinden. Die Erfinder der Airbags beschritten jenen Weg weiter, den Muybridge und Edgerton bereits gebahnt hatten. Warum sollten wir uns also nicht etwas von dem neuen Wissen über den Mikrokosmos der Zeit für unseren Alltag zunutze machen? Toaster toasten schneller – die Grenze hierbei wird allein von der Wärmeleitbarkeit des Brotes gesetzt, da man das Innere des Toasts ja gerne gewärmt hat, ohne dass er außen schwarz wird. Es konnte zwei bis drei Minuten dauern, bis ein Quecksilberthermometer unter der Zunge auf Körpertemperatur gestiegen war. Neue Thermometer funktionieren elektronisch und sind dadurch natürlich schneller. Zum Vergleich: Die Zeitersparnis, die das Shampoo *séchage rapide* von J. F. Lazartigues versprach, macht den Eindruck, grob und unbestimmt zu sein: Seine Polymere beschleunigen das Trocknen der Haare dank der Perfluoride angeblich um dreißig Prozent. Die Entwickler von Haushaltsgeräten der Firma Black & Decker, Erfinder des Miniatur-Staubsaugers Modell Dustbuster, finden quer durch den Haushaltsalltag Möglichkeiten, Zeit zu sparen. Der Besitzer des Modells Dustbuster braucht keine Zeit mehr darauf zu verschwenden, zur Besenkammer zu gehen, nach einer Steckdose für das Stromkabel zu suchen oder dieses wieder aufzurollen. Man kann weitere Dustbusters erwerben, um sie strategisch günstig über das gesamte Haus zu verteilen. Doch es werden immer noch wertvolle Sekunden beim Bügeln vergeudet – die Zeit, die das Bügeleisen zum Aufheizen braucht. Die Leute von Black & Decker haben diese Marktlücke in der Eil-Produktpalette mit ihrem neuen HandyXpress-Bügeleisen gefüllt. Sie zitieren eine Studie des Meinungsforschungsinstituts Gallup, der zufolge die Mehrheit der Amerikaner, insbesondere die Babyboomer, das Gefühl haben, »sie hätten nicht die Zeit, alles zu erledigen, was erledigt werden muß«. Diese Antwort ist selbstverständlich. Die Frage ist sicherlich aufschlußreich.

Computerdrucker führten zu einer Zeitersparnis, indem sie in ungeheuer kurzer Zeit einen dramatischen Sprung nach vorne gemacht haben. Früher einmal kannte man Schreibkräfte; davor Privatsekretäre, Kopisten und Schreiber. Für die Arbeit, Wörter auf Papier zu bringen, ging in den besten Zeiten ein schwindelerregender Teil des wirtschaftlichen Zeitbudgets drauf. Der von Herman Melvilles ins Leben gerufene Schreiber Bartleby brachte Mitte des 19. Jahrhunderts die Texte für Anwälte zu Papier, zum Standardtarif von vier Cents pro hundert Wörter. In dieser Welt bedeutete die Einführung der Schreibmaschine eine Revolution, die genauso einschneidend war wie die des beweglichen Schriftsatzes in die Welt der Mönche und Gänsekiele. Mark Twain, der eine der ersten Remington Schreibmaschinen der Welt erwarb, bewunderte spontan die Geschwindigkeit, mit der sie Wörter um sich schleuderte. Er tippte folgende Zeilen an seinen Bruder:

> Ich versuche mich a an diese neue t tolle Schreibmaschine zu gewöhnen ... Die Maschine hat einige Tugenden, ich glaube, sie wird schneller drucken als ich schreiben kann. ... Sie häuft eine schreckliche Menge Wörter auf eine Seite.

Schneller als ein Schriftsteller schreiben konnte – also sicherlich schnell genug. Diese Maschine, die einen enormen Durchbruch darstellte, beschleunigte im 19. Jahrhundert das Tempo der Geschäfte und Unternehmungen. Es war kein Zufall, dass mit ihr eine Welle weiblicher Maschinenschreiberinnen auf männliche Arbeitsplätze gelangte. Sie hat »Gutenbergs Technik«, wie Marshall McLuhan sagte, »bis in jeden letzten Winkel unserer Kultur und Wirtschaft getragen.«

Doch es dauerte nicht lange, da schienen Schreibmaschinen schon wieder langsam zu sein. Ein Autor, der an einem Buch arbeitete, oder eine Studentin, die eine lange Hausarbeit schrieb, musste sich Tage oder Wochen Zeit nehmen, um die endgültige Fassung abzutippen. Als in den siebziger und achtziger Jahren massenweise Computerdrucker auf den Markt drängten, brachten sie eine neue Maßeinheit mit sich: statt Wörter pro Minute Anschläge pro Sekunde. Ein guter Drucker, dessen

Typenrad über die Seite trappelte, konnte zwanzig oder vierzig oder sogar achtzig Buchstaben pro Sekunde aufsprühen, wie Farbe aus einer Zauberdose. Jede Minute eine Seite, und das Ergebnis war beinahe so gestochen scharf wie das einer IBM Selectric Schreibmaschine. Für einen Autor, der ein Buch beenden und es *am selben Tag* noch in gedruckter Form anschauen konnte – ein Tag, den er neben dem Drucker sitzend verbrachte, ihn Blatt für Blatt mit Papier fütternd – war der Effekt beeindruckend. Und auch wieder vernachlässigbar. Binnen eines Jahrzehnts wird derselbe Autor wahrscheinlich erbost darüber sein, dass er – bei einem schon sehr viel schnelleren Drucker – auf jede Seite einzeln warten muss. Das Typenrad ist ebenso überholt wie die elektrische Schreibmaschine, und zwar aus ein und demselben Grund: zu langsam. Drucker werden, wie so viele Geräte unserer modernen Welt, im wesentlichen nach einem Kriterium bemessen: Schnelligkeit. Statt Anschläge pro Sekunde, Seiten pro Minute. Wie viele Seiten will man bekommen? Unendlich würde ungefähr hinkommen. »Der ideale Drucker«, definiert ein Lexikon der Informatik, »ist einer, der den Ausdruck in der Sekunde ausspuckt, da man den Druckbefehl erteilt – alle fünfzigtausend Seiten des monatlichen Berichts auf einmal.« Soweit sind wir zwar noch nicht, aber immerhin, in der himmlischen Infinitesimalberechnung gesparter Zeit hat diese progressive Technologie – von der Schreibmaschine über die elektronische Schreibmaschine zum Zeilendrucker und Seitendrucker – eine erstaunliche Anzahl Tage, Stunden und Minuten zusammen bekommen. Doch wo ist all die gesparte Zeit geblieben?

Unsere Welt handelt in immer kleinerer Münze mit der Zeit. Die Technik, um Sekunden einzusparen, kann simpel sein – wie schnellere Heizfedern in Toastern und Bügeleisen – oder intelligent. Die tragbaren CD-Spieler verwenden Memory-Chips, um ein paar Sekunden Musik zu speichern und wieder abzuspielen – so werden Wiedergabefehler eliminiert und diese leeren Intervalle zusammengequetscht. Neuere Anrufbeantworter verfügen über eine Taste zum schnelleren Abspielen. Sie ist als Maßnahme gegen Anrufer gedacht, die sich Stunden über ihren Hund auslassen. Weil es sich hierbei um eine digitale Technik handelt, steigt die Stimmhöhe dabei nicht, so dass sie wie Micky Maus klänge. Der Ton ist einfach schneller. Wie konnten die Hersteller wissen, dass Sie so beschäftigt sind, dass Sie es nicht ertragen können, Ihre Freunde in deren normalen langsamen Tempo sprechen zu hören? Das ist kein Geheimnis, Sie mögen es einfach schneller. Die derzeitige Generation von Anrufbeantwortern scheint eine fünfundzwanzigprozentige Geschwindigkeitssteigerung für angemessen zu halten. Möglicherweise werden wir bald lernen müssen, mit einer noch schnelleren Sprechweise umzugehen. Doch während wir uns mehr und mehr mit diesen neuen Technologien umgeben, zweifeln wir auch hin und wieder an uns selbst. Wir ziehen Vergleiche zwischen uns und unseren Maschinen und sehen mit Besorgnis, dass wir hinterherhinken. Sie sind schneller als wir. Ein armer Mensch kann da nicht mithalten. Andererseits können wir aber doch wieder mithalten. Maschinen sind Werkzeuge und keine Konkurrenten. Selbst Computer, so erschreckend schnell sie sind, lassen uns warten, trösten wir uns selbstgefällig.

Wer vermag schon genau zu sagen, wo und wann wir begonnen haben, diesen langen, sonderbaren Abhang der Millisekunden herunterzurutschen? Vielleicht zur Weltausstellung in New York 1964. Mehrere tausend Menschen standen beim AT&T-Pavillion an, um dort zum ersten Mal auf einem Tastentelefon zu wählen. In seiner Funktion als Messechef hatte Robert Moses eines dieser Telefone für sein Büro bekommen, damit er in Zukunft schneller sein konnte als die Millionen New Yorker, die (nach einer Schätzung von AT&T) immer noch durchschnittlich zehn Sekunden für eine siebenstellige Telefonnummer brauchten. Zum Vergleich durften Messebesucher zuerst mit einer Wahlscheibe und dann mit Tasten eine Nummer wählen. Eine elektronische Anzeige zeigte exakt an, wieviele Zehntelsekunden sie einsparen konnten. Wieviele es auch immer waren, heute wissen wir, es waren nicht genug. Das Einsparen von Subsekunden hatte bei Telefonfirmen schon lange Tradition. Zu Beginn des Jahrhunderts ließ sich die Firmenphilosophie von Bell davon inspirieren. »Telefonieren spart Zeit«, setzte ein Firmencredo aus dem Jahre 1904 an. »Es spart Zeit im Geschäftsleben, wo Zeit Geld ist. Um die Zeitersparnis so groß wie möglich zu machen, versuchen die Bell Telephone Companies ununterbrochen hie und da den Bruchteil einer Sekunde einzusparen.« Dieser Geist war ansteckend. In der Post-Tastentelefon-Generation wird man wahrscheinlich Schnellwahltasten am Telefon haben. Eine halbe Stunde Zeit zu investieren, damit man lernt, sie zu programmieren, ist wie hundert Dollar im Voraus dafür zu berappen, den Jahresbedarf an Glühbirnen im Sonderangebot zu kaufen. Inzwischen bietet die telefonische Auskunft Anrufern mancherorts die Möglichkeit, gegen ein geringes Entgelt automatisch die Nummer anzuwählen, die sie gerade in Erfahrung gebracht haben. Hier haben wir eine Fallstudie darüber, was den Menschen Zeit wert ist: In New York und Umgebung waren einundzwanzig Prozent der Kunden bereit, 35 Cents für diesen Service zu zahlen und damit ungefähr zwei Sekunden einzusparen. Tragen wir diese ins Hauptbuch ein.

1 440 Minuten pro Tag

Nun zu diesem Hauptbuch. *Wo bleibt die Zeit denn nun wirklich?* Beginnen wir mit den üblichen vierundzwanzig Stunden. Im Durchschnitt verbringen wir davon sieben Stunden, achtzehn Minuten schlafend. Wenn man den Statistikern Glauben schenken darf.

Übrigens, das ist nicht genug. Da Uhren den natürlichen Rhythmus von Hell und Dunkel abgelöst haben, sind die Wissenschaftler der Meinung, dass man eher länger schlafen müßte, als gemeinhin üblich: mindestens achteinhalb Stunden. Aber es ist schwierig, in diesem Zustand Dinge geregelt zu bekommen. Kein Wunder also, dass geschäftstüchtige Leute einem Kassetten verkaufen wollen, mit denen man angeblich im Schlaf Geld verdienen oder Fett abbauen oder Fremdsprachen lernen kann. Wenn Sie Ihren Computer entsprechend programmieren, können Sie, während Sie schlafen, wenigstens ein paar Megabytes aus dem Internet runterladen. Und dennoch behaupten die Statistiker, dass Sie zu spät ins Bett gehen und zu früh wieder aufstehen, damit sie mindestens eine Stunde pro Tag für interessantere Tätigkeiten aufsparen. Der Preis, den wir hierfür bezahlen müssen, ist ein weit verbreiteter gesellschaftlicher Trend Richtung Schlafmangel – Hypersomnolenz, Schlafapnoesyndrom, permanente Müdigkeit und Erschöpfungszustände. Die amerikanische Schlaf-Stiftung schätzt, dass die durchschnittliche Schlafzeit im Laufe des Jahrhunderts um zwanzig Prozent gesunken ist. Allein das Vorhandensein eines Weckers weist auf Schlafentzug hin, und in welchem Schlafzimmer fehlt schon der Wecker? Einem sich hartnäckig haltenden Märchen aus den frühen sechziger Jahren zufolge, kann man mithilfe einer so genannten russischen Schlafmaschine sechs Stunden pro Tag einsparen, indem sie sanften, schlafverstärkenden elektrischen Strom durch das Gehirn jagte. »So erhält der Besitzer des Gehirns innerhalb von nur zwei Stunden eine volle Nacht Schlaf«, so ein dubioser Bericht im *New Yorker* aus dem Jahre 1963. »Da sitzt man dann um zwei Uhr morgens senkrecht im Bett, so stellen wir uns vor, fröhlich, lebenslustig, übermütig, mit klarem Verstand. … Sehen Sie die beiden Seiten der Medaille, man hat eine ganze Menge Zeit gespart.« Wenn man nur könnte. Stattdessen haben sich in den USA die Behandlungszentren für Schlafstörungen während der letzten zehn Jahre mehr als verdreifacht. Wir sind eine Ansammlung von Zombies, so glauben die Forscher. Schlaflosigkeit hat epidemische Ausmaße angenommen. Und ist möglicherweise sogar ansteckend – halten Sie nicht auch Ihren Ehepartner wach? Okay, vielleicht schätzen Sie auch Ihre Wachzeit im Dunkeln: Nightclubs oder deren moderne Entsprechung, der rastlose Lärm von Großstadtstraßen und andere Menschen, die sich in besonderen Zuständen von Schlaflosigkeit befinden. Die Möglichkeit, um Mitternacht ein Brötchen zu kaufen sowie frischgebrühten Kaffee und die Zeitung von morgen. Das sind Sie. Niemand vermag die globalen Kosten der Schlaflosigkeit zu ermessen: mangelnde Aufmerksamkeit bei der Arbeit, eingeschränktes Denkvermögen in Luftverkehrszentren, ein großer Teil aller Auto- und Lastwagenunfälle, und Konzentrationsschwäche im Kontrollraum auf Three Mile Island. In diesem angeschlagenen Zustand führt die Tatsache, dass uns jedes Frühjahr bei der Zeitumstellung auf die Sommerzeit eine Stunde geraubt wird – unser einmal jährlich stattfindender Dreiundzwanzigstundentag – zu einer deutlichen Zunahme an Autounfällen und unfallbedingten Todesursachen aller Art. Der kanadische Psychologe Stanley Coren setzt die Unfallzunahme bei rund sechs Prozent an. Die an Schlafmangel Leidenden überkommt nolens volens ein momentaner »Mikroschlaf«, sagt er. »Ist der Schlafentzug zu groß geworden, werden wir möglicherweise langsam, schwerfällig, dumm und schlimmstenfalls sterben wir sogar.«

Jedenfalls, man schläft. Bleiben etwas weniger als siebzehn Wachstunden.

Eine Stunde und dreizehn Minuten verbringt man täglich im Auto, die meiste Zeit davon, um zur Arbeit zu fahren, das zumindest schätzt die Federal Highway Administration. Zwischen 1970 und 1996 wuchs die Zahl der gefahrenen Kilometer in Amerika viermal so schnell wie die Bevölkerung und achtzehn Mal so schnell wie die Anzahl der neuen Straßen, berichtet die Federal Highway Administration, mit der vorauszusehenden Konsequenz, dass Autofahren eine der wenigen Säulen des modernen Lebens ist, die sich wahrlich verlangsamt haben. Während der Rush Hour ist die durchschnittliche Geschwindigkeit bis auf fünfundzwanzig bis dreißig Kilometer pro Stunde zurückgegangen. Angesichts der wachsenden Diskrepanz, die sich auftut zwischen unserer stromlinienförmigen Autobahntechnik einerseits und der Realität des Verkehrs andererseits, können wir nur staunen. Und das in Echtzeit, da die Autofahrer auf den Autobahnen über elektronische Schilder mit Verkehrsnachrichten versorgt oder über Mobiltelefone und Pager angebeamt werden. In diesem Fall bedeutet Wissen keinesfalls Macht. »Die Schnellstraßen haben großzügige, breite Überholspuren, lange Beschleunigungs- und Abbiegespuren, eine in den Kurven erhöhte Seitenplanke, sie sind gut einzusehen und es gibt keinen kreuzenden Verkehr«, sagt der Verkehrsbeobachter Peter Samuel. »Autobahnen sind für Autos und Lastwagen konzipiert, die mit einer sicheren Geschwindigkeit von 80 bis 110 Stundenkilometer die Straße entlang fahren, und doch werden sie täglich über Stunden hinweg zu riesigen Parkplätzen mit Stop-and-go-Verkehr.«

Wie die Schlangen vor den Kartenschaltern bei größeren Kulturevents (Endspiele im Sport oder Popkonzerte von Superstars), wie die Pfade und Links im Internet, wie die Campingplätze in den Nationalparks und die White House E-Mail sind die urbanen Straßen zu ausgezeichneten Orten für Staumessung geworden. Die vielleicht sorgfältigste Stauforschung der letzten Jahre ist die Urban Mobility Study des Texas Transportation Institutes, die über fünfzig amerikanische Städte berücksichtigt. Den Texanern war es ernst. Sie haben die Schnellstraßen und Hauptverkehrsadern Kilometer um Kilometer untersucht und ihre Stauformel angewendet.

Sie kamen zu dem Ergebnis, dass 1994 allein in Los Angeles schon über 2,3 Millionen Personenstunden mit Staus und Verkehrsverzögerungen draufgingen. Dort, im Land der siebenstelligen Nummernschilder und der zehnspurigen Schnellstraßen, hat sich der Verkehr seit 1979 ungefähr verdreifacht, völlig unabhängig davon, ob man bei der Messung Stunden pro Person, Staukilometer oder Autostunden zugrunde legt. Experten sagen voraus, dass die Durchschnittsgeschwindigkeit weiter zurückgehen wird, bis auf achtzehn Kilometer pro Stunde im Jahre 2010. In New York, wo sich 18 Stundenkilometer gar nicht so schlecht anhören, gingen 1994 mehr als 2,1 Millionen Personenstunden durch den Verkehr drauf. Diese Stunden entsprechen in ihrer Summe Dutzenden neuer lebenslänglicher Haftstrafen. Wie Autofahrer wohl wissen, kann es ein besonders grausames und klaustrophobisches Gefängnis sein. Die entsprechende Dynamik, untersucht man sie wie jede andere Dynamik eines komplexen Systems, ist in der Tat sonderbar. Jeder Autofahrer hat schon beobachtet, wie das Verkehrsaufkommen auf Autobahnen auf mysteriöse Weise zunimmt, den Verkehrsfluss hemmt, als ob etwas weiter vorne eine Spur blockiert werde, um sich dann auf genauso mysteriöse Weise wieder aufzulösen. »Ich habe das Phänomen sogar im Film festgehalten«, sagte Stephen L. Cohen, Mathematiker bei der Traffic Systems Division der Federal Highway Administration, der die I-95 in Virginia ins Visier genommen hat. »Man hat einen Verkehrsfluss, der nah an der maximalen Ausnutzung ist, aber plötzlich werden ein oder zwei Typen langsamer, und alle dahinter Fahrenden müssen ebenfalls abbremsen. Das löst eine Schockwelle aus, die tödlich sein kann.« Manchmal ist ein Stau auch die Folge eines Unfalls, der den Verkehr Minuten oder Stunden vorher behindert hat. Die Stauwelle bewegt sich schneller stromaufwärts als sich der Stau später auflöst, wenn die tatsächliche Behinderung beseitigt worden ist. Wenn es also für neugierige Gaffer nichts mehr zu sehen gibt, bewahrt der Verkehrsfluß an anderer Stelle den Vorfall in Erinnerung und behindert weit entfernt von der Unfallstelle immer noch den Verkehr. An anderer Stelle sind die Wellen des Stop-and-go-Verkehrs einfach die Folgen eines Verkehrsflusses, der zu dicht am kritischen Punkt der Übersättigung ist, wo er sensibel auf die kleinste Störung reagiert – es muss nur ein Fahrer auf die Bremse treten. Stop-and-go-Verkehr schafft seine eigenen spezifischen Instabilitäten. Sie egeben sich aus dem Herdenverhalten von Autos, das Massenverstopfungen nach sich zieht, wie es sie in einer langsameren Ära nicht gab. Inzwischen sind im Zentrum von New York erstaunlich wenig Fahrzeuge in Bewegung: ungefähr neuntausend. Kommen ein paar Autos hinzu, wird der Verkehrsfluss nicht einfach nur langsam. Er wird zähfließend. Dann stellt sich der berühmte Zustand ein, den New Yorker Verkehrsexperten in den siebziger Jahren als »gridlocked« bezeichnet haben. Vom technischen Standpunkt meint gridlock, der Verkehrsinfarkt, nicht, wie viele glauben, das Zusammenbrechen einer Kreuzung, indem Verkehr von zwei Richtungen in sie hineinfährt. Das ist »spillback«, das Überlaufen. »Gridlock« ist die noch teuflischere Situation, wenn die Autos sich um einen ganzen Block herum stauen, so dass sich eine zirkulare Staukaskade ergibt, wobei jedes Auto im Endeffekt sich selbt blockiert – eine Schlange, die sich in den eigenen Schwanz beisst. Ein weiterer Effekt positiver Rückkopplung. Und ein weiteres Paradox unserer gehetzten Zeit.

Die texanische Forschergruppe hat für jeden Fahrberechtigten Dutzende von Verzögerungsstunden pro Jahr in fast allen größeren Städten festgestellt. Washington D. C. stand mit 71 Stunden an erster Stelle. Während die Studien in den neunziger Jahren fortgesetzt wurden, wurde der Verkehr immer schlimmer. Meist haben Autofahrer Schwierigkeiten, sich zu entspannen, während sie sich gleichzeitig fragen, wie viel Verspätung sie haben werden, eine alternative Route zu überlegen versuchen oder einfach nur aus Gewohnheit mit den Fingern auf ihr Lenkrad trommeln.

Nimmt man eine minimale Überschneidung zwischen der Schlafzeit und der Fahrzeit an, bleiben uns etwas mehr als fünfzehn Stunden außerhalb von Bett und Auto. Was tut man da …

Sex und Papierkram

In Umfragen behaupten Amerikaner, dass Sex ihre einzige Lieblingsbe-
schäftigung sei. Auf den Vergnügungswert bezogen rangiert Sex vor
Sport, Fischen, Kneipenbummel, Knutschen, mit der Familie reden,
Essen, Fernsehen, auf Reisen gehen, Reisen planen, im Garten arbeiten,
Baden, Einkaufen, Anziehen, Hausarbeit, Abwaschen, Wäsche waschen, zum Zahnarzt gehen und das Auto in die Werkstatt bringen.
Doch wer hat schon Zeit dafür? Die breitangelegteste und sehr sorgfäl-
tig durchgeführte jüngste Untersuchung über das Sexualverhalten der
Amerikaner, die 1994 von einer Gruppe an der University of Chicago
durchgeführt wurde, zeigt, dass die durchschnittliche Zeit, die pro Tag
dem Sex gewidmet wird, vier Minuten und ein paar Sekunden beträgt.
Das macht ungefähr eine halbe Stunde pro Woche. Nicht viel, selbst
wenn die vier Minuten nicht die Zeit mit einrechnen, die für Flirten,
Tanzen, schöne Augen machen, Straßen entlang schlendern, sich in
Sportstudios fit halten, sich in Schönheitssalons fit machen, Anmach-
sprüche üben, Duschen, an Sex denken, über Sex lesen, Pornografisches
auf Papier kritzeln, erotische Magazine ansehen, Videos ausleihen, von
Sex träumen, Modemagazine anschauen, nach dem Sex aufräumen, mit
den Konsequenzen von Sex zurechtkommen, Türme und Obeliske
bauen oder auf andere Weise Sex verdrängen, projizieren und sublimie-
ren verwendet wird. Dem Himmel sei Dank für Reissverschlüsse.
Finden Sie eine halbe Stunde unplausibel? Ihr eigenes Zeitbudget für
Sex ist natürlich viel größer – oder viel kleiner.

Wenn man die Minuten zusammenrechnet, scheinen es elendiglich wenige zu sein für eine Sache, die vor allem die Zeit anhalten, sie zerstören und uns ihr entrücken soll. »Ihr Götter«, schrieb Alexander Pope, »hebt auf Zeit und Raum und macht zwei Liebende glücklich.« Kein Wunder also, dass sich diejenigen, die sich über unseren Zeitverbleib Gedanken machen und die Aufzeichnungen ihrer Probanden auf der Suche nach Hinweisen auf sexuelle Aktivitäten durchforsten, folgern müssen, dass Sex wohl eher unter »verschiedene Freizeitvergnügen« oder »allgemeine persönliche Interessen« verbucht worden sein muß. Vier Minuten am Tag? Ihr Götter!

Weitere vier Minuten pro Tag gehen dafür drauf, irgendwelche Formulare für die Regierung der Vereinigten Staaten auszufüllen – Formulare, die auch nach dem »Paperwork Reduction Act« (Entbürokratisierungsgesetz) von 1980 nach wie vor anfallen. Diese historisch bedeutende Gesetzesänderung war Ausdruck der neuen, offiziellen Anerkennung einer Tatsache, die so alt ist wie der Ausdruck »Amtsschimmel«: nämlich, dass die Regierung ihre Staatsbürger sowohl in Minuten als auch in Dollar besteuert. 1980 hatten diese Minuten genügend an Bedeutung gewonnen, um einen riesigen, neuen Vollstreckungsapparat innerhalb der föderalen Staatseinrichtung zu rechtfertigen. Vier Minuten pro Tag lautet die offizielle Zahl, obwohl der Regierung selbst ihre Rechenkünste nicht ganz geheuer sind. »Es gibt eine Summe, die ich unmittelbar, nachdem ich sie gesagt habe, wieder leugnen werde«, erklärt Sally Katzen, die für die Durchführung des Gesetzes zuständige Bundesbeamtin. »Sechs komma neun Milliarden Stunden. Das klingt gigantisch, und es ist in der Tat eine hohe Zahl.« Diese Summe aus dem Jahr 1995 schließt freiwilligen und halbfreiwilligen Papierkram mit ein: Umfragen über die Zufriedenheit der Kunden am Ausgang eines Nationalparks und Anträge zur Passverlängerung. Auch die Antragsstellung für Sozialleistungen. Es schließt nicht die Zeit mit ein, die die Regierungsbeamten mit der Bearbeitung der Formulare verbringen – eine Ausnahme, die angenehmerweise die Endlosschlaufe durchbricht. »Das Entbürokratisierungsgesetz muss nicht das Entbürokratisierungsgesetz erfüllen«, bemerkt Katzen. Das Gesetz bringt vielmehr seinen eigenen bürokratischen Aufwand mit sich, wie es sich für eine facettenreiche Gesellschaft gehört, aber mit seiner Hilfe gelingt es auch, einiges von der Papierflut einzudämmen. Jedes Jahr wird Zeit gespart – beispielsweise die von Anglern aufgewendeten 130 000 Stunden, in denen sie versehentlich Meeressäugetiere getötet und verstümmelt haben könnten. Während sie früher täglich ein Logbuch führen mussten, reicht es heute aus, wenn sie über tatsächlich statt gefundene Vorfälle Bericht erstatten. Als Durchschnittsmensch der amerikanischen Gesellschaft spart man dadurch eine Zweihundertstelsekunde pro Tag ein, dass das Logbuch nicht mehr geführt werden muss.

Den überwiegenden Teil der Schreibarbeiten, die man für die amerikanische Regierung erledigen muss, nimmt das Ausfüllen von Formularen für die Steuererklärung in Anspruch. Auf jedem Formular gibt es Angaben über den Zeitaufwand, der für das Ausfüllen veranschlagt wird. In ihrer Präzision haben sie etwas Magisches an sich. Nehmen wir zum Beispiel an, sie hätten beim Wetten Glück gehabt und wären außerdem so gewissenhaft, Formular Nr. 730 auszufüllen, das Formular für die Wettsteuer. Es ist ein einfaches Formular, lediglich eine kurze Seite plus Anleitung. Gesetzlich ist die Anleitung dazu verpflichtet, deutlich sichtbar folgenden Passus aufzuführen:

> Der veranschlagte Zeitaufwand, um dieses Formular auszufüllen und einzureichen, wird den individuellen Umständen entsprechend unterschiedlich sein. Die geschätzte Durchschnittszeit beträgt: **Aufzeichnungen:** 3 Std., 35 Min.; **sich über das Gesetz dieser Steuer informieren:** 1 Std., 10 Min.; **das Formular ausfüllen:** 2 Std., 12 min.; **Fotokopieren, zusammenstellen der Formulare und an die Finanzverwaltung abschicken:** 16 min.

Sieben Stunden. Das Ministerium für Finanzen musste sicherstellen, dass diese Belastung in einem annehmbaren Verhältnis zu den rechtlichen Ansprüchen der Finanzverwaltung steht. Aber diejenigen, die den Paperwork Reduction Act durchführen, besitzen nicht die Macht, den Fiskus zu bitten, bestimmte Steuern nicht einzutreiben. Und jemand, der sieben Stunden Schreibarbeit in Kauf nehmen muss, um eine Wettsteuer von oft nur ein paar Dollar zu bezahlen, wird sich fragen, ob es das wirklich wert ist.

Die Zeit, die man mit solchen Verwaltungsarbeiten verbringt, ist ein Teil des Preises, den man zu zahlen hat, wenn man in einer komplexen

Welt lebt. Die Mischung aus Aktivität und Rechenschaft wird zu einer Maschinerie mit immer mehr ineinandergreifenden Teilen, deren Betriebskosten nichtlinear ansteigen. Haben Sie ein Auto? Erledigen Sie dann auch den für die Versicherung notwendigen Papierkram regelmäßig? Heften Sie Ihre Reparaturbelege sorgfältig ab? Sortieren Sie die Gutschriften und Beiblätter aus, die den Ordner Ihrer Versicherung künstlich aufplustern? Führen Sie ein Fahrtenbuch, um Dienstfahrten und Privatfahrten gesondert angeben zu können, wenn es daran geht, Steuern zu bezahlen? Hätten Sie gerne einen Schalter, mit dem Sie den Airbag auf der Beifahrerseite ausprobieren könnten? (Wenn ja, werden Sie und Ihr Arzt einige Zeit mit umständlichem Verwaltungskram verbringen.)

Zumindest hat der Paperwork Reduction Act die Möglichkeit geschaffen, einen Teil der Zeit darzulegen, die durch unsere Interaktionen mit der Regierung aufgesogen wird. Niemand kann die Zeit auch nur schätzen, die die Welt für Papierkram zwischen zwei Personen, zwischen einer Person und einem Unternehmen oder zwischen zwei Unternehmen aufwendet. Ein Teil davon kommt zustande, weil wir regelmäßig Rechnungen bezahlen müssen. Die wenigsten verbringen mehr als ein paar Minuten täglich mit dieser Pflicht, doch sie lastet überproportional schwer auf uns, wie eine kräftezehrende Verpflichtung. Vielleicht haben Sie damit begonnen, Ihre persönlichen Finanzangelegenheiten mit Hilfe einer PC-Software, die Schecks ausstellt, sie ausdruckt, die Bilanzierung und das Haushaltsmanagement übernimmt, schneller über die Bühne zu bringen. Die Firma, die die bekannteste Software zur Verwaltung von Fixkosten entwarf, hat sich nicht geziert, das Verkaufsargument in den Vordergrund zu stellen, indem sie ihrem Produkt den Namen »Quicken« gaben. Es verfügt über ein »stromlinienförmiges Interface« und über »OneClick Shortcut Technology«. Es gibt QuickTabs, QuickZoom und QuickFill: Wenn Sie »b-l-o« eingetippt haben, hat die Software schon erraten, dass es sich um Ihre Rechnung bei Bloomingdales handelt – und schon wieder haben Sie den Bruchteil einer Sekunde gespart. Doch spart eine derartige Software überhaupt Zeit? Das wird davon abhängen, ob Sie zu der Sorte Mensch gehören, die Stunden damit verbringt, farbige Tortendiagramme zu erstellen, um das Haushaltsbudget bis ins Detail aufzudröseln. Um Zeit zu sparen, muss man Zeit investieren. Sie folgen der automatisierten Aufforderung, Ihre Software anzumelden (ein Euphemismus der Industrie, denn was Sie tatsächlich registrieren, sind Sie selbst), um dann, nachdem Sie alle Formulare auf dem Bildschirm ausgefüllt haben, zu entdecken, dass Sie Ihr Modem neu installieren müssen? (Und wo befindet sich jetzt das Handbuch dazu?) Sicherlich möchten Sie verschiedene Konten aufstellen: ein Konto für Ihre Schecks, das Sparbuch, die Kreditkarten, für Kredite und Darlehen und für Ihre Wertpapiere. Wenn sie bei jeder Transaktion gleich die Kategorie eingeben, können Sie am Ende schnell Berichte erstellen. Mit Säulendiagrammen! Sie können Schecks ausdrucken, die sehr professionell aussehen, und zwar schneller, als wenn Sie sie mit der Hand geschrieben hätten, insbesondere wenn Sie die speziellen Schecks für Laserdrucker bestellt haben. Wenn Sie im Voraus bestimmte Daten in den integrierten Kalender eingeben, wird Sie das Programm daran erinnern, wann Sie Ihre Überweisung zu tätigen haben. Wenn sie Ihre Vermögenswerte und Ihre Verbindlichkeiten eintragen, können Sie Ihren Nettowert errechnen. Wenn Sie Ihre Aktien- und Wertpapierankäufe eintragen, können Sie die Entwicklungen Ihres Portfolios mitverfolgen. Sie können für Ihre Pensionierung und für die Ausbildung Ihrer Kinder vorsorgen. Denken Sie also an all die Zeit, die Sie sparen im Vergleich zu den Tagen, als Sie Ihr portemonnaiegroßes Scheckbuch noch mit der Hand saldierten. Und wenn die Zeit für Ihre Steuererklärung gekommen ist, sind Sie bereit.

Jene ausgesprochen präzise angegebenen Durchschnittszeiten, die auf jedem Steuerformular zu finden sind, liegen einer umfangreichen Studie aus den achtziger Jahren zugrunde, die das Arthur D. Little Forschungsinstitut durchgeführt hat. Es war das erste Mal, dass man zu messen versuchte, was die Experten als »die zeitliche Komponente der Belastung gemessen in Einheiten menschlicher Aufwandsstunden« definierten. Es gab Fragebögen, Zielgruppen und Zeitpläne. Das Forschungsinstitut zog Hunderte von Variablen in Betracht, die Einfluss auf die aufgewendete Zeit hatten, angefangen bei *Posten auf dem Formular, die Aufzeichnungen erfordern* bis zu *Gesamtzahl der Wörter in der Anleitung*. Sie versuchten jedes vorstellbare schwarze Loch zu berücksichtigen, das für die Steuerzahler Zeitaufwand bedeutete: *das*

Aufbewahren, Sortieren, Ablegen der Belege, Telefonieren, Schreiben, Wege machen, um Aufzeichnungen von Ausgaben und Einnahmen zu bekommen, etwa Arztrezepte, oder um *Steuerformulare abzuholen, Bücher, Zeitschriften oder Artikel über Steuern zu lesen, Berechnungen anzustellen, den Computer zu benutzen, um irgendeine der oben genannten Tätigkeiten auszuführen.* Das Ergebnis war ein mathematisches Modell, welches der Regierung in Form eines elefantösen Computerprogramms übergeben wurde und das jedesmal erneut durchlaufen werden muss, wenn die Finanzverwaltung ein Formular ändert. Ist das realistisch? Besser keine Zeit damit verschwenden, sich darüber Gedanken zu machen. Nach eigenen Angaben mußte die Arthur D. Little-Studie in ihrer Evaluation auf den zu zahlenden »psychischen Preis« verzichten.

Sex und Papierkram für Behörden also: jeweils vier Minuten. Da bleiben immer noch rund fünfzehn Stunden, die wir nach eigenem Gusto verbringen können.

Ob Sie Kinder haben oder nicht, Sie wenden einunddreißig Minuten für die Betreuung der Kinder auf (das ist ein Durchschnittswert). Außerdem weist Ihr Zeitbudget sieben Minuten für die Pflege von Haustieren und Pflanzen auf, ob Sie welche besitzen oder nicht.

Sie verbringen sechzehn Minuten mit der Suche nach verloren gegangenen Gegenständen (ein Jahr Ihres Lebens), so zumindest berichtete *American Demographics.*

Sie verbringen neunundzwanzig Minuten damit, andere Leute zu besuchen – eine Zahl, die im Laufe der Jahrzehnte drastisch gesunken ist. Telefonieren geht schneller als sich irgendwohin zu begeben. Bis man ein Gespräch von Angesicht zu Angesicht führen kann, vergeht Zeit.

Um das auszugleichen, verbringen Sie zweiundfünfzig Minuten am Telefon – die Zahl stammt aus dem Jahr 1990 und ist von sechsunddreißigeinhalb Minuten zehn Jahre zuvor auf diesen Wert gestiegen. Für die Geschäftswelt fügen Sie durchschnittlich weitere fünfzehn Minuten hinzu, die Sie in Warteschleifen verbringen.

Was die Zeit betrifft, die Sie online verbringen – das heißt die Zeit, die Sie benötigen, um online zu gehen, die Zeit, die Sie online warten, die Zeit, die Sie tatsächlich online browsen, chatten oder surfen – sind alle Schätzungen überholt, sobald sie aufgestellt sind. Für die meisten ist diese Zahl immer noch gleich Null, aber eine Studie hat herausgefunden, dass User sechsundachtzig Minuten pro Tag vor dem Bildschirm verbringen. Teenager sollen am meisten Zeit im Netz verbringen, doch Marktforscher haben herausgefunden, dass Menschen über fünfundvierzig mehr als siebzig Minuten täglich vor ihrem Computer sitzen. Eine andere Untersuchung stellte fest, dass Internet-User neun schmerzlich lange Minuten täglich einfach vor ihrem Bildschirm hocken und darauf warten, dass sich eine Webseite aufbaut – damit ist jedoch noch nichts über das Lesen dieser Webseiten gesagt.

Einer »konservativen« Schätzung zufolge verbringt ein aktiver User beinahe vier Minuten täglich allein damit, seinen Computer herauf- und wieder runterzufahren. Demnach könnte jede neue Windows-Version als zeitsparende Technologie vermarktet werden. »Ich habe Bill Gates einmal vorführen sehen, wie man den PC schneller rauffahren, die Anwendungen schneller laden und den PC schneller wieder runterfahren kann«, berichtete John Dodge von *PC Week*. »Das war aufregend. Wenn ich dadurch bloß dreizehn Minuten pro Woche wieder wettmache, habe ich in einem Zeitraum von fünfzig Jahren, während derer ich den Computer benutze, 23,5 Tage gewonnen.« Kein Wunder, dass sich Ivan Seidenberg, der Präsident von Bell Atlantic, über den 48 Stunden-Tag lustig macht, den alle seine Kunden zu wollen scheinen:

> Indem man raffinierte Techniken zur Erstellung eines Zeitplans und dessen Komprimierung verwendet, so dass sich die Stundenzahl eines Tages verdoppelt, stellt Ihnen DayDoubler 48 Stunden pro Tag zur Verfügung – jeden Tag. … Bei höheren Zahlen verliert der DayDoubler an Stabilität und Sie riskieren einen zeitlichen Absturz, wobei alles vom Anfang der Zeit bis zur Gegenwart um Sie herum einstürzen und Sie in eine zeitweilig verschobene Zeitzone hineinziehen könnte.

Der Durchschnittsamerikaner verbringt mehr als zehn Minuten beim Rasieren, wenn Sie der Firma Schick-Rasierklingen Glauben schenken möchten. Dann braucht er ungefähr eine Minute, um eine Krawatte auszusuchen und sie umzubinden. Falls er noch zu jung zum Rasieren ist, so behauptet Crayola, malt er »fast eine halbe Stunde« lang mit Buntstiften.

Moderne Annehmlichkeiten

Vier Minuten ist ebenfalls die Zeit, die Sie mithilfe der Mikrowelle täglich einsparen, wenn Sie eine Frau zwischen achtzehn und fünfzig sind. Ohne Mikrowelle dauert die Essenszubereitung fünfundfünfzig Minuten, mit Mikrowelle einundfünfzig. Das schließt allerdings nicht die Zeit mit ein, die Sie darauf verwenden, die Mikrowelle zu kaufen, zu reinigen, instandzuhalten und ein schlechtes Gewissen zu haben, weil Sie die Gebrauchsanweisung zu ihrer Programmierung nicht gelesen haben. Es ist sonderbar, dass man nicht mehr Zeit spart. Die Mikrowelle ist einer jener modernen Gegenstände, die einem ein besonders elementares Gefühl der Macht über die verstreichenden Sekunden vermittelt. Man beobachtet ja schließlich die Sekunden, wie sie auf dem digitalen Display rückwärts laufend angezeigt werden. Wenn sie an der Hetzkrankheit im fortgeschrittenen Stadium leiden, könnte es sein, dass Sie plötzlich achtundachtzig Sekunden anstatt neunzig eintippen, denn es geht schneller, dieselbe Ziffer zweimal zu drücken. Doch Sie sind auch neuen Zwiespälten ausgesetzt: Haben Sie das Gefühl, Zeit zu verschwenden, wenn Sie eineinhalb Minuten vor der Mikrowelle stehen? Werden Sie die Zeitersparnis auf Ihre Hausarbeiten, Ihre Verpflichtungen und Aufgaben übertragen können? »Ah, lass sie gehen«, schrieb Randall Jarrell, *ohne* dabei durch das Fenster einer Mikrowelle zu schauen;

das braucht dich nicht zu kümmern.
Die Seele hat weder Aufgabe, noch Koch,

noch Schiedsrichter: Sie verschwendet ihre Zeit.
Sie verschwendet ihre Zeit.

Schön, das ist leicht gesagt, aber sind eineinhalb Minuten lang genug
für die Seele, um einen kurzen Anruf zu tätigen oder ins andere Zimmer
rüberzurennen? Es ist erstaunlich, was man in achtundachtzig Sekunden alles hineinpacken kann. Wenn Sie bleiben und durch das Mi-
krowellenfenster starren, läuft die Zeit vor Ihren Augen weiter ab. Sie
sehen das Essen außergewöhnlich schnell köcheln oder dampfen, und
Sie erinnern sich an einen Witz von Steven Wright: »Ich habe Instantkaffee in die Mikrowelle getan und beinahe eine Zeitreise in die Vergangenheit gemacht.«

Auch andere zeitsparende Geräte scheinen entäuschend wenig in Sachen Muße zu bewirken. Eine Spülmaschine spart gerade mal eine Minute an Abwaschzeit. Wenn man der Industrie glaubt, liegt das daran,
dass viele Menschen unnötigerweise das Geschirr schon vorher schrub-
ben. Oder sie nutzen die Bequemlichkeit des Gerschirrspülers aus, um
mehr Geschirr zu verwenden. Einer viel zitierten Studie aus dem Jahr
1987 zufolge verbringt die Durchschnittshausfrau alles in allem immer
noch viereinhalb Stunden täglich mit Hausarbeit. Das ist mehr als
doppelt so viel wie Männer – nach wie vor. Männer versuchen das auszugleichen – die lieben Schätzchen –, indem sie zwölf Minuten pro Tag
Gartenarbeit und sechzehn Minuten pro Tag Reparaturarbeiten im
Haus erledigen, abzüglich der Zeit, die sie für Recherchearbeiten in
Fachpublikationen wie *This Old House, Home Again* oder *Home
Improvement* verbringen. All diese Zahlen über Hausarbeit sind mit den
Jahren gesunken. Soziologen vermuten, dass sich der Staub an Orten
sammelt, die in früheren Generationen wahrscheinlich noch abgestaubt
wurden.

Übrigens könnten Sie sich über die Durschnittserhebungen hinweg-
setzen und doch die Gebrauchsanweisungen Ihrer Elektrogeräte lesen.
Wenn das der Fall ist, nehmen Sie eine weitere zeitliche Belastung in
Kauf, die daher rührt, dass Sie ein guter Bürger oder eine gute Bürgerin
in einer schwierigen Welt sind. (Wenn Sie das nicht tun, haben Sie möglicherweise gelegentlich ein schlechtes Gewissen.) *Lesen Sie alle Anweisungen sorgfältig durch*, beginnt die typische Bedienungsanleitung.

Beachten Sie alle Warnungen und Hinweise auf dem Produkt. Überlegen Sie sorgfältig, wo die Kabel verlegt werden sollen, und stellen Sie sicher, dass die Voltzahl nicht zu hoch ist. *Wenn Sie sich unsicher sind oder sich mit der Stromversorgung in Ihrem Haus nicht auskennen, wenden Sie sich an Ihr städtisches Elektrizitätswerk.* Sollten Sie mit dem polarisierten Stecker mit zwei Kontaktstiften oder dem mit drei Kontaktstiften und Erdung Schwierigkeiten haben, fragen Sie einen gelernten Elektriker um Rat. Viele Geräte benötigen eine wöchentliche Reinigung von innen und außen – genauere Angaben lesen Sie bitte in Ihrer Gebrauchsanweisung nach. *Reinigen Sie offene Teile mit einem weichen, feuchten Tuch.* Reinigen Sie dann das Tuch. Inzwischen haben Sie sich ein Ablage- und Speichersystem für all diese Gebrauchsanweisungen und die dazugehörigen Hilfsmittel geschaffen. *Heben Sie die Originalverpackung auf, um das System zu schützen. Vergessen Sie nicht, Ihre Kaufbelege aufzubewahren, für den Fall, dass Sie die Garantie in Anspruch nehmen wollen.* Sie können gar nicht jung genug sein, um für diese Dinge Zeit aufzuwenden. Die omnipräsente Roboter-Puppe Furby kommt mit einer langen »Bevor Du mit mir spielst«-Anweisung daher: …3. *Während du mich auf dem Kopf hältst, steck deinen Finger in meinen Mund und halte den Zungenschalter nach unten, drück dann auf den Neustart-Knopf.* …

Im Zuge der Bequemlichkeit verfügen viele der zeitsparenden Geräte über Batterien. Sicherlich haben Sie sich auch in deren Gebrauch eine gewisse Sachkenntnis angeeignet. Sie wissen bereits, dass Sie den Akku eines Schnurlostelefons erst dann wieder aufladen dürfen, wenn er restlos leer ist, oder dass Sie Batterien nicht lose zusammen mit Ihren Schlüsseln in der Tasche tragen sollten, da es sonst zu einem Kurzschluß kommen könnte bzw. die Batterien auslaufen oder brechen könnten; außerdem ist Ihnen bekannt, dass man Batterien nicht an einem feuchten Ort oder bei extremen Temperaturen lagern sollte. Sie entfernen eifrig jede Batterie aus Spielzeug oder Fotoapparat, wenn sie nicht in Gebrauch sind, da die Batterien auslaufen oder korrodieren könnten. Und Sie haben sich Kenntnisse über den Unterschied zwischen Nickel-Cadmium und Nickel-Metall-Hydrid angeeignet.

Die Batterie, dieser alltägliche Gegenstand, ist zu einem weiteren versteckten Zeitverschwender im Verbraucheralltag geworden. Zu Zeiten, die wir heute als Morgendämmerung des elektrischen Zeitalters bezeichnen, bestanden die einzigen Unannehmlichkeiten darin, dass die Batterien in Taschenlampen ausliefen und Spielzeug ganz ohne Batterien geliefert wurde. Jetzt haben wir wiederaufladbare Batterien, und in punkto sorgfältiger Umgang und Aufladen wird unser Einsatz erhöht. Die Aufmerksamkeit, die sie verlangen, konkurriert mit der von Haustieren. Normalerweise kann der Halter eines Rottweilers ohne großes Wissen über anorganische Chemie auskommen. Wenn Sie das Aufladegerät Modell »IntelliCharge II Rapid Charger« von Motorola verwenden, um den Vorgang zu beschleunigen, werden Sie die Multicolor-Anzeige im Auge und den Unterschied zwischen Schnellladen und Langsamladen im Hinterkopf behalten müssen; Sie müssen die kleinen Kontakte an den Batterien mit den Kontakten des Geräts in Verbindung bringen, bis es klickt, um den Zustand der Batterien zu überprüfen; und unter keinen Umständen dürfen Sie vergessen, die Batterien nach spätestens vierundzwanzig Stunden aus dem Akku zu nehmen. Amerikanische Batteriehersteller geben muntere Tipps: *Füttern Sie Ihre Batterie! Reinigen Sie die Kontakte! Lassen Sie sie alles geben!* Ohne sich dessen völlig bewusst zu sein, haben Sie möglicherweise eine neue und komplexe Managementrolle übernommen: strategischer Koordinator und Bediensteter von Batterien.

Wie hoch ist die Summe der aufgewendeten Zeit? Das weiß niemand. Aber es könnte sein, dass Ihre täglichen Pflichten mehr werden und etwas mehr als die zur Verfügung stehende Zeit in Anspruch nehmen.

Joggen Sie mehr, lesen Sie weniger

Weil Sie natürlich den Empfehlungen der President's Council on Physical Fitness and Sports folgen, machen Sie mindestens fünf bis zehn Minuten Aufwärmübungen pro Tag, zehn bis zwölf Minuten langsame Dehnübungen und gönnen sich fünf bis zehn Minuten zum Abkühlen – zu den zweimal wöchentlich stattfindenden zwanzig Minuten-Trainingseinheiten kommen noch Gewichtheben zur Stärkung Ihrer Muskelkraft, dreimal dreißig Minuten Krafttraining pro Woche zur Verbesserung der Muskelausdauer und mindestens drei zwanzigminütige Runden Aerobicübungen – entscheiden Sie sich zwischen Walking, Joggen, Schwimmen, Fahrradfahren, Seilspringen, Rudern, Langlaufen oder Sportarten wie Handball und Squash. Insgesamt wenden Sie also mindestens fünfundvierzig Minuten täglich zur Wiederherstellung Ihrer körperlichen Fitness auf, was in einer gesünderen, primitiven Welt – zumindest der Legende nach – auf natürliche Weise geschah. Auch hier können Sie mit Hilfe der Technologie Zeit *sparen*. Spezielle Maschinen versprechen konzentriertes Training in Minutenschnelle. Schnelles Gehen ist an sich zu langsam. Wenn man körperliche Bewegung in einen Zeitplan integrieren muss, ist ohnehin etwas falsch gelaufen. Während Sie auf Ihrer Tretmühle dem ewigen Horizont zusteuern, sollten Sie sich dessen bewusst sein, dass dieser Weg fast schon per Definition Zeitverschwendung ist – möglich geworden durch unseren Überfluss an Zeit und nötig geworden, weil schwere körperliche Arbeiten vom Tagesplan verschwunden sind. Sind Sie von diesem Paradox nicht irritiert, haben Sie vermutlich noch nie der seltsamen Versuchung widerstehen müssen, die langweiligen Passagen eines Jane Fonda-Videos vorzuspulen.

In den Momenten Ihres Lebens, die Sie mit sitzender Tätigkeit verbringen, lesen Sie sechzehn Minuten täglich in einem Buch und einundvierzig Minuten lang eine Zeitung oder Zeitschrift, so zumindest einer pessimistischen Schätzung zufolge. Damit bewältigen Sie pro Woche einen kleinen Teil eines Buchs, und alles in allem viel weniger Text als in der Vergangenheit. Ihre Großeltern haben wahrscheinlich mindestens eine Zeitung morgens gelesen und eine zweite am Abend. *USA Today* passt sich mit einer wenig umfangreichen Ausgabe an Ihre modernen Lesegewohnheiten an. Andere Zeitungen haben sich darauf eingestellt, indem es sie nicht mehr gibt. *Slate*, ein Online-Magazin, das anfangs seinen Schwerpunkt auf gründliche politische Analysen gelegt hatte, wendete sich dann bald schnellem »Servicematerial« zu und bietet nur noch kurze Abrisse: »Wie fänden Sie es, wenn sie in weniger als fünf Minuten fünf Tageszeitungen lesen könnten?«, lautet einer seiner Werbesprüche und verspricht damit ungefähr den gleichen Charme wie ein Speed-Reading-Tape von Evelyn Wood. Selbst die *New York Times* änderte ihr traditionelles Layout und das Inhaltsverzeichnis, um den neuen Lesebedingungen unter Zeitdruck gerecht zu werden. Als Lieferant großer Textmassen ließ die *New York Times* Marktanalysen durchführen, wobei Personen befragt wurden, die den Lesern der *Times* sozioökonomisch in jeder Hinsicht gleichen bis auf die Tatsache, dass sie die *Times* nicht lesen. Warum nicht? Die Studie förderte zu Tage, dass sich die Nichtleser schon allein von der zeitfressenden Masse an Text einschüchtern ließen – diese Unmenge an Wörtern, die sich täglich über eine Seite ergießt. Ohne ausdrücklich ihren Wahlspruch »All the News That's Fit to Print (Alle Nachrichten, die gedruckt werden sollten)« in Abrede stellen zu wollen, begann die Zeitung also einen neuen Slogan auszuprobieren, der ebenfalls nur mit einsilbigen Wörtern funktioniert, aber weniger davon hat: »Read What You Like (Lesen Sie, was Sie wollen)«. Betrachten Sie die Zeitung als eine Art Kostprobe und überwinden Sie Ihren puritanischen Drang, den Teller leer zu essen.

Sie lesen natürlich mehr als der Durchschnitt. Und doch ertappen Sie sich immer häufiger dabei, von sich selbst zu behaupten: »Ich habe noch so viele Bücher herumliegen, die ich nicht gelesen habe ...«, als ob sich das Semester dem Ende zuneigte und Sie gerade auf die Liste mit der Pflichtlektüre gestoßen wären. Die Liste ist so lang. Jedes Jahr werden mehr Bücher zu mehr Themen von mehr Verlagen auf den Markt geworfen. Kein Thema ist so unbedeutend, als dass man es nicht aus verschiedenen Blickwinkeln betrachten könnte. Die Internetbuchhandlung *Amazon.com* etwa bot Mitte 1998 zum Thema World Wide Web mehr als neunhundert Bücher an, die natürlich alle neueren Datums waren. Es wäre so schön einfach zu behaupten, die Verlage brächten nur schlechte Bücher auf den Markt, aber es wäre falsch. Beeindruckende Mengen qualitativ hochwertiger Belletristik überschwemmen die Buchhandlungen, wo sie mindestens ebenso beeindruckende Belletristik stoßen, die ein paar Monate zuvor veröffentlicht wurde und deren Wohnrecht auf den Regalen langsam ausläuft. Die größeren Buchhandelsketten vertreten eine Firmenpolitik, der zufolge weniger gut verkäufliche Titel nach einer Frist von üblicherweise sechzig Tagen an die Verlage remittiert werden. Die Autoren pflegen sich darüber zu beschweren. »Das Regalleben eines durchschnittlichen Buches liegt irgendwo zwischen Milch und Joghurt«, sagte der Autor Calvin Trillin. Buchhändler jeder Couleur haben inzwischen gelernt, die Bedürfnisse von Kunden zu bedienen, die nur eine kurze Aufmerksamkeitsspanne und den Wunsch nach anregender Lektüre haben. Zum Standardwissen in Sachen Management zählt für jeden modernen Buchhändler, ein »neues, frisches Produkt« anzubieten, die Buchhandlung »aufregend und innovativ« zu gestalten und vor allem »das Überaltern des Inventars« zu vermeiden. Ein typisches Warnschreiben lautet: »Übermäßig viel alte Ware hat die Anziehungskraft der Buchhandlungen beeinträchtigt und den Kunden das Gefühl vermittelt, als gebe es ›nichts Neues‹.« Doch die natürliche Lebensdauer eines Buches ist wie die Lebensdauer einer neuen Krankheit, die sich ihren Weg durch die Bevölkerung gräbt, und hängt von einer Inkubationszeit ab, die nicht verkürzt werden kann. Bücher verbreiten sich durch Mund-zu-Mund Propaganda. Wenn jeder Leser durch Überzeugungsarbeit durchschnittlich 1,1 weitere Leser für ein Buch gewinnen kann, könnte das eine große Leserschaft kreieren: 1,1 hoch 250 entspricht mehr als der gesamten Erdbevölkerung. Doch diese Art der Propaganda braucht Zeit, und für die meisten Bücher sind sechzig Tage einfach nicht genug.

Musikkonserven ist auf den Regalen eine noch kürzere Überlebenszeit beschieden, wegen des effizienten Informationsflusses, den der Internethändler Soundscan bietet, der USA-weit die Verkaufszahlen für Tonträger bietet. Soundscan hat der kreativsten Seite der Rockmusik Schaden zugefügt, »weil es Informationen gerade für solche Menschen zu früh verfügbar macht, die der Bedeutung schneller Informationen zu großen Wert beimessen«, behauptet der Musikkritiker Gerry Marzorati. »Soundscan hat die Mund-zu-Mund-Propaganda zunichte gemacht. … Es geht Ruckzuck: Greift ein Album nicht binnen einer oder zwei Wochen (wie von Soundscan bemessen), treten die Hersteller auf die Bremse in Sachen Promotion, und die CD wird aus den Ständern genommen.«

So viele Bücher und Platten buhlen um unsere begrenzte Aufmerksamkeit. Als 1947 das erste *Books in Print* herauskam, registrierte es insgesamt 85 000 lieferbare Bücher in den USA. 1998 war die Zahl um das Zwanzigfache auf 1,8 Millionen Titel angestiegen, die von nicht weniger als 44 000 verschiedenen Verlagen herausgebracht wurden. Die amerikanische Bevölkerung hat sich im selben Zeitraum nicht ganz verdoppelt. Da verwundert es nicht, dass eine junge Online Kolumnistin auf einem Symposion über J. D. Salinger zugibt, dass sie es nicht durch sein Bite-großes Oeuvre geschafft habe: »Das Leben ist so kurz und es gibt so viel zu lesen. Verstehen Sie, was ich meine?«

Selbst das Vorlesen für Kinder geschieht unter Zeitdruck. Also kamen 1983 *Gutenacht-Geschichten für eine Minute* auf den Markt, klassische Märchen, die laut Angabe des Verlags so aufs Wesentliche komprimiert wurden, »dass ein vielbeschäftigtes Elternteil sie in nur einer Minute vorlesen kann.« Man könnte meinen, dass Kinder nicht allzu beschäftigt sind. Zumindest brauchen sie keine Stoppuhr für den Spurt von Es-war-einmal bis Und-wenn-sie-nicht-gestorben-sind-so-leben-sie-noch-heute, selbst wenn die Sesamstraße schon das Ihre zu den kleinen Psychen beigetragen hat. Doch dieses Buch scheint den Nagel auf den Kopf getroffen haben; denn es entstanden eine Reihe von Fortsetzungsbänden, etwa *Geburtstagsgeschichten für eine Minute, Teddybär-Geschichten für eine Minute* und *Weihnachtsgeschichten für eine Minute.* Wahrscheinlich wird sich die junge Zielgruppe dieser Freigebigkeit mit Gutenacht-Geschichten später einmal in die Reihen derjenigen einfügen, die ein Buch in voller Länge als kurioses Objekt empfinden. Als sich der Kolumnist Russel Baker ein Baseballspiel im Fernsehen ansah, und der Kommentator eine Autorin, die zu Gast war, fragte, ob die Sinnlosigkeit, einen Dreihundertseitenwälzer in einer Zeit zu schreiben, da niemand mehr Zeit zum Lesen habe, sie nicht betroffen mache, hätte er am liebsten geschrien: »Großer Moloch, böser Baal und kleine Fische, Mann! Schämen Sie sich gar nicht, so eine Frage vor einem riesigen Publikum zu stellen, das gleich drei Stunden lang die Übertragung eines Baseballspiels im Fernsehen anschauen wird?«

Drei Stunden? Nur ein alternder, nicht tot zu kriegender Fan wünscht sich heutzutage, dass ein Baseballspiel so lange dauert, das zumindest glauben die Funktionäre der Oberliga. Ihr Wunsch nach Zeitersparnis war in den neunziger Jahren der Grund für fast alle Änderungen der Spielregeln. Der Schläger durfte sich plötzlich zwischen den einzelnen Würfen nicht weiter als einen Meter vom Schlagmal entfernen, um keine Zeit zu vertrödeln. Der Werfer mußte nun innerhalb von zwölf Sekunden, statt wie bisher üblich innerhalb von zwanzig Sekunden, nachdem der Schläger seine Position eingenommen hatte, den Ball werfen. Der Stadionsprecher und die Bediener der Anzeigetafel sollten ihre Routineaufgaben vor den jeweiligen Würfen rationalisieren. Bei Steve Palermo, einem ehemaligen Schiedsrichter, wurde eine Studie in Auftrag gegeben, die die Zeitnutzung im Profi-Baseball untersuchen sollte. In der darauffolgenden Spielzeit führten seine Ratschläge zu einer Verkürzung der durchschnittlichen Spieldauer um sechs Minuten. Als man die Schlagzone bis auf Kniehöhe senkte, geschah das in der Hoffnung, die Schläger würden einfach drauflos schlagen anstatt das Spiel unmerklich zu verlängern, indem sie einen Ball nach dem anderen vorbei lassen. Der wahre Grund jedoch, warum die Baseballspiele immer länger wurden, war nicht auf dem Feld zu finden: Werbepausen. Das hielt gekränkte Sportreporter nicht davon ab, ihre Stoppuhren zu zücken und die Experten mit ihren Effizienzanalysen für das Spielerverhalten zu kritisieren. Richard Sandomir verglich ein typisches Spiel zwischen Dodgers und Expos (Dauer: 3 h 05) mit einem »Laboratorium, in welchem man beobachten kann, wie sich das schleppende Tempo von Baseball in Langeweile verwandelt«. Er stoppte, wie lange ein Werfer für eine Umdrehung auf dem Home Base brauchte: elf Sekunden nach einem Fehlball, zwölf weitere nach dem nächsten und fünfzehn nach dem darauffolgenden. Er stoppte die Intervalle zwischen den Würfen, die bis zu zweiunddreißig Sekunden betrugen. Das Suchen und Ausprobieren, nachdem ein Schläger zerbrochen war, betrug zweiundfünfzig Sekunden. Er nahm die »vier bis fünf Sekunden« zur Kenntnis, die ein ausgewechselter Werfer benötigt, um auszuspucken und sich den Schweiß von der Stirn zu wischen. Er beschwerte sich darüber, dass Hideo Nomo mit seiner augenverdrehenden, hüftverrenkenden Doppelgriff-Wurftechnik ganze fünf Sekunden brauchte, um einen Ball über das Schlagmal zu werfen – und beschwerte sich, dass Nomo »sogar noch mehr Zeit verplemperte«, da er den angeschnittenen Ball dem Schnellball vorzog. Der Sportreporter stoppte die Zeit, die zum Auswechseln des Werfers nötig war – drei in einer einzigen Spielrunde –, was jeweils bis zu 120 Sekunden dauerte. »Man kann sich nur noch fragen – wenn der zweiminütige Werferwechsel endlich einmal vorüber ist –«, schrieb er, »ob das aus dem 19. Jahrhundert überlieferte Baseballtempo nicht zu anachronistisch erscheint.« Ja, es ist anachronistisch. Baseball ist der einzige moderne Sport, der mehr Adagios als Allegros in seine Spielstruktur eingebaut hat. Theoretisch ist Baseball nicht von der Uhr abhängig – der einzige Zuschauersport von Bedeutung, der endlos weitergehen kann, jetzt, da im Tennis Regeln beim Punktegleichstand institutionalisiert sind, die den Marathon beenden. Beim Baseball gab es schon immer einige kleinere Unterbrechungen: Schlagmänner, die kurz aus ihrer Box hinausgehen, Werfer, die von der Abwurfstelle hinuntersteigen, ein Krieg der entgleisten Zeit. Obwohl Bälle und Läufer aufgrund ihrer Schnelligkeit kurzzeitig verschwimmen, sind sie gleichsam Blitze im Dunkeln, und ein Fan kann bei einem Spiel einen stadionweiten Polyrhythmus wahrnehmen, selbst wenn der Ball nicht in Bewegung ist: Während Nomo mit den Händen den Ball umklammert, seinen Körper in Richtung Feldmitte dreht, den Ball nach hinten über seinen Kopf nimmt und seinen vorderen Fuß vom Boden hebt, füllen acht Spieler im Innen- und Außenfeld die vorbeistreichenden Mikrosekunden mit ihren eigenen indirekten Manövern – einer macht einen Schritt zur Seite, um eine Lücke zu füllen, ein anderer bearbeitet rituell seinen Handschuh und hämmert darauf herum, wieder ein anderer kauert sich noch mehr zusammen und einer verlässt einen Läufer oder schleicht sich heimlich hinter einem anderen an. Es ist charakteristisch für Baseball, dass in einem »perfekten« Spiel niemand irgendwohin gelangt. Action wird durch Anspannung ersetzt. Die Stoppuhr kann genauso gut in der Tasche bleiben.

So ist es nicht verwunderlich, dass Baseball in der amerikanischen Kultur seine herausragende Stellung verloren hat. Vielleicht ist es kein Spiel für Zeiten wie diese. Basketball, Hockey und die diversen Fußballarten sind schneller. Jedenfalls ist das Verfolgen von Sportsendungen zu einer eigenen Kategorie des Fernsehens geworden, das für sich genommen eine der größten und gröbsten Sparten des Zeitvertreibs ist – »der achthundert Pfund schwere Freizeitgorilla«, wie es eine Studie formulierte. 1965, als die Amerikaner durchschnittlich eineinhalb Stunden täglich vor dem Fernseher verbrachten, fragte man sie in einer Umfrage danach, ob sie gerne länger bzw. mehr fernsehen würden, wenn das Programm besser wäre. Nur zehn Prozent bejahten die Frage. Dementsprechend schockiert waren die Statistiker 1975, ein Jahrzehnt später, zu erfahren, dass sich die Gesamtfernsehzeit um die Hälfte verlängert hatte und auf über zwei Stunden täglich gestiegen war. Lag das am Aufkommen des Farbfernsehens? Der Fernbedienung? Dem Kabelfernsehen? Der ausgezeichneten Qualität der Programme?

Niemand konnte es erklären, doch der Trend stieg im darauffolgenden Jahrzehnt weiter kontinuierlich an. Schätzungen gehen heute von mehr als drei Stunden täglich aus.

Friss und Flieh

Zeitdruck hat inzwischen den größten Einfluss auf die Struktur der weltweiten Lebensmittelindustrie: sowohl auf Produkte als auch auf Verpackung und Marketing. In jedem Haushalt wird mehr Zeit in die Essenszubereitung und das Aufräumen hinterher investiert als in den Verzehr der Mahlzeit selber. Doch wird hierfür generell immer weniger Zeit aufgewendet. Die Leute knabbern beim Autofahren, an ihrem Schreibtisch und auf der Straße.

Die trocken verpackten Frühstücksflocken, die nur noch mit Milch übergossen werden müssen und dann sofort gegessen werden können, waren einst eine Alternative zu den gekochten Haferflocken, unabhängig davon, ob es nun Instant-Flocken waren oder nicht. Doch Frühstücksflocken in eine Schale zu schütten, Milch darüber zu gießen, sich hinzusetzen und sie zu löffeln – dieser Vorgang schien irgendwann wie Hinken. In den achtziger Jahren stagnierte der Markt für Frühstücksflocken. In einigen Haushalten machten sich Gerichte breit, die man im Toaster aufbacken konnte, wie gefrorene Waffeln und Pop-Tarts – zwei tiefgefrorene Scheiben Toast mit Marmelade dazwischen –, bevor auch sie noch schnelleren Mahlzeiten in Form von Müsliriegeln weichen mussten. Die Firma Kellogs versuchte im Kampf um die Frühstücksflocken mit einer Innovation zurückzuschlagen: Breakfast Mates – Frühstücksideen »für die vielbeschäftigte Familie von heute«, eine Einzelportion Flocken zusammen mit Milch, Schüssel und Löffel in einer Verpackung. Eines Sonntagmorgens versammelte Dirk Johnson seine

Familie am Frühstückstisch, um diese Frühstücksidee für die *New York Times* zu testen, und stellte fest, dass es ihnen gelungen war, die Vorbereitungszeit von vierzehn auf dreizehn Sekunden zu reduzieren, wobei sich die Kosten auf einen Dollar pro gesparter Sekunde beliefen.

Wenn jemand Mitte des 20. Jahrhunderts in einem Sciencefiction-Roman eine kalte, sterile, unmenschliche Zukunft darstellen wollte, war einer der gebräuchlichen Tricks, eine Welt zu beschreiben, deren Bewohner all die essentiellen täglichen Nährstoffe in Form von ein paar Tabletten zu sich nahmen – keine schmutzigen, bakterienbehafteten Früchte mit Dellen oder sonstigen Unregelmäßigkeiten, keine Spur von Tischtuch und silbernen Kerzenleuchtern. Inzwischen sind wir beinahe schon dort angekommen, und eine solche Welt erscheint uns gar nicht mehr so trostlos. Wir sind zu Konsumenten geworden, die bunt verpackten, superkonzentrierten Proteingetränken und Lebensmitteln hinterherjagen: Power Foods, So-ja lecker! Energieriegel und Energy Drinks (»Treibstoff für das Durchhaltevermögen«, in der Hauptrolle: »Protein Power«). Wagen Sie da noch, einen Pfirsich zu essen? Schon die Vorstellung einer Mahlzeit im Familienkreis, die gemeinsam an einem Tisch eingenommen wird, scheint inzwischen verschwunden zu sein. Erwachsene wie Kinder nehmen das Frühstück schon auf dem Weg zu ihrer nächsten Aktivität ein. Eier, die früher einige Minuten brauchten, um wenigstens weichgekocht zu sein, sind heute in Form von McMuffins erhältlich oder als tiefgefrorenes Rührei auf Toast. Selbst Pop-Tarts poppen inzwischen zu langsam. Auf dem Weg zur Obsoletheit hinkt das Abendessen nicht weit hinterher. Fertige, vorgekochte, verpackte Mahlzeiten – all die Erben des TV-Dinners – beanspruchen im Supermarkt mehr Platz im Regal als frisches Obst und Gemüse. Sie drohen auch den Rest der traditionellen Ware zu überholen: die bloßen Zutaten für Gerichte. Teenager, die ein ebenso frenetisches Leben wie ihre Eltern führen, sind die Wegbereiter dieser Entwicklung. Eine Siebzehnjährige behauptet, sich relativ stressfrei von »hausgemachter Kost« zu ernähren und meint damit tiefgefrorene Aufläufe und Fertiggerichte wie Makkaroni mit Käse – im Gegensatz zu ihren Freunden, die Fast Food aus der Imbissbude hinunterschlingen: »Entweder man kann das Zeug sofort essen, oder es ist Mist.«

Während sich das Tempo in der Küche grundsätzlich beschleunigt hat, ist bei einigen Lebensmitteln aus Zeitersparnis Zeitverschwendung geworden: Instantbrausepulver für Limonade in Wasser aufzulösen ging einst schneller als Zitronen auszupressen, jetzt dauert es länger, als eine Limonadenflasche zu öffnen. Einen Zuckerguss aus einer Fertigmischung herzustellen geht schneller, als ihn selbst anzurühren, aber langsamer als ihn direkt aus der Tüte aufzutragen. Pfannkuchen- und Waffelbackmischungen ersparen lediglich die Zugabe von Zucker und Backpulver zum Mehl, aber das ist schon genug – es sei denn, Sie wollen gerne noch mehr Zeit sparen und greifen auf tiefgefrorene Waffeln und Pfannkuchen zurück. Die Entwicklung zahlreicher Lebensmittel lässt sich in Zeitsparkurven darstellen: von der hausgemachten Kuchenglasur zu Kuchenglasurmischungen bis hin zu Kuchenglasur aus der Tüte. Von Nachspeisen auf Gelatinebasis über Instant-Puddingpulver bis hin zu verzehrfertigem Wackelpudding im Plastikbecher. Von eingeschweißten, tiefgekühlten Frühstückswürstchen zu eingeschweißten, tiefgekühlten, *vorgekochten* Frühstückswürstchen. Mit steigendem Lebensstandard hat sich das feine Abwägen zwischen Zeit und Geld in Richtung Zeitsparen verschoben. Es ist billiger, Fertigsuppen in Pulverform zu transportieren, doch immer mehr Verbraucher sparen sich die Sekunden, die man braucht, um Milch oder Wasser hinzuzufügen. Brühwürfel kamen in die Welt und galten als Sprung nach vorne in Sachen Zeitsparen. Doch wer hat heute noch die Zeit, einen Brühwürfel aus der Folie zu wickeln und Wasser zu erhitzen. Insbesondere Wasser zum Kochen zu bringen, ein Prozess, der den Zwängen physikalischer Gesetze unterliegt, scheint schrecklich langsam vor sich zu gehen. Daher rührt das Aufkommen von »Instant Hot« und »Quick & Hot«-Wasserhähnen, die neben dem normalen Wasserhahn am Spülbecken angebracht werden und direkt kochend heißes Wasser für Ihren Tee oder Kaffee liefern.

Mit wohlhabenderen Verbrauchern und einem Anstieg des allgemeinen Lebensstandards geht der Kampf um die Attraktivität zwischen Qualität und Zeitsparen einher. Instantkaffee, der direkt aus dem Glas in kochendes Wasser gelöffelt wird, hatte seine Zeit, doch die Technologie stieß an ihre Grenzen, ungeachtet des Versprechens aus dem Weltraumzeitalter, das »gefriergetrocknet« hieß. Im Reich des Kaffees hat sich das Zeitsparen zweigleisig fortentwickelt. Nehmen Sie nur echten Kaffee. Kaffefilter, die einst als schnell galten, sind nun überholt. Die jüngste Generation von Kaffeemaschinen verkürzt das Aufbrühen und die Durchlaufzeit auf ein Minimum. Oder vielleicht schnappen Sie sich Ihren Qualitätskaffee im Vorübergehen zusammen mit dem Rest Ihres Frühstücks in einer Coffee-Bar. Der Pappbecher mit dem Kaffee wird einen leicht erhöhten Plastikdeckel mit Trinkloch haben statt des flachen Deckels, den Sie bekommen, wenn die Bedienung altmodischerweise annimmt, Sie würden sich irgendwo mit Ihrem Kaffee hinsetzen, den Pappbecher öffnen und ihn Schluck für Schluck genüsslich trinken. Plastikdeckel wie auch Flaschenhalter in Autos gehören zu einer Technologie, die für die besonderen Bedürfnisse des Trinkens in Bewegung entworfen wurden.

Zurück zur Küche. Ist Ihre Nudelmaschine für frische Pasta in Gebrauch? Ihre Eismaschine für selbstgemachte Eiscreme? Nein, das sind Zeitschlucker, die ihren endgültigen Platz auf dem hinteren Regal haben, neben dem Topf aus Steingut (*langsames* Kochen), während Sie zum Supermarkt rasen, um frische Tortellini und die neueste Eiskreation zu kaufen. Oder Sie nehmen einfach den Telefonhörer ab. Was als Innovation chinesischer Restaurants und Pizzerien begann – die Lieferung warmer Mahlzeiten frei Haus – ist zu einer hohen Kunst geworden. In den größeren amerikanischen Städten sind Speisekarten von nach Hause liefernden Restaurants die weitverbreitetste Wurfsendung. Gerichte, von denen Ihre Großeltern nie gehört haben, kommen innerhalb weniger Minuten in Styroporverpackungen dampfend an Ihre Haustüre – Tapas oder Rijsttafel oder Hundert-Dollar-teure Haute cuisine-Menüs. Der Pizzalieferservice nach Hause ist zu einem internationalen Schlachtfeld geworden. Die Angst vor aus Zeitdruck verrückt gewordenen Fahrern, die durch die Straßen jagen, führte dazu, dass die Pizza Kette Domino's ihr Versprechen widerrief, die Pizzen in weniger als dreißig Minuten zu liefern. In den ersten Tagen des Internets war ein Pizza Server, der Torten aus mehreren tausend Zeilen Quellcode herstellte und verschickte, eines der ersten beliebten Serviceangebote. Dass die Pizzen virtuell und nicht genießbar waren, war nur ein geringfügiger Nachteil. Zumindest waren sie schnell. »Seit dem Eröffnungstag ist der Pizza Server nur einmal abgestürzt«, verkündeten die Besitzer 1994 stolz. »Abgesehen von dieser Ausnahme und einer zweiten – einmal mussten wir ein kleines Sicherheitsloch stopfen – läuft der Pizza Server schon beinahe ein Jahr virenfrei.« Jetzt kann jeder, der einen Computer und ein Modem besitzt, online echte Pizzen bestellen, die offline geliefert werden, in Zürich, Madras oder Perth.

Wieviel Zeit verbringen wir insgesamt mit dem Essen? Männer mehr als Frauen, obwohl die Kluft langsam kleiner wird. Arbeitslose ebenfalls mehr. Jeder Amerikaner durchschnittlich etwas über eine Stunde pro Tag.

Wie viele Stunden arbeiten Sie?

Es ist die Arbeit – diejenige Kategorie der Zeitnutzung, die den sorgfältigsten und offiziellsten Messungen unterzogen wird –, die schließlich jeder Aufstellung eines typischen Tagesablaufs das Rückgrat bricht. Bürokraten, Ökonomen und Soziologen sind gleichermaßen frustriert von den widersprüchlichen Ergebnissen, die scheinbar solide Statistiken vermitteln. Hier haben Sie zum Beispiel eine typische Kurzbeschreibung eines College-Seminars in amerikanischer Kulturgeschichte: »Vor einer Generation gingen die Amerikaner davon aus, dass ihre Arbeitsstunden abnehmen, ihre Freizeit zunehmen und ihr Realeinkommen in die Höhe schnellen würden. Wie sich herausgestellt hat, ist keine dieser Erwartungen eingetroffen. Dieses Seminar widmet sich der Frage, warum Amerikaner heutzutage mehr arbeiten, mehr Zeit fürs Einkaufen aufwenden und über weniger Freizeit verfügen als in den sechziger Jahren.«

Ein skeptischer Student wird sich sofort darüber wundern, dass Menschen, die für weniger Lohn mehr arbeiten, dennoch *länger einkaufen gehen*. Doch nur wenige stellen die Behauptung in Frage, die ohne jede Grundlage gerne und oft wiederholt wird: dass die Amerikaner mehr und länger arbeiten als je zuvor. »Wir sind vielmehr zu einer gepeinigten Arbeits- denn zu einer Freizeitgesellschaft geworden, da der Job einen immer größeren Anteil des Lebens von immer mehr Amerikanern ausmacht«, bestätigt die Ökonomin Juliet Schor in ihrem Buch *The Overworked American* von 1991. Sie rechnete aus, dass der amerikanische Durchschnittsangestellte – im Gegensatz zu zwei Jahrzehnten früher – einen ganzen Monat »mehr« pro Jahr arbeitet. Von dieser Last sind insbesondere Frauen betroffen, aber auch Männer, junge wie alte Menschen, Vollzeit- wie Teilzeitkräfte. Es wird mehr schwarz gearbeitet, sagt sie, und man verbringt mehr Zeit an seiner Hauptarbeitsstelle. Zu Hause fällt mehr Arbeit an, um das Haus sauber zu halten und die Kinder zu versorgen. Man nimmt weniger Urlaub und macht mehr Überstunden. Als ob das nicht ausreiche, dauert das Pendeln zwischen Wohnort und Arbeitsplatz auch noch länger.

Man hat das *Gefühl*, dass das stimmt, insbesondere in bestimmten hochspezialisierten Berufen. Der Beruf des Anwalts veränderte sich während der letzten beiden Jahrzehnte dadurch, dass dazu übergegangen wurde, den Klienten einen Stundensatz in Rechnung zu stellen. In den frühen siebziger Jahren begannen die Anwaltskanzleien, unterstützt von neuen Minicomputern mit Software zur Zeiterfassung, ein streng profit-orientiertes stündliches Abrechnungssystem einzuführen. Sie erstellten auf der Grundlage der in Rechnung gestellten Stunden »Produktivitätsstandards für Anwälte«. Man erinnert sich, dass tausend in Rechnung gestellte Stunden eine respektable Jahresleistung waren; doch bis zum Ende der achtziger Jahre hatten Anwälte in den größeren Kanzleien in New York und Washington im Durchschnitt mehr als 1 800 Arbeitsstunden im Jahr berechnet, einige lagen sogar noch darüber. Die echte, amtlich geprüfte Zahl der Kanzleien Wachtell, Lipton, Rosen & Katz lag 1983 bei 2 500 Stunden. Das macht fünfzig Stunden pro Woche über einen Zeitraum von fünfzig Wochen pro Anwalt, ohne dabei die Zeit berücksichtigt zu haben, die ein Rechtsberater als vertrödelte Zeit bezeichnete:

Zeit, die darauf verwendet wurde, auf dem Computer *Solitaire* und *Minesweeper* zu spielen, Zeitungen und Zeitschriften nichtfachlicher Natur zu lesen, Freunde und Familienmitglieder anzurufen, die sich lange nicht gemeldet haben, bei einer Radio Talkshow mitzumachen, ehrenamtlich bestimmte Dinge für einen Verein zu organisieren, mit dem Kollegen mehr als vierzig Minuten lang über College Football zu reden (hier gibt es Bonuspunkte für den Beitrag zur Ineffizienz der gesamten Firma), persönliche Dinge zu besorgen, usw., usw.

Ganz zu schweigen von Essen- oder zum Friseur gehen, ein eben mal dazwischengeschobenes Squashspiel (oder ist der Gegner ein Klient?), Arztbesuchen oder die nicht abrechenbaren Minuten, während derer man aus dem Fenster starrt. In einer kleinen Firma, behauptete dieser Rechtsberater, hätte ein Anwalt mit einem Zehnstundentag immer Probleme, auch nur fünf davon jemandem in Rechnung zu stellen. Da verwundert es nicht, dass die Ethikkommission der Anwaltskammer davor warnte, Rechnungen künstlich hochzutreiben oder so viele Stunden zu arbeiten, dass die Arbeit möglicherweise durch Müdigkeit beeinträchtigt wird.

Anwälte waren nicht die einzigen, die ihre Mentalität, effizient zu sein, so weit trieben, dass sie jede Minute zuordenbar machten; noch waren sie die einzigen, die Überstunden schoben. Frühstücksmeetings um acht Uhr morgens fanden Eingang in so manche Firmenroutine, die ganz Harten bewiesen daraufhin ihren Eifer mit Meetings um sieben Uhr in der Früh. Die Wortschöpfung *Workaholic* implizierte eine Krankheit oder ein Syndrom, das zum größten Teil unfreiwillig erworben wird. Investmentbanker opferten notorisch ihre Wachzeit den Göttern der Arbeit. Und Universitätsprofessoren? Obwohl ein Fakultätsmitglied einer amerikanischen Eliteuniversität, das zehn Stunden wöchentlich (und nur dreißig Wochen im Jahr) tatsächlich in einem Hörsaal unterrichtet, als heroisch gilt, gaben beispielsweise die Professoren der Penn State University an, im Durchschnitt zweiundfünfzig Wochenstunden zu arbeiten, und einige behaupteten, es auf mehr als neunzig Stunden zu bringen. Vielleicht ist für einen Professor Denken Arbeit. Und der Begriff *Workaholic* wurde nicht etwa von einem Professor oder einem Anwalt geprägt, sondern von einem Minister: Wayne O. Oates, dem 1968 auffiel, dass er und seine Kollegen oftmals zwanghaft getrieben, rastlos und im positiven Sinne süchtig nach ihrem Beruf waren. Gottes Werk ist nie vollendet.

Es scheint, als ob einige Berufe eine Dynamik entwickelt hätten, die die Lehrbuchmeinung des sich selbst regulierenden Gehaltsgleichgewichts herausfordert. Den gängigen Theorien zufolge machen unverhältnismäßig harte Arbeitswochen keinen Sinn, selbst vom Standpunkt des Arbeitgebers aus, da die Arbeitnehmer müde werden, hohe Überstundenpauschalen verlangen oder einfach rebellieren. Einem neueren

Modell zufolge ist es einigen Unternehmen jedoch gelungen, ein von Ökonomen als ›Rat Race‹ bezeichnetes Gleichgewicht herzustellen. So ein Rattenrennen findet statt, wenn Manager die Bereitschaft, Überstunden zu machen, als Zeichen einer nicht fassbaren, aber heißbegehrten Eigenschaft werten, die eine Beförderung verdient. Daraus kann eine instabile Schleife negativer Rückkopplung entstehen. Angestellte, die eigentlich lieber um 17.15 Uhr den Zug nehmen würden, um zur Cocktailstunde zuhause zu sein, versuchen dies nichtsdestotrotz eine Weile zu verhehlen und sich als Überstundenmacher zu tarnen. Die Arbeitgeber versuchen diesen Schwindel aufzudecken, indem sie noch längere Arbeitszeiten fordern, selbst wenn diese ineffizient sein sollten. Nur Angestellte, die nie nach Hause gehen, sind gute Angestellte. Vorgesetzte belohnen nicht nur das tatsächliche Ergebnis der Arbeit, sondern auch die in der Nacht noch hell erleuchteten Büros und die bereits bei Morgengrauen wieder dampfende Kaffeetasse auf dem Schreibtisch. Denn wer würde den Druck mehr spüren als die Vorgesetzten selbst? Management-Guru Rosabeth Koss Kanter in ihrer Studie *Men and Women of the Corporation* von 1977:

> Frage: Wie weiß eine Organisation, dass Manager ihren Job gut machen und die bestmöglichen Entscheidungen treffen? Antwort: Weil sie jeden Augenblick damit verbringen und somit bis an die Grenzen des Menschenmöglichen gehen.

> Frage: Wann ist ein Manager fertig mit seiner Arbeit? Antwort: Nie. Oder zumindest: so gut wie nie. Es gibt immer etwas, das noch getan werden kann.

Jedes Büro ein Augiasstall. Konventionelle ökonomische Anreize greifen hier nicht mehr. Die Rattenrennen-, Tretmühlen-, Schnellspur-Kandidaten setzen jede mögliche Stunde ein – nicht für einen höheren Lohn, den sie sofort ausbezahlt bekommen, sondern für eine größere, Belohnung in der Zukunft (die nicht den Prinzipien der Unsichtbaren Hand folgt): einen Eliteposten mit Gewinnbeteiligung, beispielsweise eine Partnerschaft in einer Anwaltskanzlei, die Direktion einer Investmentbank oder den Ruf an eine Universität. Dunkle satanische Mühlen! An diesem fernen Ende des Spektrums von Status und Vergütung erregt Überarbeitung möglicherweise kein großes Mitleid. Sicherlich ist die Grenze zwischen Opfer und Täter hier verwischt. Genauso oft gibt es einen dramatischen Dropout aus den höheren Rängen im Stil von Hund beißt Mann – *Finanzier verläßt Wall-Street, um Bienen zu züchten* – und das zeigt zumindest, dass es möglich ist. Diese gequälten und andere quälenden Workaholics haben sich ihr Süppchen selbst eingebrockt. In New York und Los Angeles konsumieren sie es in Form hervorragend verkürzter Haute cuisine-Lunches: dreißig Minuten in Millionen-Dollar-teuren Speisesälen, die als Rahmen für zwei- bis dreistündige *Festbanketts* gedacht waren. Die Küchenchefs schlucken ihren Stolz hinunter, und der Oberkellner arrangiert eine komplizierte Choreografie für Kunden, die zwei Mittagessen mit aufeinanderfolgenden Gästen in eines packen wollen. Für diese zweigeteilte Mahlzeit den Tisch neu zu decken, ähnelt dem Boxenstopp bei einem Autorennen. Dann bestellen die Gäste ihren Thunfisch halbgar und ihre Kartoffeln aus der Mikrowelle, nur um ein paar weitere Minuten herauszuschinden. Nur wenige werden Mitleid mit diesen Opfern der Hetzkrankheit haben. Es ist schließlich ihre eigene Schuld, wenn sie die Zeit als reines, jedoch negatives Statussymbol behandeln: je weniger Zeit, desto mehr Prestige. Je mehr Zeit jemandem zur Verfügung steht, desto unwichtiger muss er sein. Schlafen Sie also im Büro. Geben Sie niemals zu, noch einen Lunchtermin frei zu haben. Auf die sonderbaren gesellschaftlichen Konsequenzen der Verwandlung von Zeit in ein negatives Statussymbol hat Michael Lewis hingewiesen: »Dinge, die schnell vor sich gehen, steigen drastisch im Wert«, bemerkt er. »Außerdem ist jedes neue zeitsparende Gerät mit wunderbarem, neuem Prestige ausgestattet. Denn wer braucht so ein Gerät? Leute, die keine Zeit haben! Und wer hat am wenigsten Zeit? Die besten Leute!« Großzügigkeit hat ihre Grenzen. Es ist eine Sache, zehn Millionen Dollar für wohltätige Zwecke zu spenden. Es ist eine ganz andere Sache, zehn Sekunden vor einem Kollegen aus der Führungsetage ans Telefon zu gehen, dessen Sekretärin den Anruf gerade angemeldet hat.

Glauben wir wirklich, dass die Reichen und Mächtigen ihre gesamte Zeit damit verbringen zu arbeiten? Sicher nicht. »Die ganze Zeit zu arbeiten ist unangenehm, das macht eher selten jemand«, sagt Lewis. »Stattdessen tut man so als ob. Die Start-up-Firmen in Silicon Valley sowie Hollywood-Produktionen sind besonders gut für diesen Zweck geeignet.«

Und dennoch glaubt so mancher Ökonom, dass diese Einstellung ebenso wie die vielen Überstunden, ob sie nun echt oder vorgetäuscht sind, durch die Belegschaft durchsickern bis hin zu denen, die in der Firmenkantine oder an der Pommesbude um die Ecke essen oder sich an ihrem Schreibtisch als ihre eigenen Oberkellner gerieren – und damit jede Tendenz im Keim ersticken, die zu einer Mußegesellschaft führen könnte. Ein strenges Wirtschaftssystem, so glauben zumindest die Ökonomen, zwingt die Mehrzahl der Arbeitskräfte dazu, mehr zu arbeiten, und das in Jobs mit oder ohne festem Gehalt, in Vollzeit- wie in Teilzeitbeschäftigung. Sie führen eine ganze Menge Statistiken an, um ihre Behauptung zu untermauern. Die offiziellsten stammen von der Regierung: Das Amt für Statistik führt jeden Monat eine Umfrage bei der Bevölkerung durch, in der zehntausend Amerikaner nach ihren Arbeitsstunden befragt werden, und die Bundesanstalt für Arbeit erhält die Zahlen der Lohnlisten aus den Unternehmen. In ihrer Rohform zeigen diese Daten keinen Aufwärtstrend. Im Gegenteil, die Aufzeichnungen der Lohnlisten weisen während der letzten vierzig Jahre, in denen sie erstellt worden sind, eine stetige Abnahme der wöchentlichen Arbeitsstunden auf. Und selbst die subjektiven Antworten der Arbeitnehmer auf die Frage nach ihrer Arbeitszeit sind beinahe gleich geblieben – sie gingen sogar seit den fünfziger Jahren um zwei Stunden herunter. Und doch handelt es sich dabei um Durchschnittswerte, die in so vielfacher Hinsicht fehlerhaft sind, dass Wirtschaftswissenschaftler sie immer berichtigen und an ihnen herumkritteln werden. Die veränderten Arbeitsmuster und die neue Definition von Arbeit machen eine eindeutige Analyse unmöglich. Mehr Menschen arbeiten zuhause, mehr Menschen arbeiten Teilzeit, mehr Menschen haben zwei Jobs, mehr Menschen sind selbständig, und all diese Trends machen den statistischen Morast nur noch undurchdringlicher.

Wie viele Stunden haben Sie letzte Woche gearbeitet? Könnte das Amt für Statsitik Sie fragen.

Zählen sie die Zeit dazu, die sie zum Arbeitsplatz und zurück brauchen? Das Mittagessen? Pausen? Wenn Sie herkömmliche Arbeitszeiten von neun bis fünf haben, werden Sie das statistisch wohl eine 40- Stunden-Woche nennen – also zählen Sie jede Minute, die Sie am Arbeitsplatz verbringen, als Arbeit, ob sie eine Mittagspause machen oder nicht. Wenn Sie in Dearborn, Michigan, am Fließband arbeiten, wird Ihre Zeit genau überwacht. Wenn Ihre Arbeit aus Meeting, Memo und Telefonat besteht, könnte es gut sein, dass der Computer auf Ihrem Schreibtisch mal Zeit für ein Spiel gefunden hat, wobei er natürlich mit einer Schnelltaste ausgerüstet ist, mit deren Hilfe man sofort eine andere Oberfläche auf den Bildschirm zaubern kann, wenn der Chef plötzlich hinter einem steht. Falls Sie letzte Woche einen Teil Ihrer eigentlichen Arbeitszeit nicht an Ihrem Arbeitsplatz verbracht haben – aufgrund eines Arzttermins, eines Haushaltsunfalls, einer Grippe, eines Feiertags, einer Autopanne – ziehen sie die Zeit davon ab oder geben Sie bei einer statistischen Erhebung eine repräsentative Zahl an?

Die Methodik des Amts für Statistik vermeidet Komplexität:

Wie viele Stunden haben Sie letzte Woche gearbeitet?
Ihre Antwort: _____ Stunden.

Gott sei Dank fragt das Formular nicht, wieviele Stunden Sie mit Computerspielen verbracht haben. Unabhängig davon, wie einfach und eindeutig die Frage ist: Wahre Daten darüber zu sammeln, was Menschen mit ihrer Zeit anfangen, ist eine sehr schwierige Aufgabe. Statistiken über die Nutzung der Zeit, die mithilfe von Interviews erstellt werden, müssen sich auf das Gedächtnis der Menschen verlassen sowie auf deren Fähigkeit, große und kleine Zeitabschnitte einschätzen zu können. Alternativ können sie aus unmittelbarer Beobachtung oder einer Telefonumfrage stammen, doch diese Methoden helfen der Volkszählung auch nicht weiter. Statistiken können auch aus intelligenten Berechnungen hervorgehen: die Summe der Fluggastmeilen geteilt durch die durchschnittliche Geschwindigkeit oder die Summe der Lohnlistenstunden geteilt durch die arbeitende Bevölkerung.

Die umfassendste wissenschaftliche Studie darüber, wie Menschen ihre Zeit verbringen, ist aus einem historischen Projekt hervorgegangen, das über Jahrzehnte hinweg an der University of Maryland durchgeführt wurde. Das Projekt trägt den Namen »Wie Amerikaner ihre Zeit nutzen«. Die Projektleiter, John P. Robinson und Geoffrey Goodbey, sind der Meinung, sie hätten in anderen Methoden zur Berechnung der Zeitnutzung dumme und groteske Fehler gefunden, insbesondere dann, wenn es um die Arbeitszeit geht. »Jeder Mensch glaubt zu wissen, wieviele Stunden er arbeitet«, behaupten die Professoren, »bis sie dann tatsächlich versuchen, es herauszubekommen.« Es ist etwas ganz anderes, ob man bei einer Telefonumfrage eine schnelle Antwort gibt oder sich dem Kreuzverhör des Zeitnutzungs-Projekts aussetzt. Die Antworten der Befragten hören sich in etwa so an:

> Also, wenn man diese eine freie Stunde nicht mitzählt und auch die neun Stunden nicht, die ich nicht gearbeitet habe, hab ich, glaube ich, ja, einundvierzigeinhalb Stunden gearbeitet, die freie Zeit miteingerechnet. Weniger neun ist – zweiunddreißig. Ich glaube ich habe zweiunddreißigeinhalb Stunden gearbeitet – irgendwie so was. Okay. Oh Gott, meine Arbeitswoche geht von Donnerstag bis Mittwoch... lassen Sie mich rückwärts rechnen. Hab ich am Samstag gearbeitet? Ja, ich hab am Samstag gearbeitet. Sonntag bis Samstag oder Samstag bis Sonntag? Sonntag bis Samstag. Am Samstag habe ich von 6 bis 10 gearbeitet, und am Freitag habe ich – nein, Donnerstag – ja, Donnerstag habe ich von 12 bis 16.30 Uhr gearbeitet. Mittwoch. Ja, da hab ich gearbeitet. Wann hab ich gearbeitet? Nee, an dem Abend habe ich freiwillig gearbeitet. Da hab ich nicht gearbeitet. Und am Sonntag, hab ich da gearbeitet? Oh Mann, Sonntag abend... Mann, hab ich da gearbeitet? Es könnte sein, dass ich da gearbeitet habe. Was hab ich an dem Tag gemacht? Hab ich Fußball geguckt? ... Das sind also vier, viereinhalb und sechs, zehneinhalb – insgesamt also vierzehneinhalb Stunden.

Eine genaue Berechnung? Wer weiß. Und doch könnte dieselbe Person auf die schnelle Frage der Statistikamts mit einundvierzig Stunden eine kurze Antwort gegeben haben – wesentlich mehr als vierzehn.

Wir glauben wirklich, dass wir vielbeschäftigt sind. Wir wissen, dass wir vielbeschäftigt sind. Doch wenn die Untersuchung über die Nutzung der Zeit irgendetwas deutlich macht, dann dies, dass wir nicht wissen, *wie* beschäftigt wir wirklich sind, wenn man es in Minuten oder Stunden oder Tagen ausdrücken soll. Wieviel des vierundzwanzigstündigen Tortendiagramms steht in der Quasirealität dieser Studie nun also für Arbeit? Godbey und Robinson zufolge für angestellte Männer und Frauen ein bißchen weniger als sechs. Weitaus weniger, wenn man, um einen Gesamtdurchschnitt zu bekommen, den nicht arbeitenden Teil der Bevölkerung mitrechnet. Sie beobachteten, dass die wöchentlichen Arbeitsstunden zwischen 1965, 1975 und 1985 eindeutig rückläufig sind, und viele Wirtschaftsexperten sind auf anderem Wege bereits zu demselben Schluss gekommen. Juliet Schor bezweifelt die Richtigkeit der Zahlen, und die Regierung weiß einfach nichts Genaues, auch wenn sie noch so viele Erhebungen erstellen lässt. Schor behauptet: »Meine Schätzungen, die in Bezug auf die US-Bevölkerung sowohl umfassender als auch repräsentativer als alle bisherigen Studien sind, offenbaren einen deutlichen und dramatischen Trend zu mehr Arbeit.« Anhand ihrer Zeitskala beobachtet Schor »eine Zunahme der Arbeit«, »die Explosion der Arbeitszeiten« und »einen zusätzlichen Monat Arbeit pro Jahr«. Viele Leser und Rezensenten schenkten ihr Glauben; wollten ihr glauben. Sie zeigt Mitgefühl. Wenn Menschen gebeten werden, sich selbst einzuschätzen, sind sie sehr wohl der Meinung, dass ihre Arbeit heute mehr Zeit in Anspruch nimmt als früher – in einer nicht näher datierten und möglicherweise mythischen Vergangenheit. Nicht nur das, der beanspruchte Teil der arbeitenden Bevölkerung tut sich auch mit seiner Vielbeschäftigtheit hervor. Überarbeitet sein bedeutet wichtig sein. Ein Terminkalender, der aus allen Nähten platzt, ist das Erkennungsmerkmal für Rang und Status. Wenn zwei Menschen einen Termin zum Mittagessen zu vereinbaren suchen, müssen beide aufpassen, nicht einen allzu freien Terminkalender zuzugeben. Eine ganz besondere moderne Rechtschaffenheit geht mit dieser 50-, nein, 60-, nein, 70-Stunden-Woche einher.

In Wahrheit ist die Behauptung, die Arbeitszeiten würden explodieren, nicht zu halten. Es gab keinen Teil der arbeitenden Bevölkerung in den sechziger oder siebziger Jahren, dem ein »zusätzlicher Monat« zur Verfügung stand (ob Schor nun ein Zwölftel oder ein Elftel mehr Stunden meint, sei dahingestellt), den sie frei mit Mehrarbeit füllen konnten. Woher kommt also dieses monumentale Tortenstück zusätzlicher Arbeitszeit? Hat die Muße ihm den Weg frei gemacht?

Muße – das ist nicht das Fernsehen, nicht die Zeit auf dem Trimmrad, das sind nicht die Fahrzeiten zu und von der Arbeit und das ist auch

nicht die Zeit, die man damit verbringt, herauszufinden, wie das Videogerät funktioniert (oder ein Video zu schauen; Video gab es damals
noch nicht – erinnern Sie sich?). Es ist nicht die Zeit, die Sie mit Computerspielen verbringen – 1998 brachte es der Durchschnitts-User eines
PCs mit einem einzigen Spiel: *Civilization II*, auf schätzungsweise 10,3
Stunden im Monat; dann gibt es aber noch *Myst* und *Siedler* und *Doom*
und *Quake* (und jeder, der jemals mit diesen Zeitschluckern in Berührung kam, die es 1970 einfach noch nicht gab, weiß, dass sie die Stunden
vorbeifliegen lassen, indem sie vom Geist Besitz ergreifen und ihn viel
süchtiger machen als jeder Anflug von Workaholismus). Das ist nicht die
Aufenthaltsdauer in den Nationalparks – obwohl die durchschnittlich
dort verbrachte Zeit eines Besuchers in den letzten Jahren etwas geringer geworden ist und die Touristen anscheinend die Pfade entlangrasen,
ist es viel mehr Naturliebhabern möglich geworden, zu den Parks zu reisen, so dass in den letzen vierzig Jahren ein Besucheranstieg um das
Zwölffache verbucht wurde: das ergibt weit über eine Milliarde Stunden
im Jahr. Das ist nicht die Zeit im Spielcasino, die ein Drittel aller amerikanischen Haushalte einmal im Jahr besucht und dafür mehr als nur
Geld investiert: Jede Reise dorthin bedeutet pro Person rund achtzehn
Stunden an einem Spielautomaten oder -tisch. Wenn Muße freie Zeit
bedeutet – buchstäblich frei, das heißt ohne *Myst* und *Siedler*, ohne
Wandern und Lesen und Musikhören – dann haben wir vielleicht wirk-
lich unseren Traum vom Müßiggang verloren. Uns steht Zeit zur
Verfügung, die wir gerne mit Freizeitbeschäftigungen füllen.

Und dennoch behauptet Schor, dass »die Arbeit selbst die Fähigkeit
erodiert hat, von freier Zeit zu profitieren«. Wir sind einfach zu müde
zum Entspannen, zu müde, um noch Spaß zu haben. Es ist kein Zufall,
sagt sie, dass die Abende am liebsten mit Beschäftigungen verbracht
werden, die wenig Energie kosten – zum Beispiel mit Fernsehen –, was
sie implizit missbilligt. So neigen die Ökonomen, deren Statistiken auf
eine Explosion der Arbeitszeiten hinweisen, dazu, Arbeitnehmer als
Opfer zu sehen – Opfer eines großen, unmenschlichen Systems. Manche von uns sind auch Täter. Im Großen und Ganzen sind wir eine
Mischung aus Opfern und Tätern, dazwischen gibt es nichts. Frauen
sind beinahe schon per Definition Opfer. Aber auch Männer sind Opfer.
»Die Männer sind in einer Zwickmühle«, schreibt Schor, das Opfer

ihrer »Rolle« und auch »einer Tendenz in unserer Kultur«. Für die Täter – etwa solche Menschen, die sich weigern, einen Teil ihres Gehalts gegen freie Zeit einzutauschen – findet sie harsche Worte. Das sind »Workaholics« oder solche Menschen, »für die Geld alles bedeutet«, die »ihre Seele für die höchstdotierte Stelle verkaufen, die sie finden können«. Auf der anderen Seite könnte es aber auch sein, dass sie sich aus freien Stücken und bewusst dafür entschieden haben.

7:15. Geduscht

Der Tag ist schon verplant. Wie lange man auch immer arbeitet – wenn man die Zahlen zusammenzählt, die für Schlafen, Rasieren, Anziehen, Autofahren, Telefonieren, Lesen, Essen, Sport treiben, Suchen nach verlegten Gegenständen, Warten auf das Starten des Computers, den Blick auf das Familienfoto und Fernsehen draufgehen, hat man vierundzwanzig Stunden bei weitem überschritten. Das ist unmöglich. Und was ist, wenn Sie ein paar Minuten damit totschlagen möchten, eine alte Platte anzuhören? Was, wenn Sie schnell mal aufs Postamt laufen müssen, weil Sie Briefmarken brauchen? Was ist mit dem Beten? (Ja, auch dafür gibt es Statistiken)? Und wenn Sie nicht Ihre Knie beugen, wie steht es dann mit dem unbeobachteten In-sich-Gehen (hierfür gibt es keine Statistik, aber immerhin haben wir noch Tagträume)?

Regierungsbehörden, Expertenkommissionen, Firmenuntersuchungen und Soziologen verfolgen allesamt das Ziel, Statistiken darüber aufzustellen, wie und womit die Menschen ihre Zeit verbringen. Jede einzelne Statistik scheint für sich genommen recht überzeugend. Wenn sich die Statistiken jedoch häufen, werden sie plötzlich widersprüchlich, selbstbezüglich, bedeutungslos und falsch. Genauso wie der Durchschnittsamerikaner mehrmals in seinem Leben sterben wird, wenn man die überall propagierten Risiken zusammenzählt, die mit den häufigsten Krankheiten und Unfallarten in Verbindung gebracht werden, werden die Tortendiagramme über die Zeitnutzung zwangsläufig die Vierundzwanzigstundengrenze sprengen und immer weiter überlaufen. *Caveat emptor* – und haben Sie auch Acht vor dem Torten-diagramm selbst. Es mag ja recht verlockend sein, den durchschnittli-chen Tag wie einen Gegenstand mit einem gewissen Umfang zu be-trachten, der nur darauf wartet, in Stücke geschnitten und unter hung-rige, miteinander konkurrierende Tätigkeiten verteilt zu werden, aber die Zeit funktioniert so nicht. Die Grafik verzerrt automatisch die Rea-lität.

Man kann sehr einfach herausfinden, wieviel Zeit jemand mit einer bestimmten Tätigkeit verbringt, wen man ihn danach fragt – falls er sich nur erinnern kann. Einer der Mängel dieser Methode ist, dass man gerne an einen typischen Tag denkt – ein Tag, wie er nie sein wird. Trotz der Standardzeit, trotz Synchronisierung, trotz eines Arbeitstags von neun bis fünf Uhr und den Talkshows um 23.30 Uhr schlängeln wir uns auf unseren eigenen verworrenen Pfaden durch die uns zur Verfügung stehenden Minuten. Die beiden Fragen: »Wie lange lesen Sie *täglich*?« und »Wie lange haben Sie *gestern* gelesen?« führen zu völlig verschiede-nen Antworten in Umfragen. Für das Lesen wie für die meisten anderen Tätigkeiten gilt, dass *jeder Tag* als jener unwirkliche typische Tag ver-standen wird, und es *gestern* meist zu kurz gekommen ist. Vielleicht haben Sie den Eindruck, täglich eine halbe Stunde zu lesen, und nur gestern war es Ihnen aus irgendeinem Grund unmöglich, ein Buch in die Hand zu nehmen. Es gibt immer irgendeinen Grund. Völlig unab-hängig davon, wie ehrlich die Befragten sein wollen – der ideale Tag überschattet immer den realen. Also probieren die Forscher andere Methoden aus. Sie heuern Assistenten an, die die Versuchspersonen auf ihren täglichen Wegen begleiten – das ist sehr aufwendig und funktio-niert nur bei jenen Menschen, die Zeit dafür haben, ständig beobachtet zu werden. Oder die Forscher bringen einen elektronischen Button an ihrem Probanden an, um festzustellen, ob er sich etwa in der Nähe des Fernsehapparats aufhält. Oder sie rufen ihre Versuchsperson an und fra-gen sie, was sie gerade macht – das heißt, was sie gerade tat, bevor sie ans Telefon ging. Diese telefonische Stichprobe ist sehr beliebt, aber unter-schlägt unvermeidlicherweise Tätigkeiten, die Leute davon abhalten, ans Telefon zu gehen. Niemand wird je behaupten, er sei gerade drau-ßen bei einem Spaziergang im Wald, und nur wenige geben zu, dass man sie soeben beim Sex unterbrochen habe.

Die meisten Menschen haben kein gutes Zeitgefühl, während sie diesen Beschäftigungen nachgehen. Doch zumindest beim Fernsehen gibt es einen guten Indikator für die verstrichene Zeit: Häufig ist einem die Dauer einer Sendung bekannt. Wenn jemand die Fernsehzeit berechnet, kann er sagen, *Gute Zeiten, schlechte Zeiten* – okay, eine halbe Stunde. Dieses Schnellverfahren funktioniert nicht für *Finnegans Wake*. Und trotzdem gestaltet es sich für die Meinungsforscher von Nielsen unendlich schwierig, die Zeit zu messen, die jemand mit Fernsehen zubringt, so dass nach immer neuen technologischen Raffinessen verlangt wird: vom Notizbuch bis hin zur Black Box auf dem Fernseher, und später die vernetzte Black Box. Keines dieser Geräte kann auseinanderhalten, ob die Versuchsperson sich in einen Sessel in der Nähe des Fernsehapparats gesetzt hat, um sich auf die letzte Episode von *Der Schattenmann* zu konzentrieren, oder ob der Fernseher einfach – als eine Art sprechende Glühbirne – läuft, wie in so vielen Haushalten, in denen sich das Familienleben in deren Lichtschein abspielt. Vielleicht wäre es am einfachsten, wenn die Forscher den vorderen Hirnlappen eines jeden Zuschauers direkt an das Nielsen Zentrum in Dunedin, Florida, anschließen könnten.

Das Projekt »Wie Amerikaner ihre Zeit nutzen« griff auf Daten aus allen möglichen Quellen zurück, um die Entwicklungen im letzten Drittel des zwanzigsten Jahrhunderts festzuhalten; weitestgehend aber hat es sich auf persönliche Aufzeichnungen verlassen: Tagebücher, die von Tausenden von Testpersonen geführt werden, in die sie Minute für Minute ihre Tätigkeiten eintragen – quasi in Echtzeit. Die Projektleiter Robinson und Godbey nennen ihre Methode »soziale Mikroskopie«. Die Tagebücher selbst haben wiederum ihre eigenen Mängel. Nur wenige Projektteilnehmer bringen die Geduld auf, mehr als vierzig oder fünfzig verschiedene Tätigkeiten aufzuführen, so dass das Bild einer gewissen Grobkörnigkeit nicht entbehrt. Typische Eintragungen sind:

5:45 – 6:00	Dehnungsübungen gemacht.
...	
6:20 – 7:00	Zum Fitnessstudio gegangen, trainiert.
...	
7:15 – 7:35	Geduscht.

Das sind nach wie vor grobe Einteilungen an der Oberfläche des Lebens eines jedes Einzelnen. Wenn man nur bis zu den *nichtexistenten* Eintragungen vordringen könnte:

13:22:00 – 13:22:48	Essensreste in die Mikrowelle gestellt
13:22:48 – 13:23:27	Ans Telefon gegangen. Den Menschen vom Telefonmarketing angefleht, mich von seiner Kundenliste zu streichen.
13:23:27 – 13:24:27	Essen 60 Sekunden lang aufgewärmt. In der Zwischenzeit die Zeitung genommen und die Schlagzeilen überflogen.
13:24:27 – 13:24:56	Gegessen. Zeitung zum Altpapier gegeben. Nächste Eintragung ins Zeit-Tagebuch geplant.

Das wäre endlos. Der Prozess würde sich schnell als bruchstückhaft und rekursiv herausstellen. Lassen Sie uns noch etwas genauer die unmögliche, hypothetische 13:23 betrachten:

13:23:24 – 13:23:38	Über die Arbeit nachgedacht.
13:23:38 – 13:23:40	Tagträume.

Würde man so detailliert bei den Eintragungen vorgehen, könnte sich das Tagträumen bei allen mit Bewusstsein ausgestatteten Wesen als sehr beharrliche Tätigkeit herausstellen. Aber die Atome der Zeitnutzung können niemals aufgespürt werden.

Dann müssen die Wissenschaftler die Eintragungen zu allgemeinen Kategorien zusammenfassen. Kochen, Lesen, Hausarbeit, Körperpflege, Freizeit. Sie müssen sich des öfteren mit der willkürlichen Natur ihrer Entscheidungen auseinandersetzen. »Menschliches Verhalten hat potenziell grenzenlose Formen und Funktionen, sowohl was seinen Sinn angeht als auch seinen Ausdruck«, geben Robinson und Godbey in einem etwas philosophischeren Moment zu. »Was man macht, ist letztlich eine existenzielle Frage.« Was machen Sie? Wieviel Zeit verschwenden Sie? Der Akt des Zeitstoppens kann zu einer Obsession werden. Kein Wunder also, dass die Forscher, wenn sie sich umschauen, überall Hast und Eile sehen: »Manchmal gleicht die amerikanische Kultur einem großen Ameisenhaufen, den jemand niedergetrampelt hat.« In einer Art Anti-Zen-Parabel erzählen sie von einem ihrer Kollegen, der so weit ging, die Zeit zu stoppen, die er mit Schnürsenkelbinden und Gürtelumschnallen verbrachte. Er hat die Zahl auf den Rest seines Lebens hochgerechnet und sich dann voller Entsetzen dazu entschlossen, sie zu reduzieren. Seither, heißt es, trägt er nur noch Hosen, die ohne Gürtel getragen werden können, und Turnschuhe mit Klettverschluss. Nennen Sie es Hetzkleidung!

Jedenfalls sind die Eintragungen ins Zeit-Tagebuch ein Nullsummenspiel. Sie lassen Raum für 1440 Minuten täglich. Die erste Eintragung beginnt um Mitternacht, die letzte endet um Mitternacht. Gehen Sie über LOS. Ziehen Sie vierundzwanzig Stunden ein.

Multitasker aufgepasst!

Das letzte, verhängnisvolle Manko bei der Erstellung eines Tortendiagramms zur Nutzung der Zeit ist die Tatsache, dass wir Multitasking-Wesen sind; das bedeutet, dass wir mehrere Dinge gleichzeitig tun können und auch tun. Schließlich ist es ja möglich, sich die Schuhe zuzubinden und dabei fernzusehen, zu essen und dabei zu lesen, sich zu rasieren und dabei mit den Kindern zu reden. Heutzutage ist es möglich, Auto zu fahren, zu essen, sich ein Buch auf CD anzuhören und zu telefonieren – alles gleichzeitig, wenn Sie sich trauen. Kein Zeitsegment – nicht ein Tag, nicht eine Sekunde – kann wirklich ein Nullsummenspiel sein.

»Multitasker aufgepasst!« lautet eine Anzeige für einen Schnurlostelefonservice von AT&T. »Beachten Sie all diese aufregenden Funktionen« – E-Mail, Anrufbeantworter und Pocket Organizer. Passen Sie auf, wenn Sie können. Wir konnten schon immer mehrere Dinge gleichzeitig tun, aber nie so intensiv oder bewusst wie heute – die Unfähigkeit, zu gehen und gleichzeitig Kaugummi zu kauen, ist bei aller Achtung vor der Zeit doch einfach nur lächerlich. Wenn Eile das Gaspedal ist, dann ist Multitasking der fünfte Gang. Wir sind Spezialisten im Multitasking – Experten darin, verschiedene Tätigkeiten in unsere allzu endlichen Momente hineinzuquetschen, -zupressen, -zupacken und sich überschneiden zu lassen. Hier einige Berichte von der Front:

Wenn David Feldman in New York seine Zähne mit Zahnseide reinigt, besucht er dabei regelmäßig Online-Diskussionsforen (das Neueste in Sachen Essen und das Neueste von Brian Wilson). Er hat sich angewöhnt, die Seite mithilfe des kleinen Fingers herunterzuscrollen. Mark Maxham aus Kalifornien gibt ein noch peinlicheres Arrangement verschiedener Tätigkeiten zu. »Ich ertappe mich dabei, merkwürdige kleine Optimierungen vorzunehmen«, sagt er, »als ob das Leben aus einer Reihe von Computercodes bestünde und ich der Übersetzer wäre.« Genauso Michael Hartl, der in seiner Behausung des California Institute of Technology morgens auf dem Weg zum Badezimmer bereits seinen Computer hochfahren und Windows laden lässt, und wenn er zum Frühstück rennt, die Tastenkombination Control-Shift-D drückt, um sich ins Computernetzwerk des Campus einzuwählen, dann seinen Webbrowser startet, der Grafiken herunterlädt, so dass er beim Essen die Nachrichten überfliegen kann. »Ich nehme an, ich spare so mindestens zwei oder drei Minuten pro Tag«, sagt er. »Lachen Sie nicht.« Dann gibt es die Angewohnheit, die er den »Mundspültrick« nennt: Im Vorbeigehen nimmt er im Bad einen kräftigen Schluck Mundwasser, spült, während er sein Fahrrad holt, den Mund und spuckt das Ganze aus, wenn er zu einem Kurs in »Allgemeiner Relativität« fährt.

Den Begriff *Multitasking* haben Informatiker in den sechziger Jahren geprägt. Sie konnten es erstmals einrichten, dass ein einziger Computer mehreren Benutzern in einem Netzwerk zur Verfügung stand. Wendet ein Computer Multitasking an, alterniert er normalerweise lediglich seine Aufgaben in einem sehr fein ausgearbeiteten Zeitschema. Er schneidet die Zeit in feinste Zeitscheibchen, mit deren Hilfe er die Aufgaben voneinander trennt. Es sei denn, es laufen gerade mehrere Prozessoren; in diesem Fall kann Multitasking wirklich zu einer parallel ablaufenden Datenverarbeitung werden. Wie auch immer, die Gesellschaft gewöhnte sich an diesen Ausdruck ebenso schnell wie an den von *Typ A*. Wir wenden ihn auf unsere eigenen kleinen Computer aus Fleisch und Blut an. Nicht nur, dass wir Multitasking betreiben, wir machen es – von unseren Computern angeleitet – auch sehr bewusst.

Multitasking im Dienste der Effizienz. Douglas McGill, der an einem Computerterminal im Londoner Nachrichtensender Bloomberg News arbeitet, telefonierte lange mit einem Kollegen in New York, als er, immer noch am Telefon, eine E-Mail an eine Kollegin in Connecticut abschickte und unmittelbar ihre Antwort erhielt. »So presst man mehr

Information in einen bestimmten Zeitraum hinein als bislang möglich war«, sagt er. »Vielleicht trägt das ja zu dem Gefühl erhöhter Geschwindigkeit bei, das wir alle haben?« Das tut es mit Sicherheit.

Gibt es eine Grenze? Manche Leute behaupten von sich, gleichzeitig zwei verschiedenen Musikstücken lauschen zu können. Viele andere wollen gelernt haben, sich die scheinbare Fähigkeit des Gehirns zunutze zu machen, gesprochenen Text und geschriebenen Text auf verschiedenen Kanälen verarbeiten zu können. Mike Holderness in London sieht Fernsehfilme mit Untertiteln, so dass er den Ton ausschalten und dazu statt dessen irgendeine Musik seiner Wahl hören kann. Oder er schreibt mehrere Briefe gleichzeitig – »so dass immer verschiedene Prozesse zur selben Zeit laufen und darauf harren, bearbeitet zu werden«. Doch, so merkt er, ist das alles noch nicht genug für eine Großhirnrinde, die an das Tempo eines Lebens online gewöhnt ist:

> Vor zehn Jahren war ich erfreut und begeistert, in London eine telegrammartige E-Mail aus Philadelphia nach nur fünfzehn Minuten zu empfangen. Vor drei Jahren war ich erfreut und begeistert, eine ganze Doktorarbeit aus Texas in nur fünf Minuten nach London holen zu können. Jetzt trommele ich ungeduldig mit den Fingern auf meinem Schreibtisch, wenn es länger als zwanzig Sekunden dauert, bis eine Hundertkilobyte-Datei angekommen ist … verdammt, sie kommt aus Neuseeland …

Es scheint natürlich, vor dieser simultanen Fragmentierung und Überladenheit menschlicher Aufmerksamkeit zurückzuschrecken. Wie gut kann man wirklich all die vielen Dinge bewältigen, die täglich auf einen einströmen? »Die Schwierigkeit besteht darin, den Vorderhirn-Engpass zu umgehen«, sagte Earl Hunt, Professor für Psychologie und Informatik an der Washington University. »Unser Gehirn funktioniert noch genauso wie das des Cromagnon-Menschen. Die Technologie kann das nicht ändern.« Doch für viele – Menschen, nicht Computer – stellt sich das Gefühl der Erfüllung und des Wohlbefindens dann ein, wenn mehrere Kanäle im Gehirn parallel gefüttert werden. Möglicherweise gliedern wir uns in Einzelteile auf, von denen jedes Sinneswahrnehmungen empfängt, Botschaften versendet oder die Umgebung auf irgendeine Weise beeinflusst. Wir schulen uns selbst, wie Samuel Renshaw uns geschult hätte. Oder aber wir teilen die Zeit auf, genau wie es ein Computer tut, und führen jeder Aufgabe der Reihe nach einen kleinen Teil unserer Aufmerksamkeit zu. Vielleicht haben jüngere Menschen dabei einen Vorteil aufgrund ihrer kulturellen Konditionierung, weil sie von klein auf mit Computern und schnellen Unterhaltungsmedien konfrontiert worden sind. Manager großer Firmen vertreten diese Ansicht. Mark Pronsky, Vizepräsident einer Treuhandbank, musste lernen, sich nicht länger instinktiv darüber zu ärgern, wenn ein junger Untergebener in einem persönlichen Gespräch mit ihm eine E-Mail zu lesen begann. Der Untergebene erklärte:»Ich höre Ihnen zu; ich verarbeite die Informationen parallel.« Diese ganze Generation von Arbeitnehmern, die Videospiele mit der Muttermilch aufgesogen haben, so dachte sich Prensky irgendwann, funktioniert mit der *Schnelligkeit eines Mausklicks* – »die Zeigefinger legen Millionen Kilometer pro Minute zurück«, und es ist gut, wenn Manager daraus Nutzen ziehen können.

Mindestens ein Computerhersteller, nämlich Gateway, wendet Multitasking im Kundendienst bei der Beratung in technischen Fragen an. Kunden, die dort anrufen und Hilfe brauchen, landen zunächst in der Warteschleife, bis sie Stimmen hören.»Hallo«, sagt jemand.»Sie sind in einer Konferenzschaltung.« William Slaughter, einem Anwalt, der aus Philadelphia anruft, geht langsam auf, dass er an einer Therapiegruppensitzung in technischer Beratung teilnimmt. Er hört sich an, wie Brian Vince etwas erklärt. Dann hört Vince zu, wie Brian William hilft. Das ist wie ein professioneller Schachspieler, der gegen mehrere Leute gleichzeitig spielt, denkt William, obwohl Brian ein bißchen erschöpft scheint. Irgendwie werden die Anrufer mit ihrem Unmut darüber fertig, dass Brian ihnen nicht seine ungeteilte Aufmerksamkeit zuteil werden läßt. Warum sollte er untätig herumsitzen, während sie loseilen, um ihren Computer neu zu starten? »Hallo Vicky«, hören sie ihn sagen. »Sie sind in einer Konferenzschaltung.«

Es gibt ausreichend Beweise dafür, dass viele Menschen es schätzen, so zu leben. Wir sind auch gerne bereit, für dieses Privileg Geld auszugeben. Eine ganze Reihe neuer Technologien widmet sich der Aufgabe, das Multitasking zu erweitern. Wasserfeste Radios für die Dusche und, neuerdings, auch wasserfeste Telefone. Und Autotelefone natürlich. So unschuldig anmutende Gegenstände wie Zeitungshalter auf Heimtrainern sind Werkzeuge des Multitasking (und sicherlich spielen auch Fernsehapparate ganz vorne mit). Oder das Bild im Bild-Display auf Ihrem Fernsehapparat. (Gregory Stevens aus Massachussetts: »Mit dem Bild-im-Bild kann ich einerseits Dokumentarfilme und die Live-Berichterstattung aus dem Weißen Haus und ähnliches zu sehen, während ich gleichzeitig die Wiederholung eines Fußballspiels oder einen alten Spielfilm anschauen kann. Natürlich ist es für jeden anderen unmöglich, dieses Vergnügen zu teilen, wenn ich alle paar Sekunden das Bild oder den Ton wechsele. Wenn erst einmal der Computer oder das Telefon in einem Mehrfachfenster auf dem Fernseher installiert ist, wird sich noch mehr ändern.«) Selbst wenn man die Bild-im-Bild-Funktion nicht hat, kann man mit seiner Fernbedienung eine Variation zum Thema Zeitzerstückelung durchspielen. Marc Weidenbaum aus San Francisco beschreibt seiner Freundin seine abendlichen Unternehmungen quasi in Kurzschrift: »Heimgekommen. Suppe gegessen. Zwanzig oder dreißig Fersehshows gesehen.« Er meint das mehr oder weniger wörtlich:

> Ich schau mir in einer Stunde zwei Sitcoms an und eine Folge von *Star Trek: Voyager*, und routinemäßig guck ich immer mal wieder bei MTV rein (hatten die nicht immer Musikvideos?) und bei CNN (hatten die nicht immer die Nachrichten?).
> Und echt, ich hab nicht das Gefühl, irgendetwas zu verpassen.

Es gibt nichts Enthüllenderes über den Wandel des menschlichen Empfindungsvermögens während des letzten Jahrhunderts als diesen weitverbreiteten Unwillen, sich mit dem Aufsaugen des dynamischen Flusses von Bild und Ton, der aus einem Fernsehapparat strömt, in Single task-Manier zu begnügen. Ist irgendein Sender für sich genommen monoton? Marshall McLuhan hat das nicht vorausgesehen: das Medium Fernsehen erschien ihm *kühl* und alles absorbierend, ganz anders als die Erfahrungen, die wir eine Generation später damit machen. Für den McLuhan, der verkündete, das Medium ist die Botschaft, war das Fernsehen noch ein einheitlicher schwarz-weißer Strom. McLuhan zappte nicht mit seiner Fernbedienung. Die Fernsehapparate waren winzig und ihre Auflösung schlecht – »visuell gesehen datenarm«, schrieb er 1964, sie tasten »pausenlos Konturen von Dingen mit einem

175

Abtastsystem ab«. Menschen sah man meist in Großaufnahme, notgedrungen. Also behauptete er: »Das Fernsehen will nicht Kulisse sein. Es nimmt uns ganz in Anspruch. Wir müssen *dabei* sein (to be *with* it hat sich als Wendung seit dem Aufkommen des Fernsehens allgemein durchgesetzt).«

Nun nicht mehr. Paradoxerweise hat das Fernsehen mit seinem Zugewinn an Lebendigkeit und Klarheit seine Stellung in der ersten Reihe nicht halten können. Manche Menschen haben es von seinem Sockel gestoßen, weil sie cool und schnell im Internet surfen, dem das Multitasking ja von vornherein eigen ist. Insofern kann jeder – zum Beispiel Steven Leibel aus Californien – McLuhan endgültig entgegensetzen (Leibel schreibt in einem Fenster, während er in einem anderen eine Web-Seite liest): »Das Netz und das Fernsehen ergänzen einander auf ausgezeichnete Weise. Das Fernsehen verlangt von seinem Zuschauer keine besondere Aufmerksamkeit. Man kann damit hervorragend die Pausen füllen, die beim Herunterladen von Webseiten entstehen.« Wenn er sich wirklich mal konzentrieren muss, dreht er kurzfristig den Ton ab. Aber nicht jeder hält es der Mühe wert, sich zu konzentrieren. Acht Millionen amerikanische Haushalte lassen Fernseher und Computer im selben Raum »häufig« oder »immer« laufen.

Es ist gar nicht so lange her, da war es für die meisten Menschen eine Single task-Tätigkeit, dem einfacheren Audiofluss eines Radiosenders zuzuhören. Das Radio gelangte bis in die Privathaushalte und riss alle Hörer mit. Es dominierte ihre Zeit und ihre Aufmerksamkeit – ein paar Jahrzehnte lang. »Ein Kind konnte beispielsweise dasitzen«, erinnern sich Robinson und Godbey mit einer gewissen Sentimentalität, »aus dem Fenster auf die dunkel werdenden Bäume schauen und nur die Stimme des Lone Rangers und den Widerhall der Pferdehufe im Canyon hören.« Heute wird selten jemand Radio hören und *dabei nichts anderes tun*. Die Programmgestalter rechnen nur mit einer partiellen und immer wieder unterbrochenen Aufmerksamkeit der Zuhörer und strukturieren den Inhalt der Programme dementsprechend. Die Sinne eines Großteils der Radiozuhörer werden stets durch weitere Aufmerksamkeit erfordernde Tätigkeiten in Anspruch genommen – wahrscheinlich Auto fahren. Oder Duschen oder Kochen oder Joggen. Radiohören ist zu einer zweitrangigen Tätigkeit in einer Welt des Multitasking geworden.

Schnitt – Schnitt – Schnitt

Alle Medien haben die Beschleunigung zu spüren bekommen. Heiße Medien, kalte Medien – das spielt keine Rolle mehr. Sie besuchen die Produktionsstätte eines Hollywoodfilms am letzten Drehtag. Die Kameras schwenken, eine erhöhte Plattform wackelt und Sharon Stones Augen – ihr berühmtes Gesicht ist in einem schwarzen Taucherhelm alles andere als verdeckt – sind in gespielter Angst geweitet. Links neben ihr sitzt Dustin Hoffman und rechts Samuel L. Jackson, alle drei sind eingequetscht in einer einfach konstruierten Plastikkugel, die hoch über dem Fußboden einer Produktionsstätte von Warner Brothers auf einem alten Flottenstützpunkt in Nordkalifornien schwebt. Der Regisseur Barry Levinson spricht gerade mit Sharon in Echtzeit durch ein versteckes Mikrofon. Er gehört zu den nachdenklichsten und eloquentesten amerikanischen Regisseuren. Vor kurzem hat er seinen Film *Wag the Dog* beendet, den er in Rekordzeit – innerhalb weniger Wochen – gedreht hatte. Das amüsante Drehbuch stammt von David Mamet, der in schnellen Dialogen Washington und Hollywood gemeinsam auf die Schippe nimmt. Doch jetzt sagt Levinson: »Feuerball kommt höher, höher… kommt direkt auf dich zu… peng! Direkt in dein Gesicht!« Und Stone macht das dazu passende Gesicht, während ein gelber Lichtstrahl von irgendwoher unterhalb ihres rechten Fußes aufleuchtet. Die Szene ist im Kasten.

Wenn der Film *Sphere – Die Macht aus dem All* abgedreht ist und der grüne Leinwandhintergrund digital durch computergeneriertes rauschendesWasser ersetzt worden ist, wird die Plastikkugel problemlos als Mini-U-Boot durchgehen. Ein U-Boot in Eile, soviel können Sie feststellen: Auf einer Tafel hinter den Schauspielern blitzen rote Ziffern auf, die die verstreichende Zeit in Zehntelsekunden anzeigen. (Zehntel sind auch der neue Standard für den alten Wenn-nichts-anderes-mehr-geht Spannungsmechanismus: die Bombe mit ihrem eigenen, handlichen Zeitanzeiger. In manchen Filmen flitzt der »Countdown bis zum Ende der Welt« – wahrscheinlich mit einem kleinen Funken Selbstironie – als verschwommene Ziffernabfolge in Hundertstelsekunden vorbei.)

Das Filmteam bereitet sich für die nächste Aufnahme vor. »Also, wir drehen einen Überschlag, noch einen Überschlag, noch einen Überschlag und noch einen Überschlag, bis dann plötzlich hier der Feuerball kommt«, sagt Levinson. Ein Asistent, der mitgezählt hat, erklärt: »Das sind vier Überschläge.« Eine der beiden im Einsatz befindlichen Kameras, die Hot Head Plus Dutch, wird an Kardanringen aufgehängt, so dass sie sich um 360 Grad drehen kann, sowie auf Schienen gestellt, damit sie auf das Mini-U-Boot zujagen kann und dadurch die Illusion einer Bewegung mit ungeheurer Geschwindigkeit erzeugt. Nur einem sehr zynischen Zuschauer wird auffallen, dass ein derart birnenartiges und wenig stromlinienförmiges U-Boot niemals so schnell das Wasser durchschneiden kann. »Achtung, macht Euch fürs Schütteln bereit. Festhalten alle Mann«, brüllt der Regisseur, und die Schauspieler stützen sich mit ihren in Handschuhen steckenden Händen und den schwarzen Stiefeln an der Kugelwand ab. Alle zusammen sprechen sie ihren Text: »Wir steuern darauf zu!« »Geh hoch, hoch, hoch!«

Levinson schaut mithilfe von ferngesteuerten Bildschirmen durch beide Kameras gleichzeitig – auf modernen Filmsets muss man nicht mehr auf die Entwicklung von Filmmaterial warten. Es stimmt immer noch nicht ganz. »Können wir den Überschlag schneller machen?« fragt er. »Dreht euch schneller!«

Ganz egal, wie schnell heutzutage ein Film oder eine Sitcom, ein Nachrichtenbericht, ein Musikvideo oder eine Fernsehwerbung auch sein mag – es ist nicht schnell genug. Fahrzeuge rasen, stürzen, fliegen schneller: Kameras schwenken und wackeln schneller, und die Schnitte zwischen den Szenen sind schneller. Manche Leute mögen das nicht.

»Schnitt–Schnitt–Schnitt–Schnitt, das Fernsehen hat uns an ein schnelleres Tempo gewöhnt«, sagt Annette Insdorf, Filmhistorikerin an der Columbia University. »Das ist so eine Art Hirnlosigkeit. Die Zuschauer sind eingeladen, die Bilder aufzunehmen, ohne sie zu verarbeiten. Musikclips scheinen in den Rhythmus der Kreativität eingesickert zu sein. Es ist heute eher selten, dass sich ein Film den Luxus von Zeit leistet.«

Auch das Fernsehen verhält sich wie ein Pferd, auf dem ein mit Metamphetaminen aufgeputschter Jockey sitzt. Eine neue zukunftszugewandte Einheit von NBC mit dem Namen NBC 2000 hat die kaum für das Auge wahrnehmbaren Momente, in denen der Bildschirm am Übergang zu einem Werbeblock schwarz wird, mit einem elektronischen Skalpell bearbeitet. Im Laufe einer Nacht kann dies dem Sender bis zu fünfzehn wertvolle Sekunden einsparen, manchmal sogar zwanzig. Aber das ist es nicht, worauf es wirklich ankommt. Es kommt darauf an, dass der Zuschauer immer in Eile ist. Sie sind es, der aufs Gaspedal drückt. Serviert man Ihnen eine ganze Sekunde lang einen leeren Bildschirm, beginnt Ihr Daumen auf der Fernbedienung nach der Taste für einen anderen Sender zu suchen ...

Neue Technologien in den Wohnzimmern und in den Redaktionsstudios tragen das Ihre dazu bei, das Tempo von Kunst und Unterhaltung anzutreiben, wie sie auch das Tempo von fast allem anderen in unserem Arbeits- und Privatleben antreiben. Levinson ist kein Regisseur von Actionfilmen – im Gegenteil, seine besten Filme (*American Diner, Rain Man, Avalon*) wurden im Tempo der Entwicklung menschlicher Charaktere gedreht, ausdrücklich auf nicht-digitalem Hintergrund und mit intensiver emotionaler Textur. In seinen Filmen brauchten die Uhren keinen Sekundenzeiger. Und jetzt sitzt er dort in einem verdunkelten Schuppen und dreht die sauberste Actionszene seines Lebens, seine Augen sind auf den Monitor fixiert, während drei hervorragende Schauspieler sich von einer Seite auf die andere werfen wie die Darsteller der Besatzung auf der Brücke von *Raumschiff Enterprise*. Wir wollen uns nicht aufhalten. Wir machen statt dessen einen

SCHNITT:

INT. THE DIRECTOR'S TRAILER-DAY

wo derselbe Barry Levinson den Sommer von *Speed* 2 bejammert und die ganze Palette der Krach-Bumm-Zack-»Sommerfilme«. Hört unser Hirn im Sommer auf zu arbeiten? »Es ist kein Zufall, dass alle im Sommer gedrehten Filme Verfolgungsjagden sind«, sagt er. »Adrenalin! Unsere Rhythmen sind völlig andere. Wir machen die Bilder dauernd noch schneller, um den Zuschauer an seinen Sessel zu fesseln.« Der rastlose Zuschauer beschäftigt die Gedanken der Filmemacher sehr – obwohl sie eigentlich damit rechnen könnten, dass die Zuschauer zumindest im Kino während der vorgesehenen einhundert Minuten auf ihren Plätzen sitzen bleiben.

»Ich wüsste nicht, dass wir nach mehr Inhalt verlangten – wir wollen mehr Action«, sagt Levinson. »Wir packen immer mehr rein, doch ironischerweise nicht mehr *Substanz*. Wir werden alle mitgerissen, wir werden alle immer ungeduldiger.«

Und … warum? Nun ja, schließlich gibt es das Fernsehen. »Man kann nicht ein Kind vor den Fernseher setzen, wo es mit Bildern bombardiert wird, und dann erwarten, es mit einem Erwachsenen zu tun zu bekommen, der die Dinge nicht anders sieht«, sagt er. »Wie sollte uns das nicht verändern.«

Älteren Kritikern, die mit etwas aufgewachsen sind, was heute wie ein sehr methodischer und schwerfälliger Stil des filmischen Geschichtenerzählens anmutet, scheint es, als ob wir Teil eines großen psychologischen Experiments eines sadistischen Professors wären, der seine Versuchspersonen mit Bildern fast schon jenseits der Wahrnehmungsgrenze bestürmt. Vor einer Generation kam der Begriff ›subliminal‹ in Mode, etwa in ›subliminale Werbung‹, gemeinsam mit der Befürchtung, dass Bilder so schnell an uns vorbeisausen, dass wir sie wahrnehmen und von ihnen beeinflusst werden könnten, ohne sie wirklich *gesehen* zu haben. Inzwischen haben wir uns an subliminale Bilder gewöhnt. Wir haben keine Angst mehr, wenn ein Werbespot für Nike oder Pepsi Cola auf unserem Bildschirm abgeht wie eine Salve Knallfrösche. Und dennoch, wieviel kriegen wir davon mit? Wie geht es uns hinterher? Was erwarten wir als nächstes? Kritiker reden inzwischen von ›visuellen Bonbons‹ und ›visuellem Popcorn‹: davon, dass Handlungsstränge und Charaktere zu einem Brei innerer Befriedigung zerlaufen. Pauline Kael hielt 1982 im *New Yorker* ein Plädoyer gegen diesen Trend zur Hyperaktivität, für den ihrer Meinung nach *Star Wars* und *Indiana Jones* stehen – beides Filme, die die bisherigen Grenzen des schnellen Actionfilms überschritten hatten. Am Ende des Jahrhunderts sind diese Filme fast schon Klassiker. Sie waren durchstrukturiert, hatten Charakter und Witz. Inzwischen haben wir das, was Anthony Lane, einer der Nachfolger von Kael, »unser selbstverursachtes, stets wachsendes Dilemma« nennt: »Es gibt nichts, was im Leben – vom Kino ganz zu schweigen – langweiliger wäre, als die ganze Zeit über in Spannung gehalten zu werden.«

Levinsons Fernsehserie *Homicide: Life on the Streets* erregte durch seine frenetische, nervöse Kameraführung die Aufmerksamkeit der Kritik. Die Einstellungen sollten auf eine so komplizierte Weise ständig wechseln, dass Levinson selber Mühe hatte, seinen Cuttern genau zu erklären, wo sie die Szenen schneiden sollten, damit das herauskam, was er sich vorgestellt hatte. Nicht nur, dass die Kamera innerhalb einer Szene hin und her springt; die Aufnahmen folgen aus immer wieder neuen Blickwinkeln schnell aufeinander und zeigen so in Sekundenbruchteilen mehrere Ansichten derselben Szene – »double cutting« oder »triple cutting«. Auf diese Weise wird die Kontinuität, die lange Zeit Ziel des Filmemachens gewesen war, bewußt durchbrochen. Kontinuität hieß Realismus – die Illusion, dass das Leben mit normaler Geschwindigkeit weitergeht. In *Homicide* sollen die schnellen Schnitte und die unbeständige Kamera einen anderen, forschen *true-life* Realismus vermitteln. Doch der Stil kann von einer bestimmten Stimmung oder einem bestimmten Ton vollkommen losgelöst sein. In dramatischen Filmen genauso wie in Sitcoms versucht man, die Darsteller dauernd in Bewegung zu halten, während sie ihre nächsten Dialogfetzen austauschen. Sie gehen auf dem Bürgersteig oder einen Gang in einem Bürogebäude entlang, oder besser noch: sie rennen. Kein Dialog ohne gleichzeitige Bewegung; denn wir Zuschauer haben alles in allem ein Faible für Multitasking und können Handlung und Worte gleichzeitig aufnehmen. Sehen Sie sich einmal neuere Talk-Shows auf MTV an, und Sie werden denselben unruhigen Stil wahrnehmen, Kameras, die ständig in Bewegung, manchmal sogar schräg gestellt sind. (Ob ihnen die Stative ausgegangen sind? Müssen wir uns fragen, ob der Kameramann nüchtern ist?) Inhaltlich tut sich nichts, außer dass Menschen reden, und doch gibt es kaum eine Einstellung, die länger als eine Sekunde dauert. Und wenn sie es doch täte, wenn sich die Kamera tatsächlich einmal so lange auf das Gesicht einer Person richtete, wie man braucht, um einen vollständigen Satz zu sagen – würden Sie dann den Sender wechseln? Die Programmgestalter sind wohl dieser Meinung.

Wir haben eine visuelle Sprache zu verstehen gelernt, die sich aus Bildern und Bewegungen statt aus Wörtern und Silben zusammensetzt. Sie hat ihre eigene Grammatik, ihre eigenen Abkürzungen, Klischees, Lügen, Wortspiele und geläufigen Zitate. Die Meister dieser Sprache sind Künstler und Techniker, Nachkommen von Muybridge, die Trailer für Filme und Dreißigsekundenwerbungen und Montagen von Filmclips für Werbezwecke herstellen. Und wir, ihr Publikum, sind auch Meister, da wir die verdrehteste Syntax in einem Tempo verstehen, das uns früher geblendet hätte. Was wir sehen, *nehmen* wir gewöhnlich nur *wahr* als Licht, das in Echtzeit in unser Auge hineinströmt. Jetzt manipulieren wir es, durchbrechen es, wiederholen es und, natürlich, beschleunigen es. Wir absorbieren die Informationsflut absolut virtuos. Diese Sprache entwickelt sich noch weiter. Wir sehen, wie der Protagonist in einer Sitcom geschniegelt und gebügelt hinter seinem Schreibtisch sitzt. Jemand sagt zu ihm: »Nein, sie hat *Ihren* Job.« Sofort sehen wir dasselbe Büro, leer bis auf denselben, jetzt ebenfalls leergefegten Schreibtisch, und die weibliche Hauptdarstellerin wischt anmutig ein Körnchen Staub beiseite – diesen Witz kann man schneller sehen als lesen. Nicht alles ist schneller: Bei den Soundtracks kann kaum ein moderner Film mit den witzigen Dialogen der Screwball-Comedies von Howard Hawks und anderen aus den dreißiger Jahren mithalten, die wie aus der Pistole geschossen kommen. Damals musste das Auge der Kamera mehr oder weniger starr bleiben (es waren schwere Kameras), während sich Cary Grant und Rosalind Russel schlagfertige Antworten über die Leinwand zuwarfen. Die neue Radiotechnik hatte professionelle Redner wie Prediger und Politiker, die es gewohnt waren, auf Veranstaltungen ihren Zuhörern drei Stunden am Stück etwas vorzubeten, dazu gezwungen, sich kürzer und schneller zu fassen, so dass diese ihren Zuhörern die Botschaft manchmal mit einer Geschwindigkeit eintrichterten, die bis zu zweihundert Wörter in der Minute erreichen konnte. Aber selbst das Rattern von Walter Winchell im Radio und die halsbrecherischen Wortspiele von Groucho Marx hinken hinterher, wenn man sie mit irgendeinem modernen komischen Monolog von Robin Williams vergleicht – Witze, Anspielungen Personen, die einem in einem beinahe subliminalen Tempo um die Ohren fliegen.

Psychologen haben festgestellt, dass ein normaler Mensch, der schnell spricht, bis zu 150 Wörter pro Minute von sich gibt, ein Zuhörer jedoch Gesprochenes bei einer Geschwindigkeit von bis zu 500 oder 600 Wörtern pro Minute aufnehmen kann, also drei bis viermal so schnell. *Kann*, und heutzutage auch *will*. Zwischen der Geschwindigkeit, mit der Menschen sprechen und der, mit der sie hören können, besteht ein großer Unterschied. Dieser Unterschied erklärt das Verhalten von Auktionatoren und Sprechern auf Rennbahnen und heute die »Schneller«-Tasten auf den Anrufbeantwortern sowie die aus schnellen Texten bestehende Slapstick-Stücke von John Moshitta. Die Diskrepanz lässt eine Lücke entstehen, durch die Langeweile eindringt. Wenn ein normaler Mensch mit normaler Geschwindigkeit spricht – beispielsweise der Präsident der Vereinigten Staaten, dessen Regierungsansprache länger als eine Stunde dauert – wird er mit geringerer Wahrscheinlichkeit denn je konstant den Schwung besitzen, der nötig ist, unsere Aufmerksamkeit zu fesseln. Ob Politik oder Unterhaltung, es macht kaum einen Unterschied. Schon wenige Stunden nach Beginn des ersten Impeachment-Verfahrens des 20. Jahrhunderts beurteilte die *Washington Post* dessen Tempo mit folgender Schlagzeile auf Seite eins: »Im Sitzungssaal nahm der erste Tag kein Ende«, und ein Fernsehkritiker kommentierte: »Wer hätte gedacht, dass Geschichte machen eine derart qualvolle, schwerfällige Tortur sein würde?« Die Menschen reden zu langsam. Unsere Gedanken rasen weiter wie wild gewordene Fließbänder. Bloße Gespräche vor laufender, doch unbeweglicher Kamera scheinen nicht mehr interessant zu sein für uns.

Zappen

Man hat uns verschiedene Geräte gegen Langeweile an die Hand gegeben: an erster Stelle die Fernbedienung. Fernsehzuschauer hüpfen von Sender zu Sender, und Filmemacher tun es ihnen nach, indem sie von einer Szene zur nächsten springen. Je mehr wir hin und her springen, desto mehr bekommen wir auch – wenn nicht mehr Qualität so doch zumindest mehr Abwechslung. Saul Bellow, der unsere geistige Verfassung »einen unerträglichen Zustand der Zerstreuung« nannte, geht davon aus, dass die Fernbedienung der eigentliche Übeltäter ist.

> Intensive Reize, die keinen Sinn machen, halten uns in ihren Klauen, ein starkes, aber nur kurz wirksames Stimulans. Dank der Fernbedienungen können wir von hier nach dort springen, das Ende mit der Mitte und dem Anfang vertauschen. Nichts geschieht in irgendeiner nachvollziehbaren Reihenfolge. ... Letztlich packt uns alle die Zerstreuung und macht geistiges Hackfleisch aus uns.

Als die ersten Fernbedienungen in den fünfziger Jahren als luxuriöses Zusatzbehör zum Fernseher auftauchten, hatten sie den Anschein, harmlose Geräte zu sein, die dem Zuschauer gelegentlich den Weg vom Bett oder Sofa zum Fernsehgerät ersparten. Die Zielgruppe waren die Faulen und Kranken. »Schalten Sie schnell um! Wählen Sie Ihren Sender mit der ›Faulpelz‹-Fernbedienung« warb die Firma *Zenith*. »Erstaunlich!« Die Erfinder und Vermarkter der ersten Fernbedienungen sahen deren vornehmlichen Zweck darin, den Fernsehapparat *aus*zuschalten, wenn der Zuschauer schläfrig zu werden begann. In zweiter Instanz konnte man mit ihr den Ton während der Werbepausen abdrehen, und, ja, sicherlich auch den Sender wechseln, dachte man, wahrscheinlich so ein- oder zweimal am Abend (wenn eine Sendung zu Ende war). (*Consumer Reports*, die die ersten Fernbedienungen im Vergleich testete, rümpfte die Nase darüber, dass ihr Magazin eine sehr einfache Funktion »nicht testete, deren vernünftigen Gebrauch sie aber nur empfehlen kann: die in jedem Fernsehapparat bzw. jedem Radiogerät direkt eingebaute, allgemein bekannte Funktion des ›Ausschaltknopfs.‹« Die Marketingleute versuchten es mit nicht gar so subtilen Anleihen beim männlichen Waffen- und Kontrollfetischismus: Man könne mit der »Flash-Gun« und dem »Space-Commander« »zappen«, also das Programm abknallen. Niemand hatte eine Vorstellung von der eigentlichen Macht, die in diesem Gerät schlummerte. Die Werbekampagnen und die Kommentare der fünfziger Jahre lassen in keiner Weise die Deutung zu, es könnte sich um ein zeitsparendes Gerät handeln. Noch kam jemand auf die Idee, das Fernseherlebnis durch dutzend- oder tausendfachen Senderwechsel an einem Abend zu intensivieren. In den meisten Haushalten konnte man sowieso nur drei bis fünf Sender empfangen. Wie hätte man da ahnen können, dass die Meister der Fernbedienung eine Generation später ihre Zauberstäbe dazu verwenden würden, schnelle Montagen und nächtliche Licht-und-Ton-Shows zu kreieren?

Heutzutage arbeitet jeder TV-Planer mit dem Wissen im Hinterkopf, dass die Zuschauer bewaffnet sind. Die Fernbedienung dient als Sofortumfragegerät, mit der ununterbrochen die Zufriedenheit oder Unzufriedenheit des Publikums überprüft wird – wenn nicht zum Nutzen von Nielsen, dem Meinungsforschungsinstitut, dann zumindest zum eigenen Vorteil. Im Besitz eines solchen Geräts zu sein bedeutet, sekündlich eine andere Entscheidung treffen zu können. *Ist das öde? Langweile ich mich schon?*

Die Fernbedienung ist das klassische Beispiel einer Technologie, die das Problem, das sie zu lösen auszog, verschlimmert hat. Wie der Technikhistoriker Edward Tenner es formuliert: »Die Leichtigkeit, mit der man mithilfe der Fernbedienung von einem Programm zum nächsten schalten kann, führte dazu, schnellere und verwirrendere Bildfolgen zu kreieren, um den Zuschauer bei der Stange zu halten, was selbst wiederum zu einer geringeren Zufriedenheit mit den Programmen im allgemeinen führte und natürlich schnelleres Umschalten zur Folge hat.« Wenn die Programmmacher nur die Hände des Zuschauers, Ihre Hände festbinden könnten ... zu Ihrem eigenen Wohl! Und doch, bedeutet nicht der Besitz einer Fernbedienung eine gewisse Macht? Sie dient Ihnen immerhin als Waffe gegen schlechte Programme, auch wenn das Publikum sie möglicherweise nicht immer besonders intelligent einsetzt. Der Sozialpsychologe Robert Levine führt Studien an, nach denen Zapper bis zu zweiundzwanzigmal pro Minute den Sender wechseln. »Sie begreifen die Fernsehsender als ein riesiges kaltes Buffet, das durchprobiert werden muss, egal wie klein die Portionen sein mögen«, schreibt Levine. Er stellt die frenetischen, gierigen Westler – vornehmlich die Amerikaner – den Indonesiern gegenüber, »deren wichtigste Unterhaltung darin besteht, die immer gleichen Schauspiele und Tänze Monat für Monat, Jahr für Jahr von neuem anzusehen«, und den nepalesischen Scherpas, die ihr ganzes Leben hindurch immer dasselbe zu sich nehmen: Kartoffeln und Tee. Die Indonesier und die Scherpas sind absolut zufrieden, behauptet Levine.

Sind sie das wirklich? Werden sie die Fernbedienung verschmähen, wenn man sie ihnen anbietet? Oder ist die Akkumulation von Geschwindigkeit, wie auch die Akkumulation von Abwechslung und die Akkumulation von Reichtum und Wohlstand eine Einbahnstraße in der kulturellen Entwicklung des Menschen?

Die Sender sind gezwungen, sich darüber Gedanken machen, und ihrer Meinung nach bedeutet das, effizienter denn je mit der Zeit haushalten zu müssen. So wie die Technik der Fernbedienung es Ihnen ermöglicht, vor Ihrer eigenen Langeweile Reißaus zu nehmen, ohne die Couch verlassen zu müssen, hat es die Nielsen-Technologie den Programmgestaltern ermöglicht, die ersten Anzeichen von Ennui, Apathie und Lustlosigkeit bei Ihnen zu entdecken, beinahe noch ehe Sie selbst sich dessen bewußt geworden sind. Eine Minute ist wie ein Ozean. Bei NBC erklärt John Miller, Vizepräsident der Abteilung Werbung, Promotion und Öffentlichkeitsarbeit, wie feinabgestimmt die Entscheidungsfindung in der Firma geworden ist. »Jeder Sender untersucht jede Sendesekunde ganz genau und setzt sie bestmöglich ein«, sagt er. »Wir sind alle an die Gesetze der Natur gebunden. Es gibt einfach nur vierundzwanzig Stunden am Tag und sechzig Minuten in der Stunde und sechzig Sekunden in der Minute. Jeder schaut sich seine Zeit mikroskopisch genau an, um sie bestmöglich auszunutzen. Sie ist das einzige Gut, das wir haben.« Eine Nachricht, mit der die NBC-Untersuchungen aufwarteten, bestürzte die Programmmacher: Wenn eine Sendung zu Ende geht und der Abspann läuft, gibt einer von vier Zuschauern seinem Drang nach, zu einem anderen Sender umzuschalten. Volle fünfundzwanzig Prozent des Publikums beginnen zu zappen. Das war absolut unerträglich. Fünfundzwanzig Prozent weniger Marktanteile, nur um das Ego der Schauspieler und des Fernsehteams zu befriedigen? NBC 2000 löste das Problem, indem sie etwas erfand, was unter dem Namen »squeeze-and-tease« bekannt ist: Der Abspann wird auf ein Drittel des Bildschirms beschränkt (nachdem man sorgfältig geprüft hatte, dass er gerade noch lesbar war), während die restlichen zwei Drittel für die nächste Programmansage verwendet werden. Wenn Sie Glück haben, macht der Fernsehfatzke sich auch über die Stars lustig.

Wenn Sie tatsächlich in der Lage sind, den Namen des Drehbuchautors auf der linken Seite zu lesen *und* über den Witzbold auf der rechten zu schmunzeln, sind Sie einmal mehr ein Multitasker. Jedenfalls übernahmen die anderen Sender ebenfalls bald diese Technik, denn es reicht scheinbar gerade aus, um Ihre Aufmerksamkeit während der kritischen zehn oder dreißig Sekunden aufrechtzuerhalten, die sich wie eine Ewigkeit drohend vor Ihnen aufbauen.

Die Versessenheit der Fernsehsender auf die Zeit hat die Grundstruktur von Standardsendungen verändert, etwa der dreißigminütigen (in Wahrheit dreiundzwanzigminütigen) Sitcom. Die Programmgestalter haben den Eindruck, es sich nicht länger leisten zu können, das Ende einer Sendung vom Beginn der nächsten durch jede Menge Werbung zu trennen. Also mussten diese Werbeblöcke ins Innere der Sendung wandern, wodurch kleine Programminseln am Anfang und am Ende entstehen, die durch einige Werbeminuten vom Hauptteil abgeschnitten sind. Clevere Drehbuchautoren nutzen diese für Eröffnungswitzchen und lustige Schlussszenen, die für sich allein stehen können. »Von Anfang an gleich mit der Story und den Gags beginnen – reinspringen und los«, sagt Skip Collector, Redakteur von *Seinfeld*. »Das entspricht irgendwie unserem Lebensgefühl und unserem Tempo. Jeder hetzt und rennt, und das ist die Richtung, in die wir gehen werden.« *Seinfeld* gehörte zu den Sendungen, die den zweigeteilten Bildschirm am Ende eher für einen letzten Scherz nutzten als für Promotainment. Sie verzichteten auch auf den traditionellen Eröffnungstrailer, der rund eine halbe Minute dauert: Mary Tyler Moore, die Woche für Woche ihren Hut in die Luft wirft, oder Bill Cosbys Familie, die über den Bildschirm tanzt. Immer mehr Sitcoms setzen direkt mit der Story ein und blenden nur für drei oder fünf Sekunden den Namen der Show ein.

Zumindest die größeren Sender richten ihre Sendezeiten nach der etwas altmodisch anmutenden Annahme aus, dass die Zuschauer zur vollen oder halben Stunde dazu stoßen und sitzen bleiben werden. Viele private Sender sind jedoch von dieser Vorstellung abgekommen. Wie Eltern, die gemeinsame Mahlzeiten aufgegeben und eine Auswahl an Snacks im Kühlschrank vorrätig haben, entwerfen sie ihre Programme für eine ewig rastlose Klientel. Der Sender *E! Entertainment* etwa füllt diese Sendeminuten mit einem Mischmasch aus Clips, Interviews, Werbung und Trailern und ähnlichem, alle glamourös genug, um die Aufmerksamkeit von notorischen Programmwechslern zu erregen, falls diese kurz reinschauen sollten. Eine ihrer Attraktionen ist »Talk Soup«, eine Zusammenstellung kurzer Sequenzen aus den Talkshows anderer Sender, als ob die Talkshows sich nicht sowieso schon auf Soundbite-Terrain befänden. Wir erreichen das Niveau der Komprimierung eines Abrisses einer Auswahl von *Reader's Digest*. Jede Mahlzeit ein Probiermenü. Manchmal ist die Miniaturisierung selbst der Witz. Der Sender *Nickelodeon's TV* Land zwängte »60-Sekunden Sitcoms« zwischen sein Programm, komplett mit Vor- und Nachspann, einem winzigen Werbespot und Zeit für durchschnittlich ein bis zwei Gags.

All diese Sender füllen die Lücken, die einst tote Sendezeit waren, indem sie Beispiele einer neuen Kunstform en miniature bringen: Ansagen, Eröffnungssequenzen, Puffer und Senderlogos. NBC allein gibt achttausend verschiedene Trailer pro Jahr in Auftrag. Sie reichen von zehn Sekunden Länge bis zum »langen Format« von zwei Minuten, und sie stellen eine erstaunliche Entfaltung technischer Raffinesse dar, sie entstanden aus der Verbindung von Computer und visueller Kunst. In den frühen achtziger Jahren konnten freie Grafikdesigner mithilfe eines neuen Grafiksystems auf ihrem Computer, einer Paintbox und einem Harry, plötzlich komplex animierte Effekte binnen einer Stunde produzieren, was bisher einen ganzen Tag in Anspruch genommen hatte. Wenn die Grafikdesigner ihre neu erworbenen Fähigkeiten zum Einsatz bringen – etwa Bilder, die sich in anderen Bildern auflösen, und mehrere Ebenen zu kreieren – wissen sie, dass die Betrachter nicht immer mithalten können. Oft können sie sich einfach nur nicht mehr zurückhalten. Wenn die Technik es ihnen ermöglicht, Schicht über Schicht zu legen, dann legen sie eben Schicht über Schicht. Ein Teil der Macht dieser Videostückchen liegt einfach und allein in ihrer Geschwindigkeit – die Länge der Zeit zwischen den Schnitten, die ständig abnimmt bis zu dem Punkt, an dem wir Aufnahmesequenzen wahrnehmen, die nur noch aus acht Bildern bestehen und eine Drittelsekunde oder sogar noch kürzer dauern. Für jemanden, der ein Senderlogo von zehn Sekunden Länge entwirft, welches man immer wieder zu sehen bekommt, ist es nicht von Nachteil, dass der betreffende Effekt von einem an seine Couch gefesselten Fernsehzuschauer beim ersten Mal nicht sofort zu durchschauen ist. Designer wissen manchmal nicht – oder es ist ihnen gleichgültig –, ob die Zuschauer ein Bild, das aus vier Einzelbildern besteht, wahrnehmen können. Es handelt sich nur um einen Eindruck. Vielleicht bleibt beim nächsten Mal mehr hängen. Ein blitzartig auftauchendes Bild kann wie eine subtile Anspielung in einem langen Gedicht sein, die gerade unterhalb der Verständnisebene mitschwingt.

MTV rauscht vorbei

Menschen, die darüber schimpfen, dass sich überall die kurze, schnelle, abgehackte Schnitttechnik durchgesetzt hat – und auch diejenigen, die sie mögen –, haben eine adäquate, aus nur drei Buchstaben bestehende Kurzformel für den eigentlichen Übeltäter gefunden: MTV. Die Wahrnehmungsdoktrin des einflussreichsten Medienconsultants unserer Zeit, Tony Schwartz, lautet folgendermaßen:

> Das Ohr empfängt flüchtige, momentane Schwingungen, übersetzt diese Informationen in elektronische Nervenimpulse und schickt sie ans Gehirn. Das Gehirn »hört«, indem es die gegenwärtigen Schwingungen registriert, sich an vorangegangene erinnert und zukünftige erwartet. Wir hören nie das Geräuschkontinuum, das wir als Wort, Satz oder Absatz bezeichnen. Das Kontinuum existiert zu keinem gegebenen Augenblick in der Zeit.

Schwartz konnte seine Theorien in einigen der berühmtesten politischen Werbespots der letzten Generation in die Praxis umsetzen, von dem bahnbrechenden Spot gegen Goldwater aus dem Jahre 1964 – in dem ein Mädchen die Blütenblätter eines Gänseblümchens zählt und sich kurz darauf eine nukleare Explosion ereignet – bis hin zu der schnell geschnittenen »Read My Lips«-Werbung, die George Bush 1992 großen Schaden zugefügt hat. Inzwischen sitzt Schwartz im ersten Stock seines Townhouse in Manhattan wie in einer Schatzkammer voller alter

Tonbänder und anderer Erinnerungsstücke. Er war einer der Erfinder der superkomprimierten Videomontage – ein zwei- bis dreiminütiges Filmstück, das Hunderte fast schon nicht mehr wahrnehmbarer Bilder vereint, wie ein Jahresrückblick etwa. Als Cable News Network noch neu war, wollte dessen Gründer Ted Turner kürzere Werbespots haben, die zum schnelleren Tempo seiner zwei Minuten dauernden Nachrichtenberichte passten. Die Dreißigsekundenwerbung, eine kühne Innovation, die 1971 mit schwindelerregendem Tempo in den Sendern Einzug gehalten hatte, schien irgendwie nicht mehr schnell genug zu sein. Turner stellte Schwartz ein, der sich einige der Dreißigsekundenspots vornahm und sie auf acht, manchmal sogar sieben oder fünf Sekunden zusammenschnitt. Heute sieht Schwartz auf seine Uhr und sagt: »Ich könnte eine … lassen Sie mich mal überlegen …« – scheinbar spult sich irgendetwas in seinem Kopf ab – »Dreisekundenwerbung machen, die mehr einbringen würde als jede andere.« Er schiebt eine Kassette in eines der aufeinander gestapelten Videogeräte, und sicher, da sind sie schon: die Dreisekundenwerbespots, ein oder zwei schnelle Bilder plus Schlagwort. »Kopfschmerzen? Nehmen Sie Bufferin!« »Jetzt wissen Sie, warum Cascade das bessere Produkt ist. Versuchen Sie Cascade.« »Seitdem Sie fotografieren, haben Sie nur einem Film vertraut.«

Krieg und Frieden kann man das nicht nennen. Aber inzwischen beschwert sich sogar Schwartz über seine modernen Kollegen: »Sie sehen das Zeug auf MTV, und dann machen sie es nach.«

Bei MTV haben die Kreativdirektoren keine Entschuldigungen zur Hand. In einer Selbstdarstellung des Senders heißt es in einer Art Slogan: »MTV rauscht vorbei wie eine Nebelschwade und rückt doch alles in den Blickpunkt.« Music Television ging im Sommer 1981 mit den Buggles erstmals auf Sendung, die bezeichnenderweise »Video Killed the Radio Star« sangen, gefolgt von The Who, den Pretenders, Rod Stewart und anderen, in einer wilden Mischung von Musik, Konzertmitschnitten und anderen, schnell zusammengewürfelten Bildern, real bis surreal, die zur Musik passten oder auch nicht, aber immer zur Musik *geschnitten* wurden. Das MTV-Basisformat war ein Dreiminutenfilm um einen Song herum. Es sei Ihnen verziehen, wenn Sie den Eindruck haben, es handele sich um eine Art Tapete, etwas, das Sie im

Hintergrund laufen lassen können, wenn Sie nicht *fernsehen* wollen. So könnte man es in die Nachfolge des elektronischen Kamins stellen, in dem am Weihnachtsabend vor einer unbeweglichen Kamera ein Holzscheit ewig brannte, während auf der Tonspur Weihnachtslieder zu hören waren? Sicherlich war die Voraussetzung für das Musikvideo eine kürzere Aufmerksamkeitsspanne. Im Dreiminutenformat dauert keine einzige Einstellung länger als ein oder zwei Sekunden. MTV wurde bald zu einem der wichtigsten kulturellen Exportschlager der USA, der in 270 Millionen Haushalte ausgestrahlt wurde, einschliesslich derer, die via Satellit in Südostasien, Mexiko und Südamerika erreicht wurden. Neben Musikvideos – die sich zu einem eigenen kunstvollen Genre entwickelt haben – verfügt der Sender über eigene Talkshows, Tanzshows, Verkupplungsshows und, was vielleicht am meisten verblüfft, animierte Cartoons wie die berühmten Dumpfbacken Beavis und Butthead.

Die kaum zu verheimlichende Voraussetzung für Beavis und Butthead ist, dass selbst Musikvideos langsam und langweilig sind und man deshalb noch irgendeinen komischen Kommentar darüberlegen muss. Doch auf ihre eigene Art und Weise sind auch Beavis und Butthead unerträglich langsam – hier gibt sich MTV konventionell und lässt die Story, nicht die Musik, das Tempo bestimmen. Der Animationsstil von MTV ist bewusst statisch. Dagegen ist ein Disney-Cartoon ein wilder Actionfilm. Die Dialoge schleppen sich dahin, und der Witz liegt weniger in den Worten als in den Reaktionen (sie sind derart standardisiert, dass die Animatoren ihnen Namen geben: »Verblüfft die Erste«, »Verblüfft die Zweite«, »So'n Mist«).

»Pausen sind einfach genial – Pausen sind wie, hey!« sagt Yvette Kaplan, leitende Direktorin, während ein Teil eines Bands durch die Redaktion wandert, ein Stück über eine Impotenzklinik. »Super«, sagt Butthead gerade in der Folge, die immer wieder über den Bildschirm des Redakteurs flimmert. »Äh-hä. Ich will auch. Äh-hä. Vielleicht bringt uns dieser Schuppen was.«

Von allen Sparten der visuellen Kunst muss die Zeichentrickanimation die strengste Kontrolle über jeden Bruchteil einer jeden Sekunde bewahren. Auf sorgfältig erstellten Schaubildern wird jeder Konsonant und jeder Vokal eines Wortes genau einem der 24 Bilder pro

Sekunde zugeordnet. Die Mundbewegungen der Figuren sind auf die wesentliche Grammatik von sieben oder acht Grundpositionen reduziert worden, genug, um die gesamte englische Sprache abzudecken. Dieser eben erwähnte Witz ist dem Team in den Redaktionsräumen … zu langsam. Da scheint es eine Verzögerung im Redefluss zu geben. »Tempo ist alles«, sagt Kaplan. »Wenn die Worte fließen, ist es einfach sicherer, dann hat man keine Zeit, abzudriften und den Witz zu verpassen.« Sie entfernen das »ich will auch« und stupsen des Tempo ein bisschen an, indem sie den letzten Sekundenbruchteil des Soundtracks mit der visuellen Spur der nächsten Szene überblenden. Alternativ dazu hätten sie auch schon zum Dialog der nächsten Szene springen können, bevor sie die laufende visuelle Szene schneiden, oder sie hätten die Musik für die nächste Szene früher beginnen lassen können – alles Tricks, um Tempo in die Sache zu bringen, die die Zuschauer automatisch und unbewusst zu interpretieren gelernt haben.

»Die Zuschauer sind inzwischen gewitzter, und man kann bestimmte Sprünge machen, ohne dass sich die Leute ratlos am Kopf kratzen«, sagt Abby Terkuhle, Präsident der MTV-Animation. Klar, wir fangen schon früh an. »Das geht intuitiv«, sagt er. »Unsere Kinder denken nicht mehr in der Reihenfolge A, B, C. Sondern eher: ›Hier bin ich, los geht's!‹ Vielleicht handelt es sich hierbei um bestimmte nichtlineare Erfahrungen.«

Allegro ma non troppo

Es war einmal, vor Music Television, der Fernbedienung, den Hör-
büchern und dem Informationsstrom im Internet, da gab es noch die
Möglichkeit, eine Kunstform allein zu genießen: einfach indem man
sich hinsetzte und eine komplette Sinfonie anhörte, wie lang sie auch
immer dauerte. Jetzt ist das nicht mehr so einfach. Selbst Menschen, die
klassische Musik lieben, können den nötigen Willensakt nicht mehr auf-
bringen, ganze 40 Minuten abzuschalten und ohne Telefon oder Computer auszukommen. Mitten im Adagio bemerken sie ein Kitzeln irgendwo zwischen dem Schläfen- und dem Hinterhauptlappen und stellen fest, dass sie gegen den Drang ankämpfen müssen, nach einer
Zeitschrift zu greifen – aber bitte jetzt kein Multitasking! Die großen
Symfonien, Konzerte, Opern und Kammermusikstücke, die nach 1700
entstanden sind, Werke, die das Herz der klassischen Musik ausmachen,
wurden mit der Vorstellung komponiert, dass Zuhörer sich ihnen mit
ihrem ganzen Bewusstsein widmen können, nachdem sie ihr Tageswerk
verrichtet und Geld dafür bezahlt haben, für die Dauer des Konzerts auf
ihrem reservierten Sitzplatz zu verbleiben. Die Zuhörer waren an diesen
rituellen Orten eingeschlossen, wo es nichts anderes zu tun gab, als
zuzuhören und zuzuschauen. Jetzt gibt es viele andere Versuchungen.
    Nicht jeder gibt ihnen nach, natürlich nicht. Manche Leute suchen
immer noch liebevoll nach Platten in der Stadtbücherei und sitzen stun-
denlang in der Ecke für Plattenhörer. Die Klassikabteilungen der Plat-

tenläden sind überfüllt mit immer mehr Neuerscheinungen aus dem Standardrepertoire oder auch anderen Richtungen. Aber auch dort gibt es Zeichen. Die beliebteste Sorte von Aufnahmen klassischer Musik – das gilt eigentlich für alle Aufnahmen – sind Zustammenstellungen, Anthologien, Sampler: Archive, Remixes, Sammlungen, Auswahlen, Greatest Hits, bisher unveröffentlichte Schätze, Klassiker, Best-of, Rest-of, Die Beliebtesten und Die Schönsten was auch immer. Die Zahl der vertikalen Schnitte, die eine Plattenfirma durch das Standardrepertoire machen kann, scheint grenzenlos. *Deutsche Posaunenmusik. Homosexuelle amerikanische Komponisten. Beliebte Opernchöre. Orchesterstücke für Tuba. Greatest Hits für Verliebte. Melodien zum Meditieren.* Tausende von CDs, die einfach den Titel *Melodien* tragen. Oder *Zwölf Hommages* oder *Dreizehn Motetten* oder *Vierzehn große Tenöre* oder *Fünfzehn Nocturnes* oder *Sechzehn Stars* oder *Siebzehn Juwelen aus der Blütezeit des Barock* oder *Einhundert Lieblingsstücke zur Laute…* Das Einzige, dessen man sich bei all diesen Zusammenstellungen sicher sein kann, ist, dass man in kein einziges Stück mehr als ein paar Minuten investieren muss. Es gibt keine Sampler-CD mit *Bruckners größten Sinfonien.* Auf der anderen Seite haben es einige Plattenfirmen sogar geschafft, ein paar Bruchstücke aus Bruckner zu extrahieren, beispielsweise für *Musik für die Seele, Klassik am Abend, Klassik zur Entspannung, Horizonte: Eine musikalische Reise* und anderes mehr. Um noch eins draufzusetzen: vielleicht möchten Sie einfach die CD *Presto! Die schnellste Klassik der Welt* kaufen, siebzehn winzige Werke ohne Kontext, von der Goldberg-Variation Nr. 26 zum *Hummelflug* als eine Art Ouvertüre, inklusive einer Troika, einer Etüde, einen der *Planeten,* einen Säbeltanz und ein Allegro con brio.

Die New Yorker Philharmoniker haben komprimierte »Rush Hour Konzerte« aufgenommen. Das Bewusstsein der Rush Hour durchdringt auch die wenigen noch übriggebliebenen Radiosender, die klassische Musik bringen, und dementsprechend hat sich die Art und Weise ihrer Programmgestaltung verändert. Einige Sender überlassen die Programmgestaltung ihrer Kapellmeister-Software, andere verwenden sie als eine Art Katalog, in dem man die Auswahl der Stücke ihrer Länge nach aufgelistet findet. Vor die Wahl gestellt, *Eine kleine Nachtmusik* in der Aufnahme mit James Judd – 21 Minuten und 31 Sekunden –

195

oder die flottere Variante dirigiert von Bruno Walter – 20 Minuten und 18 Sekunden – zu spielen, entscheiden sich viele automatisch dafür, diese eine Minute einzusparen. Wahrscheinlich spielen sie sowieso nur das erste Allegro. Radiosender, die früher einmal von Puristen geleitet wurden, senden heute isolierte Sätze aus längeren Stücken – lieber ein Scherzo von Mahler, denken sie sich, als die ewiggleiche Siebenminutenouvertüre. Oder sie schneiden einen einzelnen Satz heraus, wie das Adagio aus einem Konzert von Vivaldi oder einer Sinfonie von Haydn, weil sie sich Sorgen machen, dass eine Musik, die derart langsam ihre inneren Spannungen entfaltet, schnell die Aufmerksamkeit eines kapriziösen Publikums verlieren wird, das ohnehin nur im Auto Musik hört. Manchmal schneiden die Sender auch die sekundenlangen Pausen zwischen den Sätzen heraus – tote Luft – und stoßen die Hörer (unsanft) aus dem Andante ins Menuett (ohne sie einmal verschnaufen zu lassen).

Angesichts der Tatsache, dass alle Künste kleine Zugeständnisse an die Hetzerei machen, können die Musikliebhaber von sich selbst kaum erwarten, dagegen gewappnet zu sein. Allerdings gibt es hier eine besondere Art von Schmerz. Musik ist die Kunstform, die am offensichtlichsten mit der Zeit zu tun hat. Die verstreichenden Sekunden sind ihre Leinwand und Palette. In der Musik gibt es extrem langsame Momente, die herausragen wie die Gipfel des Himalaya – der Satz *Heiliger Dankgesang* aus Beethovens Streichquartett Opus 132 oder das letzte Adagio aus Mahlers Neunter Sinfonie, bei dem einem fast das Herz stehen bleibt (dirigiert von Leonard Bernstein brauchte das Orchester sechs Minuten, um sich durch die letzte Seite der Partitur zu schleichen). Diese scheinbar endlosen Passagen beschwören den Tod dadurch herauf, dass sie Informationen vorenthalten: Als das schwere Durcheinander von düsteren Akkorden sich in einfache, lang anhaltende Einzeltöne auflöst, war Lewis Thomas beim Zuhören immer an jenem Punkt angelangt, an dem er plötzlich alles mit dem Tod in Verbindung brachte, »überall der Tod, das Sterben aller Dinge, das Ende der Menschheit«. Moderne Komponisten spielen auf verschiedene Arten mit den Extremen: Milton Babbitt, der eine derart schnelle, strukturelle Verwirrung kreiert, die selbst Kennern der *Sesamstraße* einiges abverlangt, wenn sie folgen wollen; Minimalisten wie Philipp Glass, der die strukturelle Vereinfachung an den Rand der Eintönigkeit bringt.

Wie auch immer man es angeht, jede Komposition muss die Zeit in eine Form gießen. Die Komponisten verlangen implizit von Ihnen, dass Sie eine bestimmte Zeit lang Ihrer Erfahrung Platz machen. »Wir glauben, dass die Zeit unerbittlich vorwärts marschiert, die Musik sich aber dagegen wehrt«, sagt William Lutes, zuständiger Programmdirektor für klassische Musik beim Wisconsin Public Radio. »Musik widersetzt sich der Zeit. Musik nimmt die Vergangenheit und verwandelt sie in Zukunft. Musik dehnt den gegenwärtigen Moment aus …« Doch auch seine Auswahl ist inzwischen bei durchschnittlich siebzehn bis achtzehn Minuten angelangt – immer noch länger als bei den meisten anderen Sendern, und länger, so befürchtet er, als die meisten Hörer auszuhalten bereit sind. »Die Menschen tendieren eher dazu, dann das Radio einzuschalten und sich etwas herauszugreifen, wenn sie es gerade brauchen, das heißt sie kommen und gehen schneller.«

Können Sie es sehen?

Das Problem für die nächste Generation: »…im Kino dauern Filme ja EWIG – man kann halt nicht vorspulen«, sagt ein Typ aus Douglas Couplands Roman *Microsklaven*. »Und auch Filme aus der Videothek dauern ewig, trotz Vorspultaste.«

Die Lösung: »Dieser unglaubliche Zeitspar-Trick – ausländische Filme mit Untertiteln! Die verhalten sich zu gewöhnlichen Filmen wie Crack zu Kokain.« Man kann sogar einen Kunstfilm in weniger als einer Stunde sehen. »Man braucht nur immer zu den Untertiteln vorzuspulen, sie querzulesen und kann dann den Rest überspringen. Das ist so effizient, dass es schon unheimlich ist.« Auf der anderen Seite zeigt es, wie schnell wir uns mit den Werkzeugen zur Zeitmanipulation zurechtfinden. Der Bösewicht aus Martin Amis Roman *London Fields* von 1989, der versucht, von ihm ausgewählte Teile von Fernsehsendungen wie Pornografie zu genießen, wechselt ständig zwischen Fastforward und Zeitlupe ab – jede Sitzung ein neues Kunstwerk. Wenn Kritiker im Internet über die berühmte Verführungsszene eines Filmsternchens schreiben: »Celebrity Profiles empfiehlt, dieses Video auszuleihen, wenn Sie ein Videogerät mit einem guten Standbild besitzen«, dann wird Ihnen unterstellt, dass Sie wissen, was gemeint ist. Ihr Unterhaltungsequipment ist nicht gut genug, wenn es nicht über eine Fastforward-Taste und ein gutes Standbild verfügt.

Wenn uns das Tempo von Bild und Ton auf dem Bildschirm nicht ganz zufriedenstellt, kompensieren wir das, indem wir andere Ebenen hinzufügen: wir machen Multitasking – schauen fern, essen, blättern in einer Zeitschrift und stricken. Doch die Programmgestalter wollen kein einziges Prozent unserer Aufmerksamkeit ans Stricken verlieren, also wehren sie sich: sie fügen zusätzliche Ebenen für uns hinzu. VH1, ein jüngeres Pendant zu MTV, landete einen Hit mit einer neuen Kunstform namens Pop Up Video. Musikvideos, die inzwischen zu langsam oder zu oft wiederholt worden sind, als dass sie einen fesseln könnten, werden wiederverwertet: Gewissermaßen als Kommentar am Rande werden zur Haupthandlung Sprechblasen über das Video gelegt. In einem Dreiminutenvideo können Dutzende solcher Sprechblasen auftauchen, manchmal sind es sogar mehrere gleichzeitig mit kurzen Witzen oder historischen Fakten oder Wortspielen, die sich auf die Texte beziehen. Tina Turner singt »Missing you«, und eine Sprechblase taucht in der Nähe ihres Halses auf und erklärt »Sternocleidomastoidmuskel«. Nur für den Fall, dass Ihnen langweilig geworden sein sollte. Dieser Pop Up Video-Trick wurde schnell von der Werbebranche und anderen Sendungen aufgegriffen und nachgeahmt. Teilweise könnte man ihn als Mittel der Ironie sehen. Die beiden Ebenen eines Pop Up Videos, der Hintergrund und die Sprechblase, sind in Ton und Einstellung nicht kongruent. Die Sprechblase macht sich über das Originalvideo lustig, speist sich vom Verlangen der Zuschauer, sich über die bloßen Bilder mit einem Augenzwinkern zu erheben oder sich sonstwie von ihnen zu distanzieren, Bilder, die sie vor wenigen Monaten noch ohne Hintergedanken begeistert haben. Abgesehen von der Ironie bringt die neue Ebene noch *mehr* hinein – eine zweite Perspektive, wo eine einzige Sichtweise allein nicht mehr ausreicht. Das ist nicht einfach Wiederverwertung – wie Woody Allen meint, »die Adaption einer Serie für ein Remake«. Das ist Wiederkäuen, Metaunterhaltung – wie die Nebenshows für diejenigen, die in Disney World Schlange stehen müssen.

Ein großartiges Beispiel für eine vielschichtige Metaunterhaltung – die wiederholte, bewusste Anreicherung ansonsten sich dahinschleppender Filme aus uralten Zeiten – ist das *Mystery Science Theater 3000*, eine 1988 entstandene Fernsehserie. In der Sendung werden gewissermaßen als Hintergrund jahrzehntealte B-Movies gezeigt, während drei Figuren, die am unteren Rand des Films silhouettenartig platziert sind, am laufenden Band komische Bemerkungen und dumme Witze dazu machen. Nach unserem heutigen Empfinden lassen diese schlechten, alten Filme zuviel zeitlichen Spielraum, der gefüllt werden muss. Die ironischen Stimmen scheuen nicht davor zurück, auf die Langsamkeit der Handlung aufmerksam zu machen:

> »Ich wette, wenn diese Typen *Citizen Kane* gedreht hätten, dann gäbe es jetzt bestimmt eine zwanzigminütige Schlittenfahrt.«
> »Laß uns fünfzehn Minuten Pause machen. Aber lasst die Kamera dabei weiter laufen.«
> »Bleiben Sie bitte auf Ihren Plätzen, bis der Film zu völligem Stillstand gelangt ist.«
> »Kann denn nicht einfach mal was passieren?«

Mit ihren Witzeleien analysieren sie jedoch auch auf intelligente Weise alte und neue Filmtechniken. Sowohl die Zuschauer als auch die Filmemacher haben inzwischen gelernt, wieviel Überflüssiges in narrativen Passagen weggelassen werden kann. »Als der Film noch ein relativ junges Medium war, war den Filmemachern nicht bewußt, dass sie die Zeit raffen konnten«, sagt Michael J. Nelson, der erste Autor der Sendung. »Man verwendete viel zu viel Füllstoff.« Wir müssen nicht mehr sehen, wie ein Mann aus dem Auto steigt, die Autotür zuschlägt und die Treppe hinauf geht, anklopft und eintritt. Die Kamera kann vom Auto direkt ins Wohnzimmer springen, ohne den Zuschauer abzuhängen.

Nelson und seine Kollegen erwecken also mit ihren komödiantischen Einsprengseln diese etwas schwerfälligen Filme zu neuem Leben – doch als Zuschauer verzweifelt er manchmal selbst. »Das Tempo von Werbung und Fernsehen hat mich fast in den Wahnsinn getrieben, also sehe ich viel weniger fern«, sagt er. »Nicht dass ich ein Luddit wäre, aber ich ziehe mich ein wenig zurück. Niveau ist mir wichtiger als Masse.«

Filmemacher haben beinahe von Anfang an mit Geschwindigkeit experimentiert. Die ersten Filme waren nichts anderes als eine lange Aufnahme in Echtzeit – lange bevor es *irgendetwas anderes* als Echtzeit überhaupt gab. Schon in den zwanziger Jahren allerdings war Sergei Eisenstein einer der Pioniere der schnelleren Schnitttechniken, die uns selbst heute noch radikal erscheinen. »Ohne eine Moviola zu verwenden«, sagt Walter Murch, der den *Englischen Patienten* bearbeitet hat –

digital natürlich, auf einem nichtlinearen Avid System. »Eisenstein hat das blind gemacht, etwa wie ein Schneider auf seinem Tisch bestimmte Stoffstücke zusammensetzt.« Heute stünde Eisenstein eine Voll-Bild-Schneidetechnik zur Verfügung, mit der man 24 oder 30 Teilbilder pro Sekunde zurückspulen, 230 Schnitte rückgängig machen und wiederherstellen, die Filmmeter in eine Datenbank eingeben, Überblendungen einstellen, bestimmte Ausschnitte in den verschiedensten Größen und Formen vornehmen, das ganze Bild auf den Kopf stellen, vergrößern und verkleinern, Schichten abtragen und auflegen kann. Und dann gibt es noch die Farb- und Bewegungseffekte (langsam, schnell, Standbild, rückwärts). Cutter können einzelne Teilbilder wegfallen lassen, um einen leicht beschleunigten Staccatoeffekt hervorzurufen oder einfach ein neues Segment genau nach den erforderlichen 58 Sekunden hineinzunehmen. Diese ganze Technologie hat in Hollywood ebenso wie in den Nachrichtensendern zu halsbrecherischen Produktionsplänen geführt. Cutter und Regisseure sind unterschiedlicher Meinung darüber, ob es auch ihre Kunst beeinflusst hat, aber jeder Vergleich von älteren Filmen (auch noch jenen der siebziger Jahre) mit neueren zeigt einen deutlichen Unterschied in Bezug auf die Länge der Aufnahmen und die Geschwindigkeit, mit der sich schnelle Actionszenen abspielen. 1968 schien Stanley Kubricks 2001: *Odyssee im Weltraum* ein ziemlich gewagtes Projekt. Dreißig Jahre später konnte das an den nachfolgenden Weltraum-Epen geschulte Publikum die endlosen, trägen Aufnahmen von Monden und Raumstationen kaum noch ertragen, die sich auf der Leinwand, untermalt von klassischer Musik, dahinschleppen. Dieselbe quälende Schwerfälligkeit beobachtet Mitchell Stephens in den herkömmlichen Dokumentarfilmen für das Fernsehen, die er seinen Journalistikstudenten an der New York University zeigt. »Die schnelle Schnitttechnik ist weder als Spleen noch als Getue zu verstehen«, erklärt er, »sondern macht Bilder jeder Art um einiges interessanter und informativer.« Filme, Werbefilme und Musikvideos, die eine frühere Generation als unverständlich bis nervtötend empfunden hätte, können heute Vergnügen bereiten oder einen herausfordern mit einer, wie Stephens sagt, »entlarvenden Geschwindigkeit, die die klassischen Erzählformen in Frage stellt, die Charaktere bloß stellt und scheinbar unlogisch, ohne Virtuosität und Anmut, von surrealer Schnelligkeit erscheint.« Wenn ein Teil des aufwühlenden Effekts nur im Bauch zu spüren ist – damit der Zuschauer aus seinem Dämmerschlaf gerissen und seine Aufmerksamkeit geweckt werden soll –, beinhaltet das nicht notwendigerweise den Verlust von Seriosität oder Bedeutung.

Der Englische Patient war ein besonders langatmiger Film, und dennoch brauchte er ein Publikum, das auf die Tempo- und Zeittricks vorbereitet war, die vor ein paar Jahren noch nicht möglich waren. Der Film macht vierzig verschiedene Übergänge in Vergangenheit und Zukunft, wobei er den Erinnerungen verschiedener Personen folgt. Er bedient sich einer ganzen Reihe von Tricks, die den Zuschauer in seinen Bann ziehen: visuelle Auflösungen und Übergänge im Ton, etwa wenn das Geräusch eines Schlüssels, der beim Himmel- und Hölle-Spiel aufs Pflaster geworfen wird, als Rhythmus im arabischen Tanz der darauffolgenden Szene wiederaufgenommen wird. »Die Tatsache, dass wir mit dieser verwickelten Zeitenlandschaft durchgekommen sind, ist erstaunlich«, sagt Murch. »Nach und nach fanden wir noch schnellere und noch bessere Möglichkeiten, all dies auszudrücken.« Wir haben gelernt, Geschwindigkeit zu verstehen. Möglicherweise hassen wir sie, wenn sie als Ersatz für Spannung dienen soll. (Hitchcock wusste, dass Spannung etwas Langsames ist. Spannend ist nicht die brillant schnell geschnittene Duschszene in *Psycho*, sondern vielmehr Cary Grant, der ein weiß leuchtendes Glas Milch, das möglicherweise vergiftet ist, die Stufen hinauf trägt, die anscheinend kein Ende nehmen.)

Wir schätzen Geschwindigkeit als ein Werkzeug, mit dessen Hilfe wir eine Geschichte erzählen können, oder einfach als grelle Herausforderung für unsere Sinne. Wir haben Schnelligkeit schon immer bewundert, beispielsweise in der unmittelbaren Form der Aufführung eines virtuosen Konzerts – Jascha Heifetz, der nach einem Konzert noch eine rasante Zugabe hinlegt, immer kurz davor, eine Saite zu zerreißen oder einen Sechzehntel-Triller zu verhauen. Nun gut, Allegros ohne Adagios werden auch irgendwann langweilig. Langsamere Musik hat ihre subtileren Virtuositäten, die Schwerelosigkeit eines Fahrradfahrers, der noch das Gleichgewicht hält, während er langsam zum Stehen kommt. Gustav Mahler soll einem jungen Dirigenten geraten haben: Wenn Sie glauben, dass Sie Ihr Publikum langweilen, drosseln Sie das Tempo! Falls es eine Obergrenze für Geschwindigkeit in der Unterhaltung gibt, sind wir im Begriff, sie zu erreichen, ähnlich den olympischen Sprintern, die sich der menschenmöglichen Grenze im Hundertmeterlauf nähern. In gewisser Hinsicht sind wir schon über das Limit hinaus. Nicht mehr lange, und die Anwälte werden sich der erheblichen Textmenge im Fernsehen bewusst – einschließlich der Copyrightvermerke und dem Kleingedruckten in der Werbung –, die zu rasch an einem vorbeisaust, als dass irgendjemand sie lesen könnte. Die unbesiegbaren Einzelkämpfer der Actionfilme haben eindeutig die Gesetze der Natur hinter sich gelassen, wie das Publikum unschwer bemerken kann.

Doch das Publikum selbst hat sich auch verändert. Wir sind andere Wesen, vom psychologischen Standpunkt aus gesehen, als noch vor einer Generation. »Wenn man sich einen Werbespot aus den Fünfzigern ansieht, der eine Minute dauert«, sagt Barry Levinson, »ist das eine Ewigkeit. Er scheint so lang wie eine ganze Show.« Ungeduld, die schon während eines Zeitraums von nur einer Minute ausbricht, scheint pathologisch zu sein. Wieviel können wir überhaupt hineinpacken? Zurück zu VH 1, gerade noch rechtzeitig, um die heutige Vormittagssendung »60 Sekunden Plattenkritik« zu erwischen. Ja, das sind sechzig Sekunden. Innerhalb einer Minute werden mehrere Rezensenten verschiedene neue Platten besprechen, während hinter ihren Köpfen immer neue Grafiken auftauchen. Auf dem Bildschirm ist außerdem, für den Fall, dass Sie es immer noch nicht begriffen haben, eine verschwommene Uhr zu sehen, die die ganze Minute im *Hundertstelsekundentakt* runtertickt. Es scheint, als hätten wir – die Konsumenten der Massenunterhaltung – ein bißchen unsere Fähigkeit eingebüßt, auf der Veranda zu sitzen und uns unsren Tagträumen hinzugeben, während die Wolken vorüberziehen. In dem Film *Lone Star* von 1996 verweigert sich die alte Dame auf der Veranda einer stereotypen Einordnung – sie hat ein elektronisches Computerspiel in der Hand, mit dem sie sich die Zeit vertreibt. Wir wissen, dass es bei diesen Spielen beinahe ausnahmslos auf geistige Geschwindigkeit der einen oder anderen Art ankommt. Während unsere Aufmerksamkeit nach mehr Anregung verlangt, haben wir die Fähigkeit gewonnen, schnelle und unzusammenhängende Eindrücke zu verarbeiten. Es scheint, als seien wir scharfsinniger geworden – aber haben wir nicht, quasi als Ausgleich dafür, unsere Fähigkeit, uns richtig zu konzentrieren, eingebüßt? Niemand kann das mit Sicherheit sagen.

»Wir leiden heutzutage schon ein bisschen unter dem Syndrom mangelnder Aufmerksamkeit, ob man das nun diagnostizieren kann oder nicht«, sagt Rick Wagonheim von R/Greenberg Associates, einen der führenden Hersteller digitaler Effekte. »Sind wir klüger? Wahrscheinlich nicht. Sind wir jetzt in der Lage, mehr Informationen in kürzerer Zeit aufzunehmen? Wahrscheinlich schon.« Ob es Ihnen gefällt oder nicht, Werbespots, in denen zwanzig, dreißig oder noch mehr Einstellungen in genauso vielen Sekunden zusammengeschnitten werden, stecken voller neuer Techniken. Vielleicht, weil Werbespots einen eindeutigen Zweck verfolgen, vielleicht auch, weil sie über beinahe unerschöpfliche Budgets verfügen, kann man in ihnen den aufregendsten neuen Tricks begegnen, angefangen bei kurzen Geschichtchen bis hin zur Manipulation unserer Gefühle in schneller Folge. Kein Wunder also, dass so viele Filmregisseure und Cutter aus der Werbebranche oder dem Musikvideogeschäft kommen. Zum Beispiel Michael Bay, der bei *The Rock – Fels der Entscheidung* Regie führte, und Hank Corwin, der für den Schnitt von *Natural Born Killers* und anderen Filmen von Oliver Stone verantwortlich war. Kritiker, die seinen experimentellen Stil zu anstrengend finden, fegt Corwin gnadenlos beiseite:

Die sind einfach nur doof. Die sollten sich lieber daran gewöhnen, denn so ist die Welt halt. Man hat mich leider als den Typen mit dem MTV-Stil gebrandmarkt, und das ist schon irgendwie ein Schimpfwort. Da draußen gibt's ne Menge Scheiß, das darf man nicht vergessen. Aber wir stehen kurz vor dem neuen Millennium, und die Dinge sind immer in Bewegung, voller Energie und verändern sich dauernd.

Das ist fast schon Gehirnchemie. Wir sind jetzt viel raffinierter. Wir sind wie Kampfpiloten, die einmal auf ihr Armaturenbrett blicken und die Daten aller Instrumente gleichzeitig absorbieren…Multitasking …in Echtzeit. »Wir können uns ruhig mal loben«, meint Stephens.

Wir haben gelernt, schnell zu begreifen. Wir können mit hundert Sachen in der Stunde Verkehrsschilder lesen, die Spur wechseln und anderen Fahrzeugen ausweichen, während wir ein Lied im Radio hören und unser Wochenende planen.…Die Dinge kommen so schnell auf uns zu, wie es sich unsere Vorfahren niemals hätten träumen lassen, aber wir können sie bewältigen.

»Unser Auge ist schneller geworden«, sagt Michael Elliot von der Firma Mad River Post, der bahnbrechende Werbungen für Compaq, MCI, Reebok, Epson und andere produziert hat – Werbespots, deren Erkennungsmerkmal ihr schnelles Tempo und ihre ausgereifte Technik ist. Wenn man den schnellen Montagen zuschaut, den wie aus der Pistole kommenden Schüssen aus verschiedenen Perspektiven, kann man nicht anders, als das Pathos der mitreißenden Musik wahrzunehmen, die das anspricht, was die Werbefritzen als das tiefe Bedürfnis des Publikums ansehen. Man hört die Stimmen von Männern und Frauen zuhause und am Arbeitsplatz, die über ihr hektisches Leben reden, ihr Bedürfnis danach, Zeit zu sparen, ihr Verlangen nach Schnelligkeit, ihre Angst vor Überlastung. Da kommt es schon gar nicht mehr auf das Produkt an: der schnelle Computer oder der schnelle Telefondienst oder die schnellen Turnschuhe. Die Wörter und Bilder flitzen vorüber, weil Sie, die Zuschauer, sich an das verschwommene Bild gewöhnt haben. Ein getrageneres und bedächtigeres Tempo würde Sie frustrieren. Ohne Ironie dringt die Botschaft durch: Sie haben zu wenig Zeit und Sie arbeiten zu viel, also kaufen Sie dies – schnell.

Minuten unter Hochdruck

Oh, das Summen der Bienen in den Zigarettenbäumen. Die großartige Landstreicherballade »Big Rock Candy Mountain« enthält ein paar Schlüsselpassagen, die meistens aus den für Kinder bestimmten Tonaufnahmen herausgeschnitten werden. Zum Beispiel: »Ich möchte dort bleiben, wo du schläfst den ganzen Tag / Wo sie den Kerl erhängten, der die Arbeit erfand.« Gelinde gesagt, haben wir gemischte Gefühle, was Arbeit und Freizeit betrifft. In Artikel 23 der Allgemeinen Menschenrechtserklärung heißt es, dass jeder das Recht auf Arbeit habe. Artikel 24 besagt dann, dass jeder das Recht auf Freizeit und Ruhe habe. »Wer für seinen Lebensunterhalt arbeiten muss«, behauptet Sebastian de Grazia, »wird auf dem Weg zur Weisheit blockiert und erleidet, was die Muße angeht, das Schicksal eines Sklaven.« Unsere größten Seher hatten ein anderes Leben für uns erhofft. Utopia sollte kein Ort sein, an dem die Menschen arbeiteten. Jedenfalls war Arbeit das, was die *Anderen* machen sollten. »Der Gedanke, dass die Unbemittelten eigentlich auch Freizeit und Muße haben sollen, hat die Reichen stets empört«, bemerkte Bertrand Russel 1932 bissig. »Zu Beginn des 19. Jahrhunderts war ein fünfzehnstündiger Arbeitstag für den Mann das Normale; Kinder arbeiteten zuweilen ebenso lange und sehr häufig zwölf Stunden täglich. Als vorwitzige Wichtigtuer darauf hinwiesen, dass das doch eigentlich eine recht lange Arbeitszeit sei, wurde ihnen erklärt, die Arbeit hindere die Erwachsenen daran, sich zu betrinken, und die Kinder, Unfug zu treiben.« Er freute sich auf eine Zukunft, in der ein Arbeitstag vier Stunden haben würde.

Stattdessen arbeiten Filmemacher, Fernsehproduzenten, Journalisten, Bauunternehmer und Menschen in vielen anderen Berufszweigen schneller. Ihre Arbeit kommt nicht auf einem sichtbaren Fließband daher, dafür rasen die unsichtbaren Fließbänder aber mit immer höherer Geschwindigkeit. Sie werden von Fax und E-Mail angetrieben – den zeitsparenden Kommunikationsformen. Ohne den Zeitverlust durch das Schneckentempo des herkömmlichen Postwegs kommen die Projekte dieser Menschen reibungslos und schnell voran. Zusätzlich treiben die Erwartungen der ungeduldigen, vernetzten Verbraucher das Tempo der Arbeit an. Sie wünschen doch auch ein gewisses Maß an Pünktlichkeit, wenn es um Nachrichten oder Filme oder die Bearbeitung Ihres Rechtsstreits geht, oder? Manche Jobs füllen die Sekunden und Minuten jeder Stunde mit der zunehmenden Dichte von Halbleiterelementen auf Silziumscheiben. Fluglotsen, Telefonverkäufer in Brokerhäusern, Arbeiter in einer computergesteuerten Fabrik – ja, alle Arbeitskräfte, deren Leistung von einem Computer kontrolliert wird – haben strenge und unflexible Arbeitszeten, ganz anders als jemand, der an der Universität oder in einer Anwaltskanzlei angestellt ist. Man kann ein Kilo Blei nicht mit einem Kilo Federn vergleichen. Jobs, die mit dem Telefon zu tun haben, füllen die Stunden häufig mit besonderer Unbarmherzigkeit.

»Es war, als ob ich am Strand stünde und die Flut daran hindern wollte hereinzukommen«, sagte John Bennano, Manager eines Telefonunternehmens, über seine kurzzeitige Erfahrung als Mitarbeiter des telefonischen Auskunftsdienstes. Er steht mit einer Gruppe von Experten zusammen, die alle ungeduldig auf einen langsamen Lift warten, tief im Innern des Gebäudes der Firma in Midtown New York. Sie sind auf dem Weg zur Haupthalle, in der das Telefonisten-Team – zu Stoßzeiten zweiundsiebzig Männer und Frauen – in grauen Kabinen sitzt und die Anrufe unter der Nummer 411 für ganz Manhattan und Teile von Brooklyn und der Bronx beantwortet. Das ist ein Vorgang, der das Zeitsparen an seine modernen Grenzen treibt. Im Stadtgebiet von New York muß die Auskunft täglich 5,5 Millionen Anrufe bewältigen; nimmt man diese Zahl als Multiplikator für jede noch so kleine Einsparung bei den wenigen Sekunden, die ein Anruf dauert, so werden Jahre menschlichen Lebens in die kosmische Freizeit zurückgeschickt.

Dieser Ort ist ein Laboratorium, in dem eine Intensivierung der modernen Arbeitserfahrung und weitreichende Erfolge der Technik in Sachen Zeitersparnis erreicht werden. Die Telefonisten, die mehr Akzente zu enträtseln gelernt haben als alle Dolmetscher der UNO zusammen, die das Standardalphabet herunterbeten können (B wie Berta, N wie Nordpol...), die mit Kopfhörern ausgerüstet sind und deren Hände über speziellen Tastaturen in Habachtstellung auf den nächsten Anrufer warten – diese Telefonisten machen sich jeden Tag von neuem daran, die Durchschnittszeit der Abteilung zu unterbieten: Die Besten unter ihnen benötigen durchschnittlich sechzehn Sekunden pro Anruf, so dass sie in einem Zeitraum von einer Stunde und fünfundvierzig Minuten 394 Anrufe bewältigen, ehe sie fünfzehn Minuten Kaffeepause oder eine halbe Stunde Mittagspause machen, um danach ihren Kopfhörer wieder aufzusetzen.

Für die Telefonistin sind einundzwanzig Sekunden nicht dasselbe wie einundzwanzig Sekunden für den Anrufer. Dabei handelt es sich nicht länger um eine Echtzeit-Erfahrung, wobei eine Person einen Telefonisten anruft und sie sich miteinander unterhalten. Die Technologie hat die Verbindung zwischen Anrufer und Telefonisten durchtrennt – oder verdreht, wie auch immer, indem die Stimmen digitalisiert und zeitlich verschoben werden. Ihr Anruf bei der Auskunft und die Art, wie dieser dort registriert und bearbeitet wird, sind Dinge, die aus zwei verschiedenen Welten stammen. In den achtziger Jahren fing es damit an, dass die Telefonisten Ihnen die gewünschte Nummer nicht mehr persönlich ansagten, sondern dies von Computern übernommen wurde. Genauer gesagt, der Telefonist drückt eine Taste mit der Aufschrift »automatische Ansage« und weit entfernt, in einer menschenleeren, sauberen, klimatisierten Schaltzentrale gibt ein elektronischer Kreislauf in einem Steuerwerk von der Größe eines Kühlschranks Impulse, die Ihr Telefonhörer in gesprochene Ziffern umwandelt. Das spart fast fünf Sekunden ein. Aber nicht *Ihnen*.

Während Sie sich die Nummer anhören, hat die Telefonistin schon längst eine neue Anfrage in Bearbeitung. Auf ähnliche Weise wird aus einer anderen Datei beispielsweise die Stimme von James Earl Jones reproduziert, der in unheimlichen elektronischen Impulsen den Satz »Willkommen bei Bell Atlantic« millionenmal täglich wiederholt, worauf sofort eine weitere Ansage folgt, etwa die Frage: »Telefonische Auskunft. Was kann ich für Sie tun?«

Früher einmal hieß das »Wie kann ich Ihnen helfen, *bitte?*«, aber jede Millisekunde zählt. Die ungeduldigen Anrufer unterbrachen das *bitte* sowieso schon mit ihrer Anfrage, wie Baseballfans, die mit ihrem Applaus nach der Nationalhymne schon bei »land of the free« einsetzen, statt wie ehedem das »home of the brave« abzuwarten. An manchen Orten fragt die elektronische Stimme: »Welche Stadt?«, allerdings nicht in New York; die New Yorker wissen, um welche Stadt es geht.

Nun sind Sie an der Reihe zu sprechen. Sie sagen: »KFZ-Zulassung« oder »Domino's, ähm, Sie wissen schon, Pizza« (den Telefonisten ist klar, dass die Welt von Pizza und chinesischen Fast Food-Gerichten lebt; manche Tastaturen haben eine speziell dafür eingerichtete *Pizza*-Taste). Während Sie Ihren Satz beenden, werden Ihre Worte in den Kopfhörer des nächst verfügbaren Telefonisten geschickt – der, während Sie schon gesprochen haben, noch mit einem vorangegangenen Kunden beschäftigt war.

Was der Telefonist hört und was Sie soeben gesagt haben, ist nicht genau dasselbe. Um noch mehr Zeit zu sparen, schickt der Computer Ihre Stimme zuerst durch ein Programm, das alle Pausen oder Unterbrechungen eliminiert, die Ihre ansonsten so klare Bestellung beeinträchtigt haben könnten. Diese Software versucht die »Ähs« zu eliminieren. Außerdem kann sie Ihre Stimme um eine Nuance schneller machen. Die Telekommunikationsfirmen sind auf der Suche nach der idealen Geschwindigkeit für diese Kompression: schnell genug, um Zeit zu sparen, aber ohne die Telefonisten zu überfordern. In einem weiteren sauberen Raum überwacht und kontrolliert ein Programm diese Variablen: die Zeitersparnis durch Komprimierung der Sprache und die Zeitersparnis durch Eliminierung der Redepausen. Sie überprüft außerdem Ihre Leistung – ja, wenn Sie die Auskunft anrufen, können Sie Ihr Anliegen gut oder mangelhaft vorbringen. Die Maschine registriert Fehler, wenn Sie zu früh sprechen (das heißt, Ihnen fehlte die Geduld, auf die Frage »Was kann ich für Sie tun?« zu warten) oder zu lange sprechen (das »äh, guten Morgen, könnten Sie mir bitte, ja, äh, die Nummer von, äh, ...«) oder gar nicht sprechen (Sie waren völlig erstarrt oder sind weggegangen) oder wenn Sie andere Ungenauigkeiten verbrochen haben.

Falls Sie aber Ihre Aufgabe ohne Beanstandung gemeistert haben – und Ihr Anliegen nicht zu früh und nicht zu langsam, grammtikalisch richtig auf unzweideutige Weise vorbrachten, so dass nur eine einzige Eintragung auf dem Bildschirm erscheint – dann müssen Sie erst gar nicht mit dem Telefonisten verbunden werden. Die Rolle des Menschen wird bei der telefonischen Auskunft ganz und gar in den Hintergrund gedrängt. Wie kompliziert dieser Ablauf auch geworden ist, die Erfinder und Ingenieure sind sich darüber im Klaren, dass sie erst ein Stück des Wegs beschritten haben. Eines Tages, so hoffen sie, wird die Stimmerkennung noch mehr Zeit sparen. Es werden schon Versuche mit der automatisierten Erkennung einiger häufig vorkommender Anfragen wie »Domino's Pizza« unternommen, aber die Computer tun sich immer noch schwer damit, in der schludrigen polyglotten Aussprache der Anrufer »ja« und »nein« zu unterscheiden. Wenn die Rechnung zur Zeitersparnis aufgehen soll, werden die neuen Technologien der Telekommunikationsfirma einige Sekunden einsparen, während Sie sie durchschnittlich ein paar *kosten*. So wird die Zeit ein bisschen verlagert – von Ihrem Konto auf das der Firma. Zumindest im Durchschnitt.

Das ist zum Teil Ihre eigene Schuld. Auch sie könnten Zeit sparen, wenn Sie endlich lernten, mit der #-Taste die automatisierten Eingabeaufforderungen zu überspringen. Aber davon haben Sie nie gehört, oder? Sie haben sich nicht die Zeit genommen, die Broschüre mit der Bedienungsanleitung, die mit Ihrer Telefonrechnung zusammen kam, durchzulesen.

Es ist gar nicht so lange her, da saßen die Telefonisten noch da und blätterten in riesigen Telefonbüchern. Darauf folgten – für kurze Zeit – Mikrofiches. Dann Computerbildschirme. Das menschliche Gehirn, das bis heute nicht ersetzt werden kann, sollte zumindest auf seine Höchstgeschwindigkeit gedrillt werden. Ein elektronischer Signalton im Kopfhörer kündigt einen neuen Anrufer an. »Staples an der 57. Straße bitte?« Die Eintragung finden, den Cursor dorthin bewegen, auf »Automatische Wiedergabe« drücken, damit der Computer weitermacht. Signalton. »Brooklyn Union Gas?« Suchen, Automatische Wiedergabe, Signalton. »Maimonides Hospital?« Ein geschulter Telefonist tippt MA MED ein, bewegt den Cursor und drückt auf »Wiedergabe«, lange bevor das ungeschulte Hirn überhaupt begonnen hat, *Mai-mo-ni-des* in seine Phoneme zu zergliedern. Es scheint brutal – Sisyphos im Zeitraffer mit jeweils einundzwanzig Sekunden Zeit, den Stein wieder den Berg hinaufzurollen – und für einige Menschen ist das einfach zu viel. Doch manche Telefonisten behaupten, der Stress würde sie noch mehr antreiben. Sie bemühen sich, ihre persönliche Durchschnittszeit zu unterbieten, ihr Gehirn findet genau die richtigen Abkürzungen, ihre Finger fliegen über die Tastatur, losgelöst von jeglicher bewussten Kontrolle. Und sie betreiben Multitasking: in einem Teil ihres Gehirns lassen sie ihren Gedanken freien Lauf, selbst wenn der nächste Ton schon wieder zu hören ist.

Dasselbe gilt für einen besonderen Job, der unter dem allergrößten Druck und in Höchstgeschwindigkeit getan werden muss – nämlich diejenigen, bei dem Menschen vor ihrem Steuerpult sitzen und Gegenstände unter Kontrolle haben müssen, die sich mit acht Kilometern in der Minute bewegen und bei denen der Begriff ›Bruchlandung‹ nicht einfach nur eine Redensart ist. Der nervenaufreibendste Kontrollraum der industriellen Welt könnte das New York Tracon in Westbury auf Long Island sein, das für siebentausend Flüge täglich verantwortlich ist. »Die Lotsen fluchen und zucken mit ihren Muskeln wie eine Versammlung von Tourette-Patienten, während sie dagegen ankämpfen, nicht völlig abzuschlaffen«, konnte der Autor Darcy Frey 1996 beobachten. Burnout, Sodbrennen und Zusammenbrüche sind an der Tagesordnung. Doch was das System am Laufen hält, ist die Tatsache, dass viele Lotsen den Stress einfach mögen. Sie sehen ihren Job als eine Art mentalen Hochleistungssport – anmutig und virtuos, intelligent und stark. Sie beherrschen eine besondere Sprache der Dringlichkeit. So wie die Sprachen in den Polargegenden verschiedene Begriffe für die Vielfalt des Schnees haben, meistern die Fluglotsen die in den Flugverkehrsrichtlinien aufgeführten Nuancen von *sofort, unverzüglich, schnellstens* und *dringend* (beispielsweise Probleme, die »baldiger, aber nicht unverzüglicher Erledigung« bedürfen). Man kann Dringlichkeit auch auf unorthodoxere Weise ausdrücken: »Hey, du bist in New York, Alter«, informiert ein Lotse namens Tom Zaccheo ein Flugzeug. »Du musst in einer Minute herunterkommen, aber im New Yorker, nicht in diesem Hinterwäldler-Tempo.« Das ist ein Vertreter von Typ A. Wenn er trinkt, trinkt er Kaffee. Wenn er isst, dann Fast Food vom Chinesen. Einer von Freys unfreiwilligen Muskelzuckern war Jim Hunter, der Überstunden-Champion der Fluglotsen aus dem Jahre 1995. »Ich bin mir sicher, dass es Langzeitwirkungen hat, wenn man so viel Verkehr abwickeln muss«, sagt Hunter, während sein Bein zuckt. »In Wahrheit gibt es mir einen Kick, ja.« Wie ein Placebo. Je mehr, desto besser.

Zeit und Bewegung

Sie regeln nicht den Luftverkehr. Eigentlich backen Sie nur ein paar Kartoffeln. Aber warum sollte dies nicht auch schnell über die Bühne gehen?

Mary und Russel Wright wiesen in ihrem *Ratgeber für ein leichteres Leben* von 1950 auf beliebte Fehler hin, mit denen die moderne Hausfrau bei der Zubereitung von Baked Potatoes häufig Zeit verschwendet. Sie lagert die Kartoffeln zu weit vom Spülbecken entfernt. Sie dreht zuerst den Wasserhahn auf und greift dann nach der Kartoffelbürste, anstatt beide Hände zu benutzen und die beiden Schritte gleichzeitig zu tun. Sie bringt die Kartoffeln einzeln zum Ofen, obwohl sie nur einen Weg machen müsste, wenn sie sie alle zusammen in einem Topf dorthin tragen würde. Fehler wie diese ereignen sich zu Hauf. Zusammen mit einer snobistischen und unpraktischen Einrichtung sowie aufwendig zubereiteten Mahlzeiten, die vom englischen Landadel übernommen wurden, lassen sie die Arbeitswoche einer durchschnittlichen amerikanischen Hausfrau auf atemberaubende sechzig bis achtzig Stunden ansteigen. »Schaffen Sie unnötige Schritte und Bewegungen ab«, rieten die Wrights. »Kombinieren Sie, gestalten Sie neu, machen Sie sich's leichter. Das gewünschte Resultat ist Hausarbeit, ohne jede überflüssige, unnötig anstrengende oder zeitraubende Tätigkeit.« Führen Sie also eine strenge Analyse ihrer Zeit und Bewegungen durch, etwa in der Art, wie sie ein Unternehmensberater in einer Firma vornehmen würde, die effizienter werden soll. Keine Tätigkeit ist zu gering, um nicht das Interesse der »Wissenschaft« zu verdienen. Die Hausfrau muss sich selbst als Produktionsleiterin des Haushalts betrachten. Beispiel:

SCHRITT	BEWEGUNG (DETAILS)	ZEIT
Geht zum Küchenherd	Schaltet die Herdplatte an	Beginn: 15:44
Geht zum Schrank	Öffnet die Tür (rechte Hand)	
	Nimmt Topf heraus (linke Hand)	
	Nimmt ihn in die rechte Hand	
Geht zum Spülbecken,	(etc.)	Ende: 15:53
Ofen, usw.)		
SUMME DER SCHRITTE	SUMME DER BEWEGUNGEN	SUMME DER ZEIT: 9 MIN

Nicht gerade Zen in der Kunst des Kartoffelbackens. Da Sie sich der Risiken der Heztkrankheit bewusst sind, könnten Sie davor zurückschrecken, bei jeder trivialen Tätigkeit eine Stoppuhr einzusetzen. Außerdem, was soll das Ganze? Schließlich gibt es die Mikrowelle, Kartoffeln aus dem Glas und schnelle Snacks.

Doch die Wrights kannten die Gefahr. Ihr dezidiertes Ziel war es, Zeit zu sparen, ohne sich dabei hetzen zu müssen. Dass wir uns inzwischen fragen, ob wir das eine ohne das andere haben können, ist deshalb so, weil wir die Philosophie von Zeit und Bewegung schon längst internalisiert haben. Wir machen nicht nur Multitasking, wir stellen auch noch die kompliziertesten Rechnungen auf, um jede Sekunde unseres minutiös geplanten Alltags mit einer genau definierten Tätigkeit zu füllen. Bewusst oder unbewusst planen wir die nächsten fünf Minuten in der Küche mit einer Rigorosität, wie sie früher nur bei über mehrere Jahre gehenden Bauprojekten an den Tag gelegt wurde. Nehmen wir Robert Otani aus Los Angeles:

Ich mache mir einen genauen Plan, was täglich ansteht: Die PPP Konfiguration starten, aber vorher das E-Mail-Programm in Gang bringen, damit es schon geladen wird, während das Modem noch piept, wimmert und schließlich wieder schweigt, dann die Software-Updates runterladen und die Newsgroups checken.

Läuft alles erst einmal, kann ich mir meinen Kaffee machen: Kaffeepulver in die Maschine geben, Maschine anschalten, und während der Kaffe durchläuft, das Brot in den Toaster werfen und die Eier kochen.

Wenn ich den Kaffe nicht schon aufsetze, bevor ich die Eier koche, habe ich Zeit verschwendet!

Wenn Otani sich sein Frühstück macht, hat er sein Schicksal in der Hand. Ebenso die Hausfrauen, die das Wrightsche Manifest für ein *einfacheres* Leben kennen. Doch die Arbeiter, die der Gegenstand der ersten Studien über Zeit und Bewegung waren, nahmen die Prinzipien der wissenschaftlich fundierten Tagesplanung eher widerstrebend an.

Die Stoppuhr des Wirtschaftlichkeitsexperten – und es handelte sich hier um eine besondere Stoppuhr, deren Ziffernblatt in Zehntel- und Hundertstelsekunden unterteilt war, um die Berechnungen zu vereinfachen – fand Ende des 19. Jahrhunderts dank Frederick W. Taylor Eingang in die Fabriken. (Manchmal versteckte er die Stoppuhr in einem hohlen Buch.) Womöglich handelte es sich hierbei um einen unvermeidlichen Wandel in der Entwicklung der industriellen Produktion: Da die Weltwirtschaft zunehmend auf dem Wettbewerb der herstellenden Unternehmen fußte, musste irgendwann einmal jemand bemerken, dass die Schlüsselvariable in der Produktionsmathematik stets die Zeit war. Tonnen von Roheisen, die pro Tag auf Eisenbahnwaggons verladen werden. Holzklafter, die pro Stunde gefräst werden. Meterweise Stahl, der auf der Drehbank pro Minute geschnitten wird. Die Differentialrechnung der Produktivität, *irgendetwas* pro Zeiteinheit, ist so sehr Teil der postindustriellen Welt geworden, dass wir uns kaum noch vorstellen können, wie eine Arbeitsplatzpsychologie diese außer Acht lassen kann. Doch war dies bestimmt noch keine Selbstverständlichkeit, bevor »Speedy Taylor« seine Ideen und Methoden in den Fabriken im Nordosten der USA in den siebziger Jahren des 19. Jahrhunderts durchsetzte, als die Industrielle Revolution an ihrem Höhepunkt angelangt war. Taylorismus als streng wissenschaftliche Methode versucht den höchsten Grad an Effizienz zu ermitteln, die beim Produktionsablauf erreicht werden kann. Hier arbeiten Mensch und Maschine gemeinsam an einer Sache, mit höchster Geschwindigkeit und der Präzision eines Uhrwerks.

Taylors Drang zur Effizienzmaximierung brachte unter anderem die Erfindung des »Schnelldrehstahls« hervor – ein großer Fortschritt, wenn es darum ging, geschmiedetes Metall auf einer Werkbank zu schneiden –, der dann auch in den letzten Wochen des Jahres 1899 patentiert wurde. Welch großen Beitrag der Schnelldrehstahl zum schnellen Zuwachs des allgemeinen Wohlstands in der modernen Welt leistete, ist ein Jahrhundert später nur schwer nachvollziehbar. Die Bethlehem Steel Company demonstrierte das Verfahren auf der Pariser Weltausstellung. Für diejenigen, die das rotglühende Werkzeug sahen, das Stahlzylinder einfach durchschnitt, war es ein Moment, in dem, wie Taylors Biograph Robert Kanigel schreibt, »sich die Welt vor ihren Augen beschleunigte«. In seinen Bemühungen um immer größere Effizienz machte Taylor kaum einen Unterschied zwischen den Werkbänken und den Männern, die daran arbeiteten. Seine Abhandlung darüber, der er der Einfachheit halber den Titel »Die Betriebsleitung« gegeben hatte und die 1903, also vier Jahre später erschien, hat Führungskräfte von damals und heute stark beeinflusst. Sie bedeutete den Abschied von einer Welt ohne Eile. »Wenn sich die Menschen mit der neuen Ordnung der Dinge abgefunden haben«, schrieb er, »wird es einige Zeit dauern, bis sie ihre alten, trägen Gewohnheiten zugunsten einer erhöhten Geschwindigkeit aufgeben und lernen, dass jede Minute zählt, dass sie ihre Arbeit nicht unterbrechen dürfen und vorausdenken müssen.«

Ja, wir haben gelernt, dass jede Minute zählt, und das ist auch besser für uns, denn schon Taylor warnte davor, dass jene, die zu dumm oder zu störrisch seien, schneller zu machen, auf der Strecke bleiben müssten.

Bis zum Erreichen der höchsten Geschwindigkeitsstufe, die dann gleichmäßig beibehalten wird, sollte die allgemeine Tatsache Anerkennung finden, dass die Menschen mehrere Einzelphasen durchlaufen müssen, um dabei von einem effizienten Tempo zum nächsthöheren zu kommen .

Legionen von Unternehmensberatern, Managementexperten und Betriebspsychologen sind ihm gefolgt und haben Schildchen mit der

Aufschrift: »Arbeite schlauer, nicht härter!« auf ihren Schreibtischen aufgestellt, Gantt-Diagramme* und Lehrkurven oder standardisierte Arbeitsverfahren erstellt haben. Taylors Schüler Frank und Gillian Gilbreth machten sich die frühe Filmtechnik zunutzte, indem sie *Chronozyklographen* herstellten, »die die Dauer und den Ablauf einer individuellen Bewegung in einer Tausendstelminute aufzeichnen konnten«, wie Frank berichtete. Lillian stellte einen neuen Typus von Führungskraft vor: den schnellen Chef. Die schnellen Chefs von heute verwenden Software, um Zeit- und Bewegungs-Studien mit standardisierten Abläufen zusammenzustellen: Bringe Werkzeug, setze Werkzeug an, richte den Blick besonders auf das und das. Uns muss das nicht gefallen. Wir können Taylor die endgültige Schuld an der Erfindung eines Menschen in die Schuhe schieben, den der Psychologe Robert Levine den »Ticktackmann« nennt (Sie wissen noch, wer Sie sind?). Levine führt ein recht unwahrscheinliches Zeitdiagramm der Amerikanischen Systeme- und Verfahrensgesellschaft an, eine von vielen Institutionen, die ihre Entstehung Taylor verdanken:

Aktenschublade, öffnen und schließen, keine Auswahl = 0,04 Sek.;
Schreibtisch, mittlere Schublade öffnen = 0,026 Sek.;
mittlere Schublade schließen = 0,027 Sek.;
Aufstehen vom Stuhl = 0,033 Sek.;
Setzen auf Stuhl = 0,033 Sek.;
Drehstuhl drehen = 0,009 Sek. …

Wenn Sie eine Stoppuhr besitzen, möchten Sie sie auch benutzen. Und wenn Sie wissen, dass Sie sich auf ihrem Schreibtischstuhl drehen können und dazu gerade mal neun Millisekunden benötigen, wer wollte sich da noch darüber aufregen, dass Sie sich überlegen, wie dieser Rekord zu brechen ist?

In den taylorisierten Fabriken der Welt herrscht an den Fließbändern unerbittliche Effizienz, die die Handwerker ihrer Autonomie beraubt und sich über einen natürlichen und flexiblen Arbeitsrhythmus hinwegsetzt. Andererseits haben all die zahllosen kleinen Beschleunigungen, die von den Wirtschaftlichkeitsexperten bis ins kleinste Detail der mo-

* Gantt war Schüler und Freund von Taylor (Anm. d. Ü.)

dernen Arbeitswelt hineingetragen wurden, zu Wohlstand und Glück geführt, so werden es zumindest die Ökonomen behaupten. »Jeden Tag ernten wir die materiellen Gewinne, die durch den vom ihm verfolgten Kult der Arbeitseffizienz entstanden sind«, schreibt Kanigel, »und doch ärgern wir uns, schreien wir auf und protestieren – gegen die psychischen Ketten, die uns nun fesseln.«

Das Paradox der Effizienz

An einem Mittwoch im März verlässt bei Tagesanbruch eine McDonnell Douglas Super 80, Nr. 241 der American Airlines-Flotte, Phoenix, um nach Dallas-Fort Worth zu fliegen. Eine kurze Landung, und der Flug geht weiter nach Richmond, Virginia, dann nach Norfolk und schließlich zurück nach Dallas. Vor einer Generation, als Männer mit grünen Sonnenblenden die Flugpläne auf riesigen Papierbögen entwarfen, wäre das schon eine ungewöhnliche Städtekombination für ein einzelnes Flugzeug an einem einzigen Tag gewesen. Eine Maschine, die von Phoenix nach Dallas flog, wäre höchstwahrscheinlich direkt nach Phoenix zurückgekehrt. Aber Nr. 241, die jetzt zum zweiten Mal an diesem Tag an ihrem Dreh- und Angelpunkt Dallas ist, macht eine noch bizarrere Reise, wenn sie jetzt in den hohen Norden nach Calgary in Canada fliegt.

Am nächsten Tag kehrt der Jet nach Dallas zurück, bevor er nach Los Angeles und dann wieder gen Osten nach Austin fliegt.

Am darauffolgenden Tag:

Austin – San Jose – Dallas – Nashville – Chicago – Denver.
Denver – Chicago – Boston – Chicago – Tampa.
Tampa – Chicago – Dallas – Chicago – Dallas – Des Moines.

Von Des Moines zurück nach Dallas, aber jetzt zeigen die Computer, vor deren Großbildschirmen sich die Mitarbeiter des amerikanischen Flugkontrollcenters leise unterhalten und Fast Food an ihren Pulten essen, die Nr. 241 bereits wieder in der Luft an, wie sie in Richtung San Diego, dem fünfzehnten Ziel dieser Woche, fliegt.

Die Streifzüge der Maschine sind nicht zufällig: sie werden von Computern genau berechnet. Das Ziel ist ein Flugplan mit maximaler Effizienz – die beste oder nahezu beste Lösung aus einer Billiarde möglicher Alternativen. Scott Nason, Leiter der Öffentlichkeitsarbeit der Fluglinie, der den bereits hinter ihm und den noch vor ihm liegenden Weg dieses einen Flugzeugs auf seinem Steuerpult nachzeichnet, ist der Meinung, dass das Muster der verschiedenen Ziele und der kurzen Zwischenstopps derart verwickelt und kompliziert geworden ist, dass es sich nie genauso wiederholen wird. Aber diese Komplexität hat einen Grund: Minuten einsparen. Denn schließlich summieren sich die Minuten. Nason sagt: »Einige der Minuten sind sehr kostbar.«

Er läuft durch die abgedunkelte Kommandozentrale, wo sich im Fall einer Krise – Streik, Krieg, Orkan – alle Flugabteilungsleiter Amerikas an Computerstationen zusammenfinden werden. Durch das Fenster, das sich über eine ganze Seite des Raums erstreckt, blickt er auf den viel größeren Kontrollraum darunter. »Wir können die Türen verschließen und von hier aus den Flugbetrieb aufrecht erhalten«, sagt er. Der große Raum ist in erster Linie auch ein Computerraum – all die menschlichen Wesen mit ihren Fast Food-Gerichten neben der Tastatur sind größtenteils da, um die riesige Rechenmaschine zu überprüfen, die nicht nur die Datenströme aller Ticketschalter und jedes Flugsteigs zusammenführt, sondern auch jene Daten, die direkt aus elektronischen Sensoren in den Türen, Rädern und Bremsen jedes einzelnen Düsenverkehrsflugzeugs übermittelt werden. Die Vernetzung der modernen Welt findet hier ihren Ausdruck: Die Verbindungen, die frei zwischen den Geräten, den Rechenmaschinen, den Bildschirmen und den menschlichen Aufsehern hin- und herfließen, kontrollieren so gut wie alles, das unter Kontrolle gehalten werden muss.

Die Sensoren können vier grundsätzliche Botschaften übermitteln – ›Raus‹ (aus dem Flugsteig), ›Weg‹ (von der Startbahn), ›Auf‹, ›In‹ – und soeben grübelt Frank Botti, der das Zentrum von einem Steuerpult mit vielen Bildschirmen aus leitet, über die »Ananas DC-10« nach, die schon vor drei Stunden ›Raus‹ und ›Weg‹, auf dem Weg nach Honolulu hätte sein müssen. Er kann mit ziemlich großer Sicherheit davon ausgehen, dass verhinderte Urlauber in Chicago, wo das Flugzeug mit einem Maschinenschaden festsitzt, vor Wut kochen. Botti schaut nur selten auf seine Karten, die Fluglisten, weitere Karten oder den riesigen, auf dem Boden stehenden Display der Nationalen Wetterstation. In einer weniger effizienten Ära des simplen Hin- und Rückflugs hätte es bestimmt irgendwo Flugzeuge gegeben, die untätig auf ihren Einsatz warten und die Fluglinie Geld kosten, aber jetzt bereit wären, für die defekte DC-10 einzuspringen. Heute, da die Flugplanung nahezu perfekt ist, stehen zu jedem gegebenen Zeitpunkt weniger als zwei Prozent der amerikanischen Luftflotte irgendwo untätig herum. Die nächste Ersatzmaschine liegt zufälligerweise in Dallas. Eine Besatzung muss sie nach Chicago fliegen. Die Minuten verstreichen, und damit entsteht ein weiteres Problem, das den Einsatz der Besatzung betrifft. Die Piloten warten schon eine ganze Weile auf ihren Flug. Da diese Zeit als Dienstzeit zählt, würde der lange Flug nach Hawaii sie über das gesetzliche Limit bringen. Es muss eine andere Besatzung gefunden werden, die für sie einspringen kann. Die Urlauber werden also noch länger warten müssen, und sie werden nie genau erfahren, warum.

Das ist das Paradox der Effizienz. Die Luftfahrt ist wie jede andere komplexe moderne Institution auch ein Netz aus Zeit und Bewegung. Neben der Erstellung von Flugplänen für die Maschinen müssen parallel dazu noch komplizierte Dienstpläne für die Piloten und Flugbegleiter ausgearbeitet werden, die sich nach einer Mischung aus menschlichen und administrativen Erfordernissen richten. Daneben berechnen die Computer ohne Unterlass Gewicht und Lage des Flugzeugs. Außerdem versuchen sie eine möglichst kurze Reisezeit zu erreichen, indem in einer Echtzeitdatenbank die Höhenwinde in vier Dimensionen erfasst werden: Länge, Breite, Höhe und Zeit. Sie versuchen, diese Wetterfakten, die chaotisch, aber unabänderlich sind, mit anderen Gegebenheiten zu verbinden: verbotenen militärischen Luftraum zu meiden, sicherzustellen, dass immer ein geeigneter Landeplatz in Reichweite ist, den das Flugzeug auch noch mit nur einem Triebwerk anfliegen kann, und Verhandlungen mit der Staatlichen Luftraumverteilung über vielbeflogene Routen.

Auch ohne zusätzliche Komplikationen reicht die Variation der Höhenwinde bereits aus, um die Genauigkeit der wichtigsten Statistik für jeden Flug im Flugplan zu zerstören: seine »Blockzeit«, das heißt die Zeit, die ein Flugzeug von Flugsteig zu Flugsteig benötigt, wobei Flugzeit und Bodenzeit zusammengezählt werden. Die Blockzeiten werden bis auf die Minute genau angegeben und den verantwortlichen Dienstbehörden mitgeteilt und öffentlich gemacht. Größtenteils sind sie jedoch fiktiv. Jeden Tag aufs Neue verursachen die jeweils herrschenden Winde eine weit größere Abweichung der Flugzeiten, als jede Verbesserung der Maschinenleistung oder der Tragflächen ausgleichen könnte. Eine starke Luftströmung während eines Transkontinentalflugs kann die Flugzeit bis zu einer Stunde verlängern bzw. verkürzen. Selbst bei der perfektesten Fluggesellschaft – einer Fluggesellschaft, deren Flugzeugtreppen immer bereit stehen, deren Gepäckausgabe sich nie verzögert und deren Flüge nie überbucht sind – wären genaue Blockzeiten ein Ding der Unmöglichkeit. Die Existenz von Flugzeiten ist als statistischer Streubereich aus schwer fassbaren Wahrscheinlichkeiten zusammengesetzt. Möglicherweise dauert ein Flug in 25 Prozent der Fälle 90 Minuten, in weiteren 25 Prozent 100 Minuten und 110 in noch einmal 25 Prozent ... welche Blockzeit soll die Flugtafel anzeigen? Strategische Überlegungen des Unternehmens verdunkeln diese Frage zusätzlich. In den siebziger und achtziger Jahren verdrehten die Fluggesellschaften absichtlich die Zahlen und gaben unrealistisch kurze Blockzeiten an. In den neunziger Jahren, als sich im Zuge des Zusammenschlusses von Gesellschaften der Wettbewerb auf den meisten Strecken verringerte, begannen die Fluggesellschaften unrealistisch *lange* Blockzeiten anzugeben – um ihre Leistungen in Sachen Pünktlichkeit zu verbessern. Sie konnten die Zahlen sogar so weit manipulieren, dass sie weniger Pünktlichkeit in einem weniger interessanten Bereich gegen noch mehr Pünktlichkeit auf einem hart umkämpften Markt eintauschten. Falls die Pünktlichkeit einer Fluggesellschaft in der Finanzabrechnung eines Quartals zu wünschen übrig ließ, konnte es hilfreich sein, die Blockzeiten im darauffolgenden ein wenig ansteigen zu lassen.

Lässt man diese Verzerrungen einmal außer Acht, ist es den Fluggesellschaften tatsächlich gelungen, schneller zu werden. Wie auch überall sonst in der eher zarten Textur des modernen Lebens, resultiert die Zeitersparnis mehr aus dem immer dichteren und effizienteren Zusammmenspiel als aus der bloßen Erhöhung der Geschwindigkeit. Die

Flugzeuge selber werden eigentlich nicht mehr schneller. Der erste kommerzielle Flieger mit Überschallgeschwindigkeit, die Concorde mit ihrer hängenden »Nadelnase« und den eleganten deltaförmigen Flügeln, beförderte erstmals 1976 Passagiere und verringerte die Flugzeit von Paris nach New York um die Hälfte. British Airways schätzte, dass bis 1980 vierhundert Concordes verkauft werden würden – was für ein Segen für das Geschäft! »Wir sind nun bald an dem Punkt angelangt, an dem wir die Reisezeiten nochmals um die Hälfte verkürzen können«, prophezeite *Nation's Business* 1969. »Der Weg dorthin führt über den Transport mit Überschallgeschwindigkeit – SST (supersonic transport) – und den größten Nutzen wird der amerikanische Geschäftsmann daraus ziehen. Viele protestierten gegen SST mit der Begründung, es sei zu kostspielig, zu laut, zu kompliziert, zu begrenzt in seiner Anwendung. Auch die Gebrüder Wright hatten sich solche Vorwürfe anhören müssen, aber dann machten sie sich erst recht an die Arbeit…« Seher lieferten die nächste Zukunftsvision – Raketenflugzeuge, deren Bahnen sich über die Halbkugel zwischen Tokyo und New York wölben.

Doch der vorzeitige Jubel über den Überschallgeschwindigkeitsverkehr markierte eher sein Ende als seinen Anfang. Ein Vierteljahrhundert später gibt es nur noch dreizehn vor sich hin alternde Concordes, die bei Air France und British Airways im Einsatz sind. Ein amerikanisches Überschallverkehrsprojekt ist schon vor langer Zeit abgesagt worden und in Vergessenheit geraten, und die russische Tupolev wurde aus dem Verkehr gezogen. Schuld daran ist zum Teil der Fluch der Umweltbelastungen, die diese Flugzeuge produzieren – da sie die Ozonschicht zerstören und noch zwanzig Kilometer unterhalb ihrer Flugbahn einen unglaublichen Lärm verursachen. Die Flugrouten sind auf den Transatlantikverkehr beschränkt. Die Concorde kann aufgrund der Lärmbelastung nicht Überland fliegen, und sie kann den Pazifik nicht überqueren, weil sie nicht genügend Treibstoff laden kann. Am vernichtendsten wirkte sich vermutlich eine Variante des Gesetzes der abnehmenden Erträge aus. Auch beim Zeitsparen gibt es abnehmende Erträge. Die Minuten, die dadurch eingespart werden, dass man auf 20 000 Metern Höhe durch dünne Luft donnert, gehen spätestens bei der Mautstelle am Queens Midtown-Tunnel verloren, im ewigen Stau auf dem Van Wyck Expressway, oder während man vor dem Zoll Schlange steht.

(Und jede Quelle der Verzögerung kann für eine neue Geschäftsidee herhalten: Die Zukunftsvision bei IBM ist ein »Fastgate«-System, das verspricht, die Wartezeiten an der Passkontrolle auf fünfzehn Sekunden zu reduzieren. Für diese Einsparung muß man lediglich seine »biometrischen Daten« abgeben – Fingerabdrücke und Stimmproben – und weitere persönliche Daten, die in einer modernen Sicherheitsdatenbank Eingang finden.) Die Marketingexperten der Fluggesellschaften hatten tatsächlich angenommen, dass Topmanager aus New York nach London zum Mittagessen fliegen würden und am Nachmittag wieder zurück. An einem einzigen Tag viermal mit dem Taxi von und zum Flughafen? Inzwischen sind Telefonate selbst über den Atlantik, E-Mail und virtuelle Konferenzen eine billigere und einfachere Alternative, ausreichend Kommunikation in Echtzeit zu gewähren. Das Reisen mit Überschallgeschwindigkeit fand nie genügend zeitgierige Anhänger, um jemals profitabel zu werden. Die Behörden für Luft- und Raumfahrt und die Flugzeughersteller behielten ihre neuesten Hightech-Entwürfe auf ihren Reißbrettern und halten weiter nach neuen Materialien und Technologien Ausschau, auch wenn die innovativen kommerziellen Flugzeuge in den neunziger Jahren in der Mehrzahl langsame und oft propellerbetriebene Passagierflieger waren, die das Flugnetz der angeflogenen Städte auf kleinere, entlegene Zielorte erweiterten.

Also reinigen Sie die Flugzeuge schneller, lassen Sie die Passagiere in der Reihenfolge der Sitzplätze an Bord, verwenden Sie elektronische Ticketlesemaschinen, um die Konflikte bei der Sitzplatzverteilung, welche überbuchte Flüge in letzter Minute heimzusuchen pflegen, in den Griff zu bekommen. Machen Sie der Staatlichen Luftraumbehörde Druck, damit sie eine neue Regelung für Flugrouten findet, die es den Maschinen erlaubt, diese zu ändern, um die Wind- und Verkehrsverhältnisse bestmöglichst auszunutzen, statt archaischen Routen folgen zu müssen, die die Bodenstationen mit altmodischen Funkbaken bestimmen. Diese wirkungsvollen Zeitersparnisse spielen heute eine Rolle. Zeitbesessene Passagiere versuchen auf ihre Art und Weise die eigene Effizienz zu steigern, indem sie zu Meistern des Details werden. Reisende mit besonders viel Erfahrung tauschen Informationen aus über die Frage, an welchen Terminals mit welchen Fluggesellschaften man zuerst vorbeikommt, wenn man den Kennedy International

Airport von der Autobahn aus erreicht, welches der nächste Hubschrauberlandeplatz ist, zu welcher Tageszeit und an welchen Wochentagen man am ehesten mit Stau rechnen muss und welche Flugsteige sich in der Nähe der Gepäckausgabe befinden. Sie lernen die euphemistische Bedeutung von Begriffen wie »direkt« im Zusammenhang mit Flugplänen: Direktflüge sind diejenigen mit zusätzlichen Stopps. Sie lernen, sich im vorderen Teil des Flugzeugs einen Platz zu suchen, damit sie zu den ersten gehören, die wieder aussteigen können. Insbesondere möchten sie ihre Horrorvorstellung, die verträumten Passagiere, umgehen, die vor ihnen und einer ganzen Flugzeugladung anderer zeitbewusster Menschen mit unendlich langsamen Bewegungen den Gang blockieren. Natürlich geben sie, wenn es sich irgendwie vermeiden lässt, ihr Gepäck nicht auf. Ihre Zeitbesessenheit könnte auch beinhalten, dass sie immer in letzter Minute zum Flugsteig rasen. Manche können jedoch das Risiko und den Druck kaum aushalten, andere wiederum die unnötige Warterei in einer Lounge nicht ertragen, selbst wenn sie Laptop und Handy dabei haben. Scott Nelson zieht es jedenfalls vor, frühzeitig am Flughafen zu sein. Er erinnert sich noch gut daran, wie er einmal am Flughafen anrief, um sich danach zu erkundigen, ob der Flug um 13.06 Uhr pünktlich sei, und dabei erfuhr: »Es gibt keinen Flug um 13.06 Uhr, Flug Nr. 106 geht um 12.54 Uhr.« Punkt 12.54 Uhr kam er schweißgebadet am Flugsteig an.

Je enger und effizienter das Zusammenspiel wird, desto anfälliger wird es paradoxerweise für kleine Irritationen. Unterbrechungen und Verspätungen können sich über Tage hinweg lawinenartig durch das System ziehen. Beispielsweise hat Flug Nr. 1128 der American Airlines aus Mexico jetzt vierundvierzig Minuten Verspätung. Die Computer entscheiden gerade, ob sie einige der Anschlußflüge warten lassen sollen, die die Passagiere gleich noch erwischen wollen. Auch hierbei handelt es sich um eine Entscheidung in Echtzeit, die auf kompliziertesten Berechnungen beruht. Der Computer weiß genau, wie viele Menschen für wieviele Flüge wieviele Minuten Verspätung haben. Er wird die Entfernungen zwischen den Flugsteigen in seine Berechnungen miteinbeziehen ebenso wie die Zeit bis zum nächsten Flug mit demselben Ziel sowie die Wahrscheinlichkeit weiterer Verspätungen am anderen Ende. Und er wird sogar die Passagiere berücksichtigen – wenn sie für ein

Ticket erster Klasse bezahlt haben, ist die Wahrscheinlichkeit größer, dass sie noch an Bord ihres Anschlussfluges kommen. Die Piloten beschuldigen Nason und seine Computer des öfteren, zu sehr auf die Zeit fixiert zu sein. »Sie fragen mich dann: Wie soll man denn einem Passagier die Tür vor der Nase zuknallen, der nur drei Flugsteige weiter war und jetzt angerannt kommt?«, sagt Nason. »Nun ja, aber an Bord dieses Flugzeugs befinden sich 130 Passagiere, die ständig auf die Uhr schauen.«

Wie der Zufall es will, hat Flug Nr. 1128 aufgrund der Vorschriften zum Schutze der Besatzung Mexico mit Verspätung verlassen. In der vorhergehenden Nacht hatten die einzig verfügbaren Flugbegleiter schon siebenundzwanzig Minuten Verspätung, als sie Miami verließen, und kamen schließlich mit einundvierzig Minuten Verspätung in Mexico an. Diese Verspätung beschnitt ihre gesetzlich vorgeschriebene nächtliche Ruhezeit. Also konnte heute morgen der Flug nach Dallas erst genau zu der Minute abgehen, in der ihre gesetzliche Ruhepause vorüber war.

Von Netzwerken wie diesem sagt man, sie seien eng gekoppelt. Ein komplexes Bauprojekt, dessen zeitlicher Ablauf mit höchster Effizienz gestaltet wurde, damit auch wirklich jedes bisschen überflüssige Zeit vermieden wurde, kann eng gekoppelt und damit ein Kandidat für ernsthafte Störungen sein. Im Extremfall hängt alles von allem ab. Eine Erschütterung an irgendeinem Punkt ist an allen anderen Stellen spürbar. Das Schienbein ist mit der Kniescheibe verbunden: hier liegt eine enge Kopplung im Sinne der Ingenieurswissenschaften vor, insbesondere weil die Bänder nicht zu stark gedehnt werden dürfen. Charles Perrow dehnte in seiner Untersuchung *Normale Unfälle* diesen Begriff auf komplexe Systeme aus, wobei die Kopplung dann nicht mehr Teile des menschlichen Körpers miteinander verbindet, sondern abstrakte Dienstleistungen, Menschen und Organisationen. »Lose gekoppelte Systeme können – was nicht unbedingt ein Vorteil sein muss – Erschütterungen, Störungen oder erzwungene Änderungen verarbeiten, ohne sich zu destabilisieren«, schreibt er. »Eng gekoppelte Systeme reagieren auf solche Störungen viel direkter, aber ihre Reaktionen können auch verhängnisvolle Folgen haben.« In eng gekoppelten Systemen ist das Bindegewebe oftmals die Zeit selbst. Vorgang B am Förderband einer Arzneimittelfabrik oder an einem Fließband, an dem Flugzeugteile montiert werden, oder gar bei einer Ausbildung an einer Handelsschule muss so eng an Vorgang A anschließen, wie die Räder eines Zahnrades ineinandergreifen. Wartezeit oder Reservezeit kann Flexibilität oder Sicherheit bedeuten. Ein enges System drängt diese hinaus.

»Manchmal überschlagen sich die Reaktionen doch«, gibt Nason zu. »Wir bemühen uns darum, dies zu verhindern, indem wir genügend Puffer einbauen. Wir halten Ausschau nach diesen lawinenartigen Effekten und versuchen sie so gering wie möglich zu halten. Aber manches lässt sich einfach nicht verhindern.« Das Nabe-und-Speichen-System ist der Inbegriff von Effizienz. Flüge, die in dichter Folge von einem zentralen Punkt, der Nabe, Dallas abgehen und dort auch wieder ankommen, schaffen einen besonders empfindlichen zentralen Ort; denn ein Sturm an der Nabe wird Verspätungen im ganzen Land zur Folge haben. Dieses System entwickelte sich, weil es Verbindungen zwischen den verschiedenen Flügen ermöglicht. Alle Flüge, die vom Zentrum ausgehen und zu ihm zurückkehren, unterstützen sich auf ihren Reisen gegenseitig. Bevor es Naben und Computer gab, wären keine Linienflüge von Shreveport nach Portland oder von Shreveport nach Tokyo möglich gewesen, doch jetzt können auch entfernte, kleine Städte wie Shreveport in das Netzwerk integriert werden, weil sich die Wechselwirkungen addieren und eine solche Flugverbindung ökonomisch durchführbar machen: Die Flüge von Shreveport nach Dallas verstärken die Flüge von Dallas nach Portland und von Dallas nach Tokyo. Dieselben Wechselwirkungen können jedoch auch mit rasender Geschwindigkeit Unheil im ganzen System anrichten.

Alles scheint außer Kontrolle geraten zu sein – oder, besser gesagt, schon unter Kontrolle, aber außerhalb des menschlichen Einflussbereichs. Wir sind mit unzähligen kleinen Versuchen darum bemüht, die ineffizienten Ecken und Kanten unseres eigenen Lebens zu glätten. Wir haben gelernt, Effizienz als ein wichtiges Ziel im Auge zu behalten, was zur Folge hat, dass wir uns selbst immer mehr antreiben. »Verlorenes Land kann zurückgewonnen werden – verlorene Zeit niemals«, sagte Franklin D. Roosevelt 1942, als er die Nation zu schnellerer und effizienterer Waffenproduktion anhielt, und fügte hinzu: »Langsamkeit war noch nie eine amerikanische Tugend.« Im selben Jahr warb eine Annonce in einer Zeitschrift damit, dass »der Luftverkehr nicht nur Tage und Wochen wertvoller Zeit spart, sondern auch noch Zeit einbringt« und dazu beiträgt, »die knappste aller Ressourcen überhaupt – die ZEIT selbst«, hervorzubringen. Das war natürlich der Triumph des Taylorismus. Und dennoch beschäftigten Mitte des Jahrhunderts klassische mittelständische Unternehmen immer auch ein paar Arbeiter in harmlosen Non-Jobs weiter, die eigentlich nichts mehr leisteten, drückten bei einem gelegentlichen nachmittäglichen Kartenspiel im Büro ein Auge zu und nahmen die zwei oder drei üblichen Martinis zum Mittagessen hin. Das gibt es heute nicht mehr. All diese Ineffizienzen repräsentieren unnütze Reserven, die höchstens in Krisenzeiten beansprucht werden könnten, genauso wie eine überzählige DC-3, die in O'Hare müßig auf ihren Einsatz wartet. Heute eliminieren wir stille Reserven dieser Art. Durch den schnellen Zugriff auf Informationen fällt uns das leichter. Daten in der Größe von sechs Terabytes schwimmen im amerikanischen Computersystem zu jedem gegebenen Zeitpunkt umher. Wird ein Flug abgesagt, liegt die Entscheidung bei einer Workstation irgendwo in einer Ecke, die mittlerweile Stornierer genannt wird und früher als Nabenkiller bekannt war. Es gibt kein Zurück mehr. Die Probleme sind zu kompliziert geworden. Alles müsste wieder langsamer werden.

365 Tipps, Zeit zu sparen

Der starke Wunsch, sowohl effizienter zu arbeiten als auch mehr Zeit zu sparen, spielt ebenfalls in unserem Alltagsleben eine große Rolle. Der Tag hat einfach zu wenig Stunden. Lassen Sie sich also ein paar Ratschläge geben.

Wenn Sie viel mit dem Auto unterwegs sind, nutzen Sie die Zeit, indem Sie Kassetten hören. Unabhängig davon, ob Sie gerade zur Arbeit oder in den Urlaub fahren. »Sie können eine Fremdsprache erlernen, Ihre Verkaufstechniken verbessern, mit dem Rauchen aufhören und noch viel mehr.« Das ist Tipp Nr. 143 aus dem Buch *365 Tipps, Zeit zu sparen*, das bezeichnenderweise 1992 bei Time Warner Quick Reads erschienen ist. Bald darauf kam das Nachfolgebuch desselben Autors auf den Markt, *365 Tipps mit Kindern Zeit zu sparen*. Scheinbar mangelt es nicht an Möglichkeiten, Zeit zu sparen.

Aber Sie, eine skrupulöse Leserin, machen sich Gedanken darüber, ob es tatsächlich eine so gute Idee ist, im Auto Multitasking zu betreiben. Sie blättern im selben Buch zurück zu Tipp Nr. 52:

Können Sie sich noch an den Ratschlag erinnern: »Um Zeit zu sparen, tun Sie zwei oder drei Dinge gleichzeitig«? Die Zeiten ändern sich. Aus so viel frenetischer Aktivität – sowie den daraus resultierenden Burnouts und schlampigen Ergebnissen – haben wir gelernt: »Machen Sie immer nur eine Sache auf einmal, und die richtig.«

Sie hören zu, und wenn Sie den Widerspruch zwischen diesen beiden Tipps auflösen können, werden Sie sich frenetisch um die Qualität Ihrer Leistungen bemühen. Nichtsdestotrotz werden Sie sich auch an Tipp Nr. 60 halten wollen: »Ab und zu sollten Sie einfach mal ruhig dasitzen und nichts tun. Lassen Sie sich von Ihren Gedanken leiten.« Dabei erkennen Sie durchaus den Widerspruch zu Tipp Nr. 1: »Ihre Zeit ist eine kostbare Ressource. Verschwenden Sie sie nicht.« Also fassen wir zusammen: Packen Sie in Ihre Autofahrten zusätzliche geistige Aktivitäten, aber tun Sie nicht mehr als eine Sache auf einmal, und vergessen Sie dabei nicht, herumzusitzen und nichts zu tun. Freie Zeit kann auch gut sein – aber wenn Sie es genau bedenken, sollten Sie gar keine freie Zeit haben, weil Sie sich an Tipp Nr. 70 halten: »Sollten Sie auf bisher nicht-verplante Zeit stoßen, suchen Sie sich eine Tätigkeit aus Ihrer To do-Liste aus und nehmen Sie sich vor, diese zu erledigen.« Oder aber Sie haben sich an Tipp Nr. 25 erinnert: Halten Sie Ihre Liste mit den zu erledigenden Dingen kurz! Und der Vollständigkeit halber noch Tipp Nr. 27: Machen Sie sich eine Liste mit den Dingen, die Sie nicht machen wollen.

Listen und Aktenordner sind der Schrot in den Flinten der Zeitmanagement-Gurus. Man rät Ihnen, eine Liste aufzustellen mit den Dingen, die Sie auf eine Reise mitnehmen wollen, einen Ordner anzulegen mit den Belegen für die Steuererklärung und einen für die Kreditkartenbelege, damit Sie sie überprüfen können, wenn Ihr Kontoauszug kommt, Listen, auf denen Sie Ihre Erholungspausen vermerken, Ordner mit Wegbeschreibungen, Listen mit »allem, was Sie *nicht* essen sollten« und »wofür Sie *nichts* ausgegeben sollten«, Listen mit Dingen, mit denen Sie sich selbst eine Freude machen könnten, Listen mit den Kleidergrößen Ihrer Freunde, Listen mit Geschenken, die Sie anderen gemacht haben, Aktenordner mit den Garantiescheinen für Ihre Elektrogeräte, Listen mit Büchern, die sie gerne lesen wollen, Listen mit den Nummern Ihrer Kreditkarten, Rezeptordner, Checklisten für Dinnerparties, Kisten mit Schlüsseln, Listen mit Projekten, die Sie planen, und dann Listen mit den Dingen, die innerhalb dieser Projekte zu tun sind, Aktenordner mit Dokumenten, die Ihre persönliche Geschichte betreffen, Listen Ihrer Schulden, Listen mit Fragen, die Sie Spezialisten stellen wollen, Kalender, Ausgabenlisten, Tagesplaner. In klareren Momenten sind sich diese Zeitmanagementexperten dessen bewusst, dass die ganze Akten- und Ablageaktion einer der größten Zeitschlucker überhaupt ist. Eine Art Gerücht mit faktischem Hintergrund, welches im Geschäft mit Zeitmanagement weit verbreitet ist, besagt, dass 95 Prozent all dessen, was abgelegt wird, in der Ewigkeit der Ordner seine letzte Ruhe gefunden hat und nie wieder hervorgeholt wird. Doch die Ablage wird niemals verschwinden. Ein Buch zum Thema Zeitsparen handelt wortgewaltig die Pflege und Ernährung von Ordnern, Punkt für Punkt, ab: Ordner benutzen, Ordner zusammenstellen, Ordner beschriften, Beschriftung von Ordnern per Hand, Neue Ordner anlegen, Ordner mit variablen Deckeln, Ordner systematisieren, Das Ordnerverzeichnis systematisieren, Das Hängeregister entfernen und Die Schublade mit den Ordnern leeren. Ein anderes Buch schlägt ein System mit roten, blauen, gelben, orangefarbenen und grünen Ordnern vor, wobei in jeden Ordner eine »ständig aktualisierte Inhaltsangabe« in die Innenklappe eingeheftet ist – all dies zusätzlich zu einer Kartei und einer gesonderten Kiste mit der Aufschrift »Verzeichnis«. Ein anderes Buch widmet ein ganzes Kapitel »Zehn Tipps für eine bessere Ordnung auf der Festplatte«. Du sollst Deine Dateien mit einem Namen versehen, damit man sie ordnen und leicht wiederfinden kann. Vergiss aber nebenbei nicht, Deinen Posteingang zu leeren und mindestens sechs Dateien täglich zu löschen, egal welche.

Wieviel Zeit kann man damit verbringen, Zeit zu sparen?

Wenn sich Leute an Sie wenden und Sie bitten, Ihnen einen Teil Ihrer Zeit zu widmen, sagen Sie nicht vielleicht. »Versuchen Sie mit ja oder nein zu antworten, wann immer es Ihnen möglich ist« (Tipp Nr. 306). Aber vielleicht sollten Sie nicht sofort ja oder nein sagen: »Antworten Sie: ›Ich brauche vierundzwanzig Stunden, um darüber nachzudenken‹« (Tipp Nr. 20). Oder aber Sie sagen von vornherein nicht ja: »Man sagt, dass das kleine Wörtchen *nein* das einzig effektive Werkzeug im Zeitmanagement ist« (Tipp Nr. 83). Wenn Sie dann tatsächlich die Kunst beherrschen, nein zu sagen, sollten Sie hoffen, dass Ihre Freunde nicht den Zeitspartipp Nr. 338 beherzigen: »Begegnen Sie jemandem, der sofort nein sagt, versuchen Sie nach Möglichkeit, das Gespräch zu beenden und gehen Sie weg. Eine Person, die von vornherein mit nein antwortet, ist die größte Zeitverschwendung überhaupt!«

Lassen Sie uns das klar kriegen. Zeit sparen bedeutet, ausreichend Schlaf zu bekommen: »Glauben Sie aber ja nicht, dass Sie mit weniger Schlaf mehr geschafft bekommen.« Und Zeit sparen bedeutet auch, »mithilfe eines zuverlässigen Weckers versteckte Zeit« für sich herauszuschinden, spät am Abend oder ganz früh am Morgen.

Wenn Sie wach sind, sollten Sie einige Zeit damit verbringen, in den Tag hineinzuträumen – »Zeit, die Sie mit Tagträumen verbringen, ist sinnvoll verbrachte Zeit.« Aber Sie sollten auf jeden Fall ein Notizbuch bereithalten, um die Ideen zu notieren, die Ihnen dabei einfallen.

Sie sollten sich Zeit nehmen, Gedichte zu lesen und Musik zu hören, insbesondere Adagios – und das, nachdem Sie Ihre CD-Sammlung alphabetisch nach Komponisten sortiert haben, um sie schnell wiederzufinden. Was auch immer Sie tun, zaudern Sie nicht. Sie könnten sogar erwägen, Zeit zu sparen, indem Sie eine halbe Stunde früher als alle anderen ins Büro gehen.

Sind Sie erst einmal dort, sollten Sie Tipp Nr. 209 zufolge nicht so viel telefonieren und 99 Prozent ihrer Anrufe Ihrer Sekretärin überlassen. Doch laut Tipp Nr. 66 sollten Sie nicht nur jeden Anruf selbst annehmen, sondern sich auch noch von Ihrer Sekretärin unterbrechen lassen, wenn sie den nächsten Anrufer an der Strippe hat. Auf diese Weise können Sie Stapel von Notizzetteln mit Nachrichten vermeiden. Eine Sekretärin zu haben, ist überhaupt eine der wirkungsvollsten Zeitersparnisse, aber das wird Ihnen nicht viel nutzen, wenn Sie sich keine Sekretärin leisten können oder selbst Sekretärin sind.

Zeit zu sparen, ist das Thema ungeheuer vieler Ratgeber, die jedes Jahr den Markt überfluten. Sie werben für ihre vielversprechenden Vorschläge mit Titeln wie *Gestalten Sie Ihr Leben stromlinienförmig*, *Nehmen Sie sich Zeit*, *Wie man einen 48-Stundentag haben kann*, *Mehr Stunden in meinem Tag, neu überarbeitet für die Neunziger*, und schamlos: *Mehr Zeit für Sex: Eine Organisationshilfe für vielbeschäftigte Paare*. Diese Art Bücher verkauft sich gut. Zeitspartipps können einem sogar auf der Madison Avenue zur Seite stehen, so etwa der »Zeitspartipp Nr. 4: Nehmen Sie Ihr Kind nicht mit zum Einkaufen (Klicken Sie hier, um Ihre Lebensmittel im Internet beim NetGrocer zu kaufen).« Man vergisst leicht, wie neu die Idee des Zeitsparens in der Geschichte der Menschheit ist. Für persönliches Zeitmanagement gab es vor den achtziger Jahren noch keine eigene Buch-Kategorie. Die wenigen Titel zum Thema Zeitmanagement, die im 19. Jahrhundert vor allem von religiösen Gruppen publiziert wurden, boten den Lesern Rat, wie sie sich auf ehrwürdige Weise ihre Zeit *vertreiben* konnten, nicht etwa, wie sie sparsam damit umgehen könnten. Unsere Kultur hat sich gewandelt. Aus einer Kultur, die ihren Überschuss an freier Zeit zu füllen bemüht war, ist eine Kultur geworden, deren Zeit bewacht, gehütet und beschützt werden muss.

Die Experten und Autoren dieser Bücher scheinen selbst nicht zu wissen, was es bedeutet, *Zeit zu sparen*. Sie können sich nicht entscheiden, ob sie letztlich ein schnelleres oder langsameres Leben empfehlen sollen. In den Titeln und Klappentexten ihrer Werke versprechen sie mehr Zeit, aber sie vermögen sicherlich nicht den 1440-Minutentag zu verlängern. Meinen sie also mit »mehr« erfülltere oder unverplante Zeit? Haben wir Zeit gespart, wenn es uns gelungen ist, sie frei zu halten, oder wenn wir sie mit tausend Aktivitäten vollstopfen, seien sie nützlich oder angenehm? Heißt Zeit sparen, mehr erledigt zu bekommen? Wenn ja, verschwendet oder spart man Zeit, wenn man sich seinen Tagträumen hingibt oder am Strand mit seinem Handy telefoniert? Haben wir Zeit gespart, wenn wir weniger davon für eine Tätigkeit aufwenden, die nicht so befriedigend ist, wie Bügeln, und sie statt dessen für Dinge verwenden, die mehr Zufriedenheit versprechen wie Musikhören? Was ist, wenn wir beides gleichzeitig tun? Wenn Sie die Wahl haben zwischen einer dreißigminütigen Zugfahrt, während derer Sie lesen können, und einer zwanzigminütigen Autofahrt, während derer Sie nicht lesen können, haben Sie dann mit dem Auto 10 Minuten gespart? Kann man sagen, Sie sparen zehn Minuten von Ihrem Reisezeit-Konto, wenn Sie zehn Minuten Ihres Lesezeit-Kontos ausgeben? Und wenn Sie sich doch diese Kassette anhören würden? Sparen Sie Zeit oder verwenden Sie Zeit, die Sie anderswo gespart haben, wenn Sie lernen, »Wie man einen 48-Stundentag haben kann« oder »Wie man aus jeder Stunde 65 Minuten herausholen kann«?

Auf all diese Fragen gibt es keine Antwort. Denn sie beruhen auf einem Konzept, das schon an sich irreführend ist: der Vorstellung, dass man Zeit sparen könne. Die ersten Wörterbücher, die vor kaum einem Jahrhundert ›zeitsparend‹ als Begriff (neu) aufnahmen, definierten es als

›schnell‹ oder ›rasch‹ oder ›praktisch‹. In einer langsamen Welt verkürzte ein zeitsparendes Gerät einem lästige Arbeiten wie Wäsche waschen. Jetzt leben wir in einer schnelleren Welt. Unsere Zeit setzt sich aus verschiedenen Ebenen zusammen. Es könnte sein, dass Zeit *sparen* bedeutet, sie zu bewahren, sie übrig zu haben oder sie von irgendeiner Tätigkeit zu befreien, die sie mit ihren Klauen gepackt und verschlungen hätte. Und doch erinnern Bücher über das Zeitsparen die Menschen dauernd daran, bestimmte Dinge zu tun. Einige Zeitsparempfehlungen wollen angenehmen Zeitvertreib durch weniger angenehmen ersetzen, und das nur, um ein paar Sekunden oder Minuten zu retten. Manche wollen uns eine Tätigkeit ersparen, die wir bislang beinahe unbewusst nebenbei erledigt haben, und ersetzen diese durch eine Aufgabe, die mehr Aufmerksamkeit erfordert. Zeit sparen ist ein kompliziertes Unterfangen. Manche Leute wollen Zeit sparen, aber eigentlich wollen sie einfach *mehr tun*. Um freie Zeit zu haben, muss man erst beschließen, dass man wirklich mal nichts tun will. Wir sollten erst einmal erkennen, dass Zeit zur Verfügung steht – wieviel auch immer – und dass wir entscheiden dürfen, wie wir sie verbringen, verwenden oder ausfüllen.

Die Telefonlotterie

Tipp Nr. 172 lautete übrigens: »Mit der gebührenfreien 0-800-Telefonnummer, die in Ihrem Computerprogramm angegeben ist, können Sie Zeit sparen. Wenn Sie die Lösung zu Ihrem Problem nicht schnell genug in Ihrem Handbuch finden, verschwenden Sie keine Zeit mit sinnlosem Herumprobieren. Rufen Sie lieber die Experten an.«

Klar, versuchen wir es doch. Hallo, ist da Microsoft?

Eine ganze Reihe von Autoren von Softwarehandbüchern haben selbst das Gefühl, dass ihre Arbeit den Zeitverlust bekämpft. Ja, sie verdanken ihren Lebensunterhalt der zunehmenden Frustration mit dem technischen Kundenservice per Telefon. Man harrt Stunden in der Warteschleife aus, verbringt Stunden mit der Beschreibung der Symptome, dem Durchgeben der Speicheradressen, die bei Datei- oder Systemfehlern erscheinen. Diese Stunden zehren sehr an einem, treiben einen zum Wahsinn – sowohl den Anrufer als auch den Fachmann. Normalerweise dauert es dreizehn Stunden, bis ein Problem gelöst ist. Die E-Mail ist blockiert – die E-Mail, die einem die vielen Minuten spart, die man benötigt, bis man einen echten Brief getippt, gefaltet, zugeklebt, mit Briefmarke versehen und abgeschickt hat. Schlägt man nun in einem Handbuch nach, spart man auch keine Zeit: »Wir sind der festen Überzeugung«, schreiben sie, »dass dieses Problem Tag für Tag sowohl im Büro als auch zuhause auftritt und Hunderttausende, wenn nicht Millionen von Menschen betrifft, die die elektronische Post als Kommunikationsmittel benutzen.« Man verbringt Stunden damit, sich beim Kundendienst anzumelden, die Identifikationsnummern des Produktes zu finden, die schlecht geschulten Berater über das Problem zu unterrichten, um sich schließlich doch mit dem probaten Allheilmittel der Computerbranche begnügen zu müssen: die gesamte Software zu entfernen und neu zu installieren. Dieser Lösungsansatz, ob er nun erfolgreich ist oder nicht, nimmt Ihre Zeit in Anspruch, während er den Kundendienstberatern erlaubt weiterzumachen. Es gibt kaum Entschädigungsanspruch. Scott Klippel aus Austin, Texas, verklagte 1996 eine Softwarefirma vor einem kommunalen Gericht auf verlorene Zeit und erhielt, was das Unternehmen eine »Aufwandsentschädigung« nennt; mit den meisten Firmen aber wird es zu keiner Einigung kommen, und sie bemühen sich lieber, Ihre implizite Zustimmung (wobei Unwissenheit keine Entschuldigung ist) zu einem Lizenzabkommen eingeholt zu haben, das Verluste durch verlorene Zeit nicht anerkennt. Manchmal verlieren wir das Gefühl für die Relationen. Kampf, Streit und Jagd machen viele von uns zu einem kleinen Kapitän Ahab. »Wenn es dann darum geht, ›ich gegen die Maschine‹, gestehe ich mir nicht gerne eine Niederlage ein«, sagt Klippel. »Selbst nachdem der Fall erledigt war, versuchte ich immer wieder, das verdammte Ding zu laden.«

»Verschwenden Sie keine Zeit«, bloß nicht. Wenn Sie die Telefonnummer des technischen Kundendienstes wählen, kann es gut sein, dass Sie nicht einmal durchkommen. Das Telefon hat neben einer ganzen Reihe angeblicher Zeitersparnisse auch zu der sonderbarsten und verkanntesten Form der Zeitverschwendung geführt. Allein die Softwareindustrie läßt die Amerikaner schätzungsweise drei Milliarden Minuten pro Jahr in der Warteschleife hängen. Dann gibt es noch die Hersteller von Computerhardware, die Fluggesellschaften, die Strom- und Gaswerke, die Telekommunikationsunternehmen selbst und eine Unmenge staatlicher Behörden und Ämter. Wie in der Hölle von Dante gibt es auch in der Warteschleife mehrere Kreise. Und um überhaupt in die Warteschleife zu gelangen, muss man erst einmal das Besetztzeichen überwinden.

Sie wachen, sagen wir, am letzten Montag im Februar auf. Punkt 7 Uhr, New Yorker Zeit, nimmt ein jährliches Ritual seinen Lauf: In ganz

Amerika rollen sich ein paar tausend Amerikaner aus ihren Betten und wählen zur selben Zeit die Nummer von Woods Hole, Martha's Vineyard und der Nantucket Dampfschifffahrtsgesellschaft, in der Hoffnung, eine Fähre für ihren Sommerurlaub buchen zu können. Nur einige wenige gehören zu den Glücklichen, die kein Besetztzeichen hören. Aber es gibt ja die Wiederholungstaste. Zwei Stunden später, um 6 Uhr Pazifik-Normalzeit, beginnt eine ganze Horde, die sich an Zeitspartipp Nr. 172 hält, Redmond, Washington, anzurufen und setzt sich damit der täglichen Feuerprobe des elaboriertesten Telefonschleifensystems der Welt aus: jenem, das zum technischen Kundendienst von Microsoft führen soll. Sie müssen für diese Dienstleistung bezahlen, es gibt keine gebührenfreie Nummer. Viele der Anrufer werden lange genug dranbleiben, um schließlich einen Fachmann zu erreichen, viele geben aber schon vorher auf. Den ganzen Tag über werden die Bewohner New Yorks und anderer großer Städte, die die Dienste von Ämtern und Behörden in Anspruch nehmen möchten, Nummern mit einem ähnlich schlechten Ruf wählen, angefangen beim Postamt in Brooklyn über das städtische Wohnungsamt bis hin zur Notrufnummer des Sozialamts. Und sie wählen und wählen und wählen.

Man könnte es Telefonlotterie nennen – eine Art elektronischer Zufallsgenerator. Sie hat sich im Zuge der Informationsgesellschaft in unser Leben eingeschlichen. Inzwischen nehmen wir diese Telefonlotterien als selbstverständlich hin. Doch ein Anthropologe vom Arkturus zu Besuch in New York könnte es seltsam finden, wenn die New York Yankees es dem Zufall des Telefonnetzes überlassen, die letzten Karten für das große Endspiel zu vergeben und auf diese Weise Gewinner von Verlierern zu scheiden. Wie kann es sein, dass die millisekundenschnelle Schaltung im Innern einer Telefonweiche für eine ganze Nation über die Verteilung von knappen Ressourcen entscheiden darf?

Das uralte Motto: »Wer zuerst kommt, mahlt zuerst« kollidiert mit der Welt der Hochgeschwindigkeitskommunikation – der riesigen Anzahl gut vernetzter Verbraucher, die ihre Ansprüche alle zugleich geltend machen kann. In diesem Sinn ist das Telefonnetz das technologische Erbe einer Tradition, die mit jenen Metzgern und Bäckern begann, deren Geschäfte so gefragt waren, dass sich die Kunden eine Nummer ziehen mussten, um zu wissen, wer wann an der Reihe ist. Ein Laden steigt eine Stufe höher auf der Leiter, wenn Kunden sich gegenseitig anrempeln und nicht mehr wissen, wer dran ist. Es müssen noch einige andere Stufen erklommen werden, bevor eine ganze Nation sich in der elektronischen Schlange wiederfindet, die von Telefondrähten im Zaum gehalten wird. Irgendwie ist es ja schon sehr demokratisch, wenn jeder Bürger und jede Bürgerin auf gleiche Weise verpflichtet ist, ein Dutzend Anrufe zu tätigen, wenn idealerweise ein Anruf genügen würde. Im Namen der Gerechtigkeit können Telefonlotterien eine Verstopfung der Telefonleitungen im ganzen Land verursachen: so geschehen 1994, als die verzweifelte Nachfrage nach Karten für ein Barbara Streisand-Konzert zu Millionen von beinahe zeitgleichen Anrufen führte. Aber die Telefonfirmen, die die Ferngespräche anbieten, zeigen sich nicht sonderlich beeindruckt. »Natürlich erschüttert es mich als loyaler Vorstand von Bell zutiefst, wenn Menschen unser Netzwerk benutzen, um quasi Roulette zu spielen«, sagte Greg Blonder, damals Direktor der Marktforschungsabteilung in den AT&T Laboratories. »Aber es erschüttert mich nicht mehr als einen, sagen wir, Spielwarenhändler, dessen Laden die Hersteller dazu ausersehen haben, ihn mit Tele-Tubbies vollzustopfen.« Tatsache ist, dass die Telefonfirmen von der Telefonlotterie profitieren, zumindest durch die Anhäufung kleiner Summen: viele Leute, die viele Anrufe tätigen. Zum Glück müssen die Verbraucher nicht zahlen, wenn das Besetztzeichen ertönt. Außerdem ist diese Vorgehensweise verbraucherfreundlicher als eine Nacht im Freien vor der Stadionkasse zu verbringen oder das Schlangestehen auf einem Moskauer Gemüsemarkt. Dennoch, muss es in einer Welt der wirtschaftlichen Effizienz nicht eine bessere Lösung geben?

Die versteckten Kosten sind die Überlastung des Telefonnetzes. Wie Greg Sidak, Anwalt und Ökonom am American Enterprise Institute, bemerkt: »Hier geht es nur um Äußerlichkeiten. Wenn die Yankees wirklich die Absicht hätten, die Entscheidung über die Kartenvergabe als unparteiisch und willkürlich darzustellen, müssten sie sich schon etwas anderes einfallen lassen – Pingpongbälle in einem Goldfischglas oder so etwas. Stattdessen haben sie die Kosten einfach auf das Telefonnetz und alle Menschen, die es benutzen, abgewälzt.« Das Telefonnetz ist groß, aber es ist nicht unendlich. Es kann keine unbegrenzte Zahl von Anrufen bewältigen, deshalb sind die Schaltsysteme mit speziellen

Blockierwahrscheinlichkeiten ausgestattet – also der Wahrscheinlichkeit, wegen Überlastung nicht durchzukommen.

Jedenfalls bekommen Sie keine Reservierungen für die Fähre. Die Dampfschifffahrtsgesellschaft betrachtet die Telefonlotterie als ein neues und besseres System. Früher hat man seinen Platz auf der Fähre per Post reserviert, was zur Folge hatte, dass Tausende von Briefen nach Poststempeln sortiert und binnen einer Woche bearbeitet werden mussten. Die Leiter der Schifffahrtsgesellschaft wussten sehr wohl, dass dies aber eigentlich nie so gemacht wurde. Jetzt haben sie die Sache so arrangiert, dass sie *nicht* wissen, wie viele Anrufe ihre Kunden tätigen. Die Telefonlotterie schützt diese Institutionen vor Zeitverzögerungen. Der Zeitverlust wird statt dessen auf die Kunden abgewälzt. Zu viele Briefe bedeuteten, dass die Angestellten Überstunden machen mussten und Briefe ungeöffnet blieben. Zu viele Anrufe bedeuten lediglich... Besetztzeichen.

Also haben die modernen Telefone wohlweislich eine Taste, die sich in den Kindertagen des Telefons noch niemand vorstellen konnte: die Taste, die dieselbe Nummer wieder und wieder anwählt. Wenn Ihr Finger Ermüdungserscheinungen zeigt, können Sie eine noch fortschrittlichere Technik ausprobieren: hochautomatisierte Wiederwahlroutinen wie den PowerDialer, der die gewünschte Nummer bis zu fünfundzwanzigmal pro Minute anwählen kann. Dies tut er, indem er die Schnelligkeit der Impulswahl an ihre Grenzen treibt. Mit einem Mikrochip rechnet das Gerät aus, wie schnell der lokale Umschalter das Signal der Impulswahl akzeptieren wird. Es kann aber auch passieren, dass das andere Ende mit einer fortschrittlichen Technologie zurückschlägt, Ihren Anruf beantwortet und Sie in die Schleife aufnimmt. Wenn Sie bei Microsoft anrufen, kann es geschehen, dass Sie eine Stunde oder noch länger warten, während dessen Musik oder kurze Berichte zu hören bekommen, die ein sogenanter »Queue Jockey« hin und wieder live von sich gibt, während der Zähler Ihres Providers für Ferngespräche die ganze Zeit läuft und auf diese Weise zu einem zufälligen Nutznießer der Krumen geworden ist, die vom Microsoft-Tisch fallen. Andere PC-Firmen bedienen sich in einem solchen Ausmaß des telefonischen Würgegriffs, dass Kunden Zivilklagen einreichen. Ein Kunde, so der Anwalt eines Klägers, hatte eigens eine Sekretärin angestellt, die nichts anderes tat, als dazusitzen und die Herstellerfirma seines störanfälligen Computers, Leading Edge, anzurufen. Linda Glenicki, General Manager des Kundendiensts von Microsoft, beobachtet auf ihrem Bildschirm rund zwanzig der zahllosen Microsoft-Warteschleifen, die täglich zwanzigtausend Anrufe bearbeiten, in Echtzeit. Sie kann die gravierendsten Verzögerungen sehen – acht Minuten, elf Minuten, sechsundzwanzig Minuten –, aber sie ist nach wie vor nicht von ihrer Behauptung abzubringen, dass im Gegensatz zu den Behauptungen, die gerüchteweise umgehen, der Firmendurchschnitt kaum eineinhalb Minuten betrage. Warum sollte sich also überhaupt jemand beschweren?

Doch auch sie kennt Telefonlotterien. Sie ist Mitglied in einem Wanderverein, und wenn es an der Zeit ist, einen Platz bei einer der beliebten Wanderungen auf Mount Rainier zu buchen, rufen alle zur selben Zeit an. Wer wandern will, braucht eine Wiederwahltaste.

Zeit ist nicht Geld

Als Benjamin Franklin behauptete, Zeit sei Geld, sollte das nicht nur schön poetisch klingen. Er erwartete auch von Ihnen, es nachzurechnen:

> Wenn jemand, der mit seiner Arbeit zehn Schilling am Tag verdienen kann, lieber ausgeht oder die Hälfte des Tages dem Müßiggang frönt und nur sechs Pence während dieser Vergnügungen ausgibt, darf er das nicht als seine einzige Ausgabe betrachten. In Wahrheit hat er nämlich weitere fünf Schilling ausgegeben, oder besser gesagt, er hat sie zum Fenster hinausgeworfen.

Franklin saß nie im Auto und wartete darauf, an der George Washington Bridge einen Schilling in das Körbchen zu werfen, das nur die exakt zu zahlende Summe annimmt.

Mautstellen sind – neben den Telefonlotterien bei städtischen Ämtern und den Warteschlangen beim Arbeits- oder Passamt – Manifestationen staatsbürgerlichen Ungeschicks. Die Regierungen haben kein Problem damit, die Zeit ihrer Bürger auf eine harte Probe zu stellen. Wenn Sie um vier Uhr nachmittags zum berühmten Bellevue Krankenhaus in New York kommen, wo ein Arzt Sie daraufhin untersuchen soll, ob Ihnen ein Parkausweis für Behinderte zusteht, werden Sie entdecken müssen, dass jeder der Dutzenden von Menschen, die den Warteraum füllen, einen Termin um vier Uhr hat. Also werden Sie für

Schneller!

eine fünf Minuten dauernde Konsultation des Arztes drei Stunden lang warten müssen. Vor langer Zeit hat man mit jedem einzelnen Patienten eine *individuelle* Zeit vereinbart und jeden Termin nur einmal vergeben, doch hin und wieder hatte sich jemand verspätet, und der Arzt saß einige Minuten lang untätig herum. So ergeht es einem in New York, dem Ort auf der Welt, an dem die Menschen noch am stärksten den Drang verspüren, ständig in Bewegung zu bleiben, die Beine in die Hand zu nehmen, keine Minute zu verlieren. Doch Ihnen dämmert sicher, dass man hier am Bellevue Krankenhaus nicht der Ansicht ist, Zeit sei Geld, zumindest nicht die des Patienten. Natürlich könnte man einen professionellen Schlangensteher anstellen, der für einen wartet – diese Spezialisten findet man am häufigsten bei den KFZ-Zulassungsstellen. Hierbei wird vorausgesetzt, dass man zeitweise ersetzbar ist. Aber kein Buchhalter und kein Kassenprüfer messen Ihre dabei verlorene Zeit, geschweige denn die Milliarden von Minuten, die in Autos verplempert werden, die sich vor den Mautstellen am Holland Tunnel oder der Bay Bridge oder an tausend ähnlichen Stationen, an denen der Verkehr zum Stillstand kommt, zusammenballen. Die Mautgebühreneintreiber nehmen Ihnen Ihre zehn Minuten mit derselben Unbarmherzigkeit ab, mit der sie Ihre zwei Dollar entgegennehmen. Doch nur die Dollars werden gezählt. Und nur die Dollars können auf die Bank gebracht und wieder ausgegeben werden. Die Zeit, die die Regierung Ihnen stiehlt, löst sich in Luft auf.

Seit wir mehr zu tun haben und uns nach Adam Riese weniger Zeit zur Verfügung steht, dieses zu tun, müssen wir uns ernsthaft die Frage stellen, ob und in welcher Weise Zeit Geld ist. Natürlich wissen wir, dass das der Fall ist. Wir wissen es aus der Arbeitsökonomie: denn ganz sicher werden wir pro Stunde bezahlt. Und wir bezahlen unsere Psychiater pro Stunde, selbst wenn deren Stunden nur fünfzig Minuten betragen. Telekommunikationsfirmen bezahlen wir nach Minuten. Und das Fernsehen verkauft Werbezeit sekundenweise. Taxameter geben diesem Zusammenhang Gestalt. Sie sind derart in unserem modernen Denken verankert, dass wir genau wissen, was gemessen wird, wenn es heißt: *der Zähler läuft*. Hier geht es nicht um Energie oder Wasser, das da vor sich hin tröpfelt. Geldautomaten verleihen diesem Zusammenhang wiederum auf ihre Weise Gestalt: »24 Stunden-Banking«, meint Mark O'Donnell. »Das hört nie auf. Los los los. Los, Junge. Der Teufel schläft nie.« Unser Leben ist voller Grenzübergänge, an denen wir die Währung wechseln müssen – an denen wir Dollars und Cents gegen Stunden und Minuten eintauschen wollen. Wir lassen uns auf diesen Tauschhandel auch am Flughafen ein, wenn die Fluglinie, die einen Flug im Dienste maximaler Effizienz überbucht hat, eine Art verdeckter Auktion in umgekehrter Reihenfolge abhält, indem sie denjenigen Reisenden Bargeld anbietet, die sich freiwillig dazu bereit erklären, einen späteren Flug zu nehmen. Ökonomen bemühen sich, diese Rechnungen zu einem logischen Beweis zu führen, wie auch immer dieser aussehen soll. Sie berücksichtigen die »knappe Zuteilung von frei verwendbarer Zeit«. Sie berücksichtigen den »Knappheitswert der Zeit« – wäre es nicht angebracht, diesen auf die gleiche Stufe mit der Mindestlohnhöhe zu stellen? Henry Ford brachte schon sehr bald seine bescheidene Meinung dazu vor: »Wenn ein Gerät nur zehn Prozent Zeit einsparen würde, also die Ergebnisse um zehn Prozent erhöht würden, ist das Nichtvorhandensein dieses Geräts gleichzusetzen mit einem Verlust von zehn Prozent. Wenn die Zeit eines Menschen fünfzig Cents in der Stunde wert ist, bedeutet eine Einsparung um zehn Prozent einen Gewinn von fünf Cents in der Stunde.« Mit anderen Worten, er glaubte an die Zeit-Geld-Gleichung. Das taten auch die Autoren einer Studie über die Kosten und Nutzen von Sicherheitsgurten in Autos, die im Auftrag der Verbraucherstudie im Jahre 1987 durchgeführt wurde. Sie behaupteten, dass bisherige Studien – die vor allem auf das Anlegen des Sicherheitsgurts großen Wert legten – es versäumt hätten, die *Zeit* zu berücksichtigen, die man dazu benötigt, den Gurt an- und wieder abzuschnallen. Mit einer absonderlichen Präzision berechneten sie die »durchschnittliche Anschnallzeit« mit 2,97 Sekunden. Immerhin gaben sie zu, dass »bei unserer Sicherheitsgurt-Kosten-Nutzen-Rechnung die Bewertung von Zeit und Geld nicht einfach ist.« Aber auf Umwegen berechneten sie doch die Summe und kamen auf 2169 Dollar für die Lebenszeit eines Autos.

Doch selbst Ökonomen haben vernünftige Momente, in denen ihnen klar wird, dass wir die verstreichenden Sekunden unseres Lebens nicht genauso einfach sammeln und eintauschen können wie die Pfennigstücke, die wir in unseren Taschen finden. Säße der Wirtschaftlichkeitsexperte aus der Hölle neben Ihnen und würde mit einer infernalischen Stoppuhr Ihre Anschnallgeschwindigkeit mit 2,97 Sekunden bemessen, könnten Sie dann wirklich behaupten, 2,97 Sekunden zu sparen, wenn Sie sich nicht anschnallen? Ist das die Zeit, die Sie dazu verwenden könnten, statt dessen für einen Mindestlohn von 18 Dollar die Stunde schwarz zu arbeiten oder in aller Ruhe einen weiteren Takt einer Klaviersonate von Beethoven anzuhören? Allein die bloße Existenz dieser Berechnungen, die Plausibilität und die Akzeptanz solcher Forschungsergebnisse macht deutlich, dass wir ein gestörtes Verhältnis zu den Minuten und Sekunden haben. Ford wollte eigentlich, dass seine Berechnungen menschlich schienen. »Ein Mensch darf bei der Arbeit nicht gehetzt werden«, schrieb er. »Ihm muss jede notwendige Sekunde zustehen, aber keine einzige darüber hinaus.« Ford, der Archetyp des Fabrikbesitzers des 20. Jahrhunderts, versicherte sich, dass er selbst der Herrscher über diese Sekunden war. Wie in allen guten Metaphern steckt auch in *Zeit ist Geld* ein Quäntchen Wahrheit, die davon abhängig ist, wo man gerade steht. Für Henry Ford war Zeit wirklich Geld und gleichzeitig auch nicht. Er wurde nicht pro Stunde bezahlt. In ihrem Buch *Leben in Metaphern* wollen uns George Lakoff und Mark Johnson wiederum klar machen, dass »Zeit nicht wirklich Geld ist«:

> Falls Sie *Ihre Zeit für etwas verwenden*, das dann nicht funktioniert, können Sie diese Zeit nicht wieder zurückbekommen. Es gibt keine Zeitbanken. Ich kann *Ihnen viel Zeit geben*, aber Sie können mir nicht dieselbe Zeit zurückgeben, obwohl Sie *mir dieselbe Zeitmenge zurückgeben können.*

Derart intelligente Wortspiele würden Sie eigentlich von Literaturwissenschaftlern mit viel Zeit erwarten. Aber es ist auch ein Rätsel, an dem Wirtschaftspraktiker im Verlauf der nächsten Generationen oder noch länger zu knacken haben. Zeit, nicht Geld spielt die Hauptrolle in unserer neuen Ökonomie. Wir kaufen und verkaufen Computerzeit und Golfzeit. Die Vorstellung, die derartigen Transaktionen zugrunde liegt, wäre im Mittelalter verabscheut worden, als die Kirche die Auffassung vertrat, dass Zeit allein Gott gehöre und der Handel mit Zeit Wucher wäre. Wir sind da nicht so zimperlich. In unserem modernen Wirtschaftsleben sind die Knappheit von Zeit, der Wettkampf um Zeit und die Neubewertung und Umverteilung von Zeit wichtige Faktoren. Wie bringt man das in die Form einer Gleichung?

Fernsehsender, Restaurants am Straßenrand, Internetprovider, selbst Lebensmittelhändler und Autoverkäufer haben inzwischen gelernt, dass es ihr erstes Ziel sein muss, ein Stückchen Ihres Tages abzubekommen. Sie rechnen mit *Ihrer* Zeit. Aalglatt und verkaufsgewandt zu sein, bedeutet immer noch, Sie, als Käufer, davon zu überzeugen, Ihre Finger aus der Umklammerung zu lösen und endlich dieses Zeug loszulassen, an dem Sie so sehr hängen. Aber Ihr Geld sind Minuten und Sekunden. »Sie geben uns zweiundzwanzig Minuten und wir geben Ihnen die Welt« – abgemacht? In unserer engmaschigen Welt, in der praktisch jeder, der ein Produkt oder eine Dienstleistung zu verkaufen hat, Sie erreichen kann, wird der Wettbewerb um Ihre *Zeit* – vergessen Sie Ihr Geld! – wahnsinnig intensiv. Da ist zum Beispiel Freeway, ein Telefon-Service in Pittsburgh, der Ferngespräche gratis anbietet, wenn man bereit ist, eine kurze Werbung anzuhören. Das Tauschgeschäft ist simpel: Sie hören für fünfzehn Sekunden zu und können dann genau zwei Minuten lang sprechen. Sie können natürlich auch einfach nur so tun, als ob Sie zuhörten, aber diese Sekunden gehen Ihnen auf jeden Fall verloren. Sie finden, das sei entwürdigend? Aber bei den Fernsehsendern nehmen Sie es doch schon lange in Kauf, und in Zukunft werden Sie es immer häufiger tolerieren müssen. Vielleicht können Sie ja auch den Firmen, die unerwünschten Werbemüll an Ihre E-Mail-Adresse schicken, Ihre Zeit in Rechnung stellen. Ein ganzer neuer Industriezweig ist auf »Werbung in der Warteschleife« spezialisiert. »Der Anrufer, den Sie in der Warteschleife geparkt haben, ist Ihr gefangener Zuhörer«, wirbt ein Inserat von Ontherun.com. »Hunderte oder Tausende potenzieller Kunden geraten Jahr für Jahr in Ihre Warteschleife. Das ist die beste Zeit, Werbung für Ihr Unternehmen zu machen.« Jeder versucht Sie am Schlafittchen packen.

Dasselbe Phänomen bedeutet auch, dass es nicht mehr ausreicht, ein Produkt zu einem niedrigen Preis liefern zu können. Marketingexperten müssen sich auch um die Vermarktung kümmern. Kaufleute müssen sich um neue, spannende Produkte bemühen. Auf keinen Fall dürfen sie Ihre Kunden *langweilen*. Meerrettichsenf? Okay, den kennen Sie schon, alles schon ausprobiert. Wie wär's mit Senf mit geröstetem Knoblauch?

Doch je mehr Neuheiten die Industrie den Verbrauchern anbietet, desto schneller sind diese abgestumpft. Und wie bitte soll die Buchhaltung der Unternehmen aussehen, deren Wirtschaftlichkeit nur noch von Zeit abhängt? Es ist genau, wie Lakoff und Johnson in einem gänzlich anderen Zusammenhang gesagt haben: Unternehmen bringen Sie dazu, Ihre Zeit *aufzubrauchen*, die *ABC Nachrichten* anzuschauen oder bei Burger King zu essen. Aber sie können die Zeit nicht auf ein Sparkonto *einzahlen*. Die Zeit wird Ihnen abgezogen, aber die Firmen können sie sich nur selten gutschreiben. Doch irgendwie müssen auch sie Geld einsammeln. Und weil sie es außerdem auf Ihre Zeit abgesehen haben, müssen sie aufpassen, nicht nach zu viel auf einmal zu greifen.

Obwohl Zeit und Geld eng miteinander verknüpft sind, können es Unternehmen noch weiter treiben und die Ketten und Handschellen wie der Assistent eines Entfesselungskünstlers immer enger schnüren. Nur sieht es diesmal so aus, als gäbe es kein Entkommen mehr. Fumio Komatsuzaki, Manager eines Tokioter Restaurants, hörte von einem Teich in der Gegend, an dem Angler für ihr Vergnügen im Minutentakt zahlen mussten. Das brachte ihn auf eine Idee. Er montierte eine Stechuhr für seine Gäste in seinem Restaurant. Jetzt bietet er »Soviel Sie essen können« an. Die Kosten: fünfunddreißig Yen pro Minute. Die Restaurantbesucher hetzen herein, lassen die Zeit mit einer Art Stechuhr registrieren, beladen an der Theke ihre Tabletts mit dem Essen und konzentrieren sich intensiv darauf, effizient zu kauen und zu schlucken, während sie versuchen, keine Zeit durch Gespräche mit ihren Begleitern zu verlieren, bevor sie dann zurückhetzen, um erneut die Zeit registrieren zu lassen. Dieses Fast Food-Modell ist so beliebt, dass die Gäste, kurz bevor das Restaurant mittags öffnet, draußen vor der Tür *Schlange stehen*.

Sie stellen sich bei McDonalds Drive-In an. Drive-In-Hamburger sind in einer zeitarmen Wirtschaft zu einer gewohnten Einrichtung geworden, da auch Drive-In-Banken und Drive-In-Getränkeshops keine Seltenheit mehr sind. Irgendetwas ist jedoch schief gelaufen und Sie werden gebeten, an die Seite zu fahren. Auf dem Parkplatz warten Sie hungrig auf Ihre Bestellung, die Ihnen persönlich überbracht wird, und während die Minuten verstreichen, wird ein winziger fotokopierter Text durch Ihr Fenster hereingereicht. Es scheint eine Botschaft von der Kommandozentrale im Kampf gegen Zeitverschwendung zu sein:

Über unser Drive-In
Frage: Warum sagen wir: »Bitte fahren Sie vom Fenster weg«, oder: »Bitte halten Sie Ihr Geld bereit, bevor Sie zum Ausgabefenster kommen«?
Antwort: Wir möchten Sie und jeden potenziellen Kunden nach Ihnen so schnell wie möglich bedienen. Wir haben einen elektronischen Sensor angebracht, der überprüft, wie lange Ihr Auto vor dem Ausgabefenster verweilt. Sollte Ihr Auto länger als vierzig Sekunden an einem Fenster warten, ertönt ein Signal und ein weiteres Fenster wird geöffnet. Das belastet unsere Leistungsbilanz.

Leistungsbilanz! Ha, da war noch nicht mal ein anderes Auto in der Schlange, du Depp! Aber dann liest man weiter:

Wir wissen, dass manchmal kein Auto hinter Ihnen steht, und bitten Sie dennoch, schnell weiterzufahren, weil der elektronische Sensor dies nicht registrieren kann und unsere Leistungsbilanz dennoch belastet wird.

Kein Wunder, dass McDonalds in weniger als einem halben Jahrhundert nach seiner Gründung zu einer der mächtigsten Marken der Welt geworden ist. Beobachter führen seinen Erfolg auf Freundlichkeit, Sauberkeit, Standardisierung und niedrige Preise zurück – dabei vergisst man beinahe das erste und wichtigste Attribut: *schnelles* Essen. Doch die Firma vergisst das nicht. Vor Ronald McDonald gab es noch ein anderes Maskottchen: ein hamburgerförmiges Wesen namens Speedee. Ziel des Unternehmens ist, dass alle Amerikaner innerhalb von vier Minuten eine Filiale erreichen können. 1997 versuchten seine Marketingexperten noch schneller zu werden, indem Sie den Kunden eine Rückerstattung anboten, wenn sie nicht innerhalb von fünfundfünfzig Sekunden bedient wurden. Die Filialinhaber protestierten dagegen, dennoch stellen sie immer weiter Hamburgerologen an, die an der unternehmenseigenen Hamburger-Universität in Elk Grove Village in Illinois Schnelligkeit und Effizienz trainieren. Der Lehrkörper dort verfügt über die besten Fachkenntnisse in Zeit-Bewegungs-Studien beim Zusammenstellen eines Hamburgers oder der Zeitplanung des Frittierens der Pommes Frites. Die Hamburgerologen sind würdige Gegner der Epikuräer, die sich in der internationalen Slow Food-Bewegung 1989 an der Opéra Comique in Paris zusammengeschlossen haben. Die Delegierten bestimmten eine Schnecke zu ihrem Emblem, das sie auch als Anstecknadeln tragen, und verlasen folgendes Manifest:

> Wir sind zu Sklaven der Geschwindigkeit geworden und sind alle demselben heimtückischen Virus zum Opfer gefallen: dem schnellen Leben, welches unsere Gewohnheiten durcheinander bringt, in die Privatsphäre unseres Zuhauses eindringt und uns dazu zwingt, Fast Food zu essen. …
> Mögen uns das sinnliche Vergnügen und der langsame Genuss in ausreichenden Mengen vor der Ansteckung dieser Massen bewahren, die Raserei mit Effizienz verwechseln.

Diese Raserei dürfen wir nicht falsch verstehen. 1998 hatte die Slow Food-Bewegung im Internet einen virtuellen Weltführer zu langsamen Orten veröffentlicht, verbunden mit folgenden Versprechen: »vielfältiger Service, ein im Internet abrufbares Archiv sowie personalisierte E-Mail-, Telefon- und Faxmöglichkeiten für Mitglieder der Slow Food-Bewegung.« Vielen Dank, ihr Epikuräer! Versuchen Sie weiterhin alles, um uns vor dem Massenwahn zu bewahren!

Wenn die Zeit zu einem derart kostbaren Gut geworden ist, denken wir folgerichtig natürlich über die Budgetierung unserer Zeit nach. Wir empfinden ein Ressentiment gegenüber der Zeit, die wir damit verbringen, durch jene sonderbare Schnittstelle von Mensch und Maschine, die das 20. Jahrhundert erfunden hat, zu navigieren: das telefonische Voice-response-System. Wir fragen uns, ob wir der »durchschnittlichen Wartezeit« Glauben schenken sollen, wir versuchen uns an die »Schnelltasten« zu erinnern, wir haben Angst davor, in niemals endenden Schleifen gefangen zu sein, und allzu oft springen wir ab, indem wir die Null wählen oder indem wir so tun, als ob wir überhaupt kein digitales Telefonsystem hätten. Meistens ergeben wir uns jedoch. Diese automatisierten Systeme, die jährlich hundert Millionen Anrufe bei einem beliebigen Telefonanbieter oder bei den Stadtwerken bewältigen, sparen uns manchmal also tatsächlich etwas Zeit. Meist jedoch kosten sie den Kunden Zeit – sie bewirken einen unfreiwilligen Zeittransfer von unserem Konto auf das des Unternehmens. Haben wir wirklich noch eine andere Wahl, wenn die Stimme vom Tonband mit dem Versprechen lockt, Zeit zu sparen: »Wenn Sie ein Telefon mit Impulswahlverfahren besitzen und gerne unseren *Express*dienst in Anspruch nehmen möchten, anstatt auf Ihren Sachbearbeiter zu *warten*, wählen Sie jetzt die 1«?

Natürlich planen wir unsere Freizeit weit im Voraus. Ferienwohnungen, die man für den Sommerurlaub in den beliebten Badeorten im Nordosten der USA mieten kann, werden oft schon im Herbst des Vorjahres vergeben. Die Grand Canyon Lodge nimmt Reservierungen zwei Jahre im Voraus entgegen und ist schnell ausgebucht. Für das Weihnachtsessen in der Ahwanee Lodge versuchen zigtausende Menschen dreizehn Monate vorher einen Tisch zu reservieren. Wenn Ihnen Ihre Zeit kostbar ist, mag ein normaler, billiger Sommerurlaub nicht angemessen erscheinen – der ja auf andere Weise wiederum extravagant ist; also heuern Sie vielleicht eine Jagdmannschaft an, um eine neunzehntausend Dollar teure Safari im Yukon zu organisieren. Falls Sie das wirklich vorhaben, müssen Sie aber leider zur Kenntnis nehmen, dass die besten Gegenden für die nächsten zwei Jahre ausgebucht sind. Für Hochzeiten sind die Kirchen in einwohnerstarken Städten oft schon zwei Jahre im Voraus vergeben. Disney World berichtet, dass »perfekte Planer« ihre Reservierungen fünf Jahre im Voraus vornehmen. Dann stehen sie in der Schlange und eilen nach vorne. Wir Verbraucher verhalten uns wie Läufer, die vorbeisprinten, während die Händler, die mit Freizeit ihr Geschäft machen, den Straßenrand säumen und uns dazu bewegen wollen, über unsere Schulter einen Blick zurück zu werfen.

Wir wissen, dass man Geld machen, sparen und ausgeben kann. Und manchmal verhalten wir uns so, als ob man mit Zeit auch so umgehen könnte. Aber wir sparen sie nicht. Wir verlagern sie auf andere Tätigkeiten, oder wir verbrauchen sie, oder wir leben einfach. Ungeduld war schon immer eine Untugend. Eile mit Weile. Selbst wenn unsere technische Welt von den modernistischen Berechnungen eines Benjamin Franklin inspiriert scheint, können wir uns alle einige letzte menschliche Tätigkeiten vorstellen, die zu beschleunigen keinen Vorteil bringt. »Es

Schneller!

gibt zwei Todsünden«, sagte Kafka, »aus denen sich alle anderen ergeben: Ungeduld und Faulheit.« Hier haben wir das Paradox – vielleicht
ist Faulheit und nicht Fleiß der Grund dafür, dass wir uns der Ökonomie
der Zeit unterwerfen.

Kurzzeitgedächtnis

Weil der Informationsfluss immer schneller wird, könnte es uns möglicherweise schwer fallen, alles im Gedächtnis zu behalten. In der Vergangenheit speicherten Firmen ihre Daten auf Lochkarten, später auf acht Zoll großen Floppydisks oder auf Magnetbändern wie den Univacs Typ II-A. Leider werden diese mit der Zeit fehlerhaft, weil sie nach längerer Lagerung in den gespenstischen Magnetfeldern, die einen Teil des Lebens auf der Erde ausmachen, verblassen. Vielleicht hat Ihre Firma Daten auf den Magnetkarten für die elektrische Schreibmaschine von IBM gespeichert. »Wo soll man heutzutage noch eine dieser Maschinen herbekommen, und wozu?« fragt Ken Thibodeau, Leiter des Zentrums für elektronische Aufzeichnungen, welches für die Archivierung der unzähligen Aufzeichnungen der amerikanischen Regierung zuständig ist. Die von IBM veröffentlichte Liste der ausgemusterten Speichermedien ist länger und länger geworden: Bildplatte, Magnetkassetten, Minikassetten, Maxikassetten und Disketten aller Größen. Im Vergleich zu Lochkarten waren acht Zoll große Floppydisks eine ungeheure Verbesserung, und nur wenige Menschen trauerten der Eliminierung des Begriffs *Registrator* aus dem Firmenwortschatz nach. Immer schneller waren Dinge veraltet. Genauso fielen auch die 16- oder 35 Millimeter-Acetatstreifen dem weitaus praktischeren, aber ansonsten minderwertigen Videofilm zum Opfer. Alte Kopien hervorragender Filme wie auch selbst gedrehte Filme verblassten, verbrannten, verschimmelten oder gingen einfach verloren. Die Lebenserwartung von Speichermedien für Daten, die durch Computer laufen, beträgt nur zwei bis fünf Jahre. Heutzutage lagern wir unser Erbe auf Millionen von Festplatten und CD-Roms, und auch diese stehen auf wackeligen Beinen und werden bald veraltet sein.

Viele der Bibliothekare, Archivare und Internetexperten sehen eine Krise heraufziehen. Sie warnen davor, dass unsere blühende digitale Kultur rapide in Vergessenheit geraten wird. »Noch nie zuvor gab es einen derartig drastischen und unumkehrbaren Informationsverlust«, behauptete Stewart Brand, Erfinder des *Whole Earth Catalog*, schon vor einer Generation. Er ist der Meinung, unser kollektives Gedächtnis beginne bereits zu verblassen. Zukünftige Anthropologen werden unsere Töpferwaren finden, aber keine E-Mails. »Wir leiden jetzt schon unter völliger Amnesie«, sagt Brand. »Wir benutzen unser kollektives Kurzzeitgedächtnis, sonst nichts.« Während der letzten zwei Jahrtausende war das Medium zur Informationsspeicherung – jedenfalls für Worte, die nicht mehr in Stein gemeißelt wurden – natürlich das Papier. Papier zersetzt sich mit der Zeit, und es ist empfindlich. Ein Brand in der Bibliothek von Alexandrien im Jahr 391 nach Christus zerstörte einen großen Teil des kulturellen Erbes der Antike. Trotzdem sehen manche die Vorteile des Papiers. Als Konsumenten der Technologie sind wir leicht verführbar. Wir motten drei Jahre alte PCs ein. Und die Daten sollen alleine weiterleben, möglicherweise noch jahrhundertelang? Einige Firmen nehmen nun »Auffrischungen« ihrer alternden Aufzeichnungen vor, indem sie sie immer wieder mithilfe neuer Software auf neue Speichermedien kopieren. Das Auffrischen ist keine einfache Angelegenheit, und manche Firmen haben noch nicht die Notwendigkeit erkannt, es zu tun. Egal, welche Medien Sie zur Speicherung Ihrer digitalen Information verwenden, Sie werden sie ohne die Hilfe einer Maschine – wahrscheinlich einer klapprigen Antiquität – nicht lesen können. Für Papier aber braucht man nur zwei Augen.

Vielleicht haben wir uns von der Geschwindigkeit und dem inhaltlichen Reichtum des Internets einlullen lassen, welches Kindern in Boise erlaubt, etwas über die Daten der Volkszählung in Washington und von Zeitzeugen aus Hiroshima zu lesen. Die Wörter schwimmen unmittelbar durch das Netz, ohne sich dabei um Entfernungen zu kümmern, und wir haben nicht wirklich das Gefühl eines Informationsverlustes. Eigentlich ertrinken wir eher in der Flut von Informationen. Opfern wir also dem Überangebot die Langlebigkeit der Daten? Das ist unheimlich, und doch …

Wer durch's Internet streift, bekommt eher den Eindruck, dass Gedächtnisverlust nicht das Problem sein kann. Archivare gibt es überall – offizielle und selbsternannte. Der führende Bridge Service im Internet hat alle Meldungen und Ausspielungen der Millionen von Partien seit den frühen neunziger Jahren aufgezeichnet. Genauso wird jede dumme Bemerkung, die Sie an eine Usenet Newsgroup schicken, durch eine Vielzahl kommerzieller Anbieter zumindest annäherungsweise bis in alle Ewigkeit gespeichert. Da spielt es keine Rolle, ob Sie Ihrer letzten Nachricht gerade mal fünf Sekunden Nachdenken gewidmet haben: Sie sollten darauf gefasst sein, dass Ihr Biograph sie Ihnen im hohen Alter wieder vorliest. Die meisten Menschen haben aber leider nicht die Nachwelt im Sinn, wenn sie ihre kleinen Botschaften verschicken. Die Kommunikation im Internet scheint so spontan und persönlich. Kann denn jemand wollen, dass zukünftige Arbeitgeber all die Briefchen wieder hervorkramen, die man an Adressen wie alt.dead.porn.stars und soc.support.depression.manic geschickt hat? Manchmal und je mehr Jahre ins Land ziehen, verlangt die Privatsphäre nach sanfter Vergesslichkeit.

Viele Menschen, die in einer Firma an einem Computer-Arbeitsplatz sitzen, verschicken E-Mails ganz nebenbei, ohne dabei groß über die Wortwahl nachzudenken, so wie beim Sprechen – E-Mails mit Klatsch und Tratsch, E-Mails mit Geheimnissen, gemeine E-Mails, E-Mails mit sexuellen Anspielungen und E-Mails, die sich in Luft auflösen, nachdem sie einem kurzfristigen Zweck gedient haben. Aber sie verschwinden nicht, wie Firmen-Anwälte in ganz Amerika feststellen mussten. Weder Sender noch Empfänger können eine E-Mail verlässlich löschen. Zum Entsetzen der Anwälte – hoppla, hier kommt eine Vorladung – verweilen sie in Diskettenlaufwerken und auf Backup-Dateien wie ein später Gast, der vergessen hat, wie er nach Hause kommt.

Der größte Besitzer archivierbarer Daten ist die amerikanische Bundesregierung, die verzweifelt versucht, Aufzeichnungen aufzubewahren, die sie Tag für Tag in unzähliger Menge produziert. Buchstäblich unzählig: Der letzte ernst zu nehmende Versuch wurde in den frühen neunziger Jahren von der National Academy of Public Administration unternommen, die auf ungefähr zwölftausend größere Datenbanken stieß – ohne die riesigen Speicher wissenschaftlicher Daten des Raumfahrtsministeriums, der Wetterstationen und individueller PCs. Die Wissenschaftler schätzen, dass sie ungefähr weitere zwölftausend Datenbanken übersehen haben. Bürgerrechtler führten Klage, um sicherzustellen, dass jede E-Mail der Regierung als »bundesstaatliche Aufzeichnung« aufbewahrt wird. Jedenfalls steht die National Archives and Records Administration vor einer monumentalen Aufgabe. »Die digitale Informationstechnologie stellt die große und ernst zu nehmende Forderung, Mittel zu finden, unsere Kultur und unsere Geschichte aufzubewahren«, sagt Thibodeau. »Aber sie schafft uns auch neue Möglichkeiten: Wir werden weit mehr Informationen als bisher lagern und nutzen können.« Trotzdem verdient der arme Historiker unser Mitleid. Die E-Mail-Datei der Clinton-Verwaltung, und zwar nur die im Executive Office, umfasst mehr als acht Millionen Ordner.

Zur gleichen Zeit führt das Internet ganz unbürokratisch zu einer neuen Art der Informationsspeicherung. Die traditionelle Aufgabe von Bibliotheken, Bücher zu sammeln und an einzelne Personen zu verleihen, ist völlig durcheinander geraten. Die Archivierung der Online-Welt wird nicht von einer Zentralstelle vollzogen. Das Netz verteilt Gedächtnis. Da ist eine Art Selbstreproduktion am Werk. Die Daten bedienen sich der Menschen, um sich verteilen und vermehren zu können. Webseite für Webseite scheinen die Daten so vergänglich wie Schrift am Himmel – Dunst im Wind. Brewster Kahle schätzt die durchschnittliche Lebenszeit einer Webseite auf fünfundsiebzig Tage. Er stellte ein Internetarchiv her, das regelmäßig Schnappschüsse beinahe des gesamten Webs einfängt und speichert. So werden Webseiten aufbewahrt, die verloren gegangen oder von ihren Besitzern gelöscht worden sind. Die gesamte Datenmenge des Archivs beträgt ungefähr acht Terabytes. (*Tera-* ist eine Billion, danach kommt *peta-*).

Archivare stehen einem neuen praktischen Problem gegenüber. Wer, wenn überhaupt, wird darüber entscheiden, welche Teile unserer Kultur es wert sind, für die hypothetischen Archäologen der Zukunft aufbewahrt zu werden? Wie kann der Leser im Spiegelkabinett der Netzwelt eine echte Kopie von einer falschen unterscheiden? Welche Lagerung der optischen oder magnetischen Disketten wird sich als verlässlich bzw. als überflüssig erweisen, wenn es darum geht, die Daten über einen längeren Zeitraum als nur ein paar Jahre zu speichern? Immerhin lässt sich Hoffnung aus der Tatsache schöpfen, dass nicht irgendeine Technologie, ob veraltet oder auf dem neuesten Stand, das Wesen der Information ausmacht. Es geht nur um Bits.

Auch in den Zeiten vor Cyberspace wurden unzählige Partien Bridge gespielt und unendlich viele Worte gesprochen, aber die Erinnerung daran verschwand wie eine Dunstwolke. Die Information löste sich auf, sobald sie entstanden war. Hin und wieder vermochte jemand mithilfe von Stift und Papier oder später mit Kassetten und Videofilmen dem Äther etwas zu entreißen. Es gelang, einen winzigen Teil dessen, was als aufhebenswert erachtet wurde, für die Nachwelt zu bewahren: die Reden von Lincoln (die größten), die Dichtungen Shakespeares (nicht besonders zuverlässig), die Stücke Sophokles' (außer den verlorengegangenen) und einige weitere Dutzend Terabytes. Einst war es teuer und langwierig, ein Bild malen zu lassen und für die Ewigkeit aufzubewahren. Als erfolgreicher holländischer Kaufmann konnte man es sich im 17. Jahrhundert möglicherweise leisten, Rembrandt Harmenszoon van Rijn mit dem Auftrag zu betrauen, schnell ein Porträt aus dem Ärmel zu schütteln. Dann entwickelte sich mit rasender Geschwindigkeit eine neue Technologie: Buchdruck im Flachdruckverfahren, Kollodionfotografie, Studiofotografie, Halbtonverfahren, Muybridge, Kodakkameras, Polaroidkameras, 8-Millimeter Filme, Videokameras, Quick Snap-Kameras aus der Drogerie, Internet-Web Cams, Verkehrskameras, Bürokameras, Strandkameras – all diese Photonen streuten einst ins Leere. Jetzt fangen wir sie ein, um sie wiederzuverwerten.

Wir *wissen*, dass sich die Welt schnell verändert, wir wissen, dass wir kurzsichtig sind, wir werfen uns selbst vor, einen Zeithorizont zu haben, und wir vergraben unseren Müll mit derselben Hingebung, mit der ein Hund seinen Knochen vergräbt. Wir vergraben ihn beispielsweise in Zeitkapseln. Der Handel mit den Zeitkapseln – einst eine exzentrische Laune auf Weltausstellungen – hat sich zu einer eigenen Industrie entwickelt. Die Internationale Zeitkapsel-Gesellschaft schätzt, dass mehr als zehntausend Menschen und Institutionen Zeitkapseln vergraben haben. Diese Leute glauben wohl wirklich, dass zukünftige Archäologen dankbar sind für die Gaben des 20. Jahrhunderts: Armbanduhren, Telefonbücher, bunte Kappen, CD-Roms und Budweiser-Bier aus der Dose. »Achtung: An alle Schulen, Universitäten, Firmen, Unternehmen und den Rest der Menschheit«, verkündet eine Werbung für A-1 Zeitkapseln aus Bradbury, Kalifornien lauthals – A-1 hat nichtrostende Plastikzylinder und eine große Auswahl an Metallplättchen. Andere Firmen packen ein Edelgasspray dazu – gratis. Ein Stadtrat wollte Videos deponieren. Dessen Berater, Greg Blonder, versuchte ihm klar zu machen, dass die Videobänder aufgrund der Umpolung der Magnetfelder »rosten« würden, und ohnehin wenig Sinn machten, da Videorekorder bald überholt wären. »Sie konnten sich nicht vorstellen, dass es eine Zeit ohne Videogeräte geben könnte, obwohl es jahrtausendelang keine Fernsehapparate gab«, sagte Blonder. »Und als wir ihnen zeigten, wie durch Schwefelverbindungen, die dem Fußball der Meisterschaft von 1993 entströmten, alles Papier in der Kapsel vergilbt und spröde wird, wurde die Stimmung schon etwas gereizt.«

Die Zukunftsverpackungsindustrie, wie sie sich selber nennt, geht von dem merkwürdigen Missverständnis aus, das Problem der Zukunft bestehe darin, dass es nicht genug von *uns* geben werde. Zukunftsforscher empfehlen den Besuch von Museen, um eine Vorstellung davon zu bekommen, was Kuratoren in der Zukunft ansprechen könnte – als wenn sich die Museen nicht von selbst ständig vergrößern würden. Sie schlagen etwa vor, die Jahresbilanzen am Jahresende aus Zeitungen und Magazinen auszuschneiden, und übersehen dabei offenbar, dass diese schon an anderen Orten aufbewahrt werden. Vor allen Dingen das Internet verwandelt einen Großteil der Menschheit in eine Art Riesenorganismus – ein periodisch vernetztes Wesen, das Informationen sammelt. Amnesie scheint wirklich nicht sein größtes Problem zu sein. Dieses neue Wesen kann einfach nichts mehr wegwerfen. Es ist besessen. Es hat vergessen, dass ein Teil des Gepäcks besser zurückbliebe. Der *Homo sapiens* ist zu einem Packesel geworden.

Wäre es übertrieben zu sagen: »Praktisch hindert uns nichts an einem umfassenden Verzeichnis allen menschlichen Wissens, aller Ideen und Leistungen des Menschen, nichts also an der Schöpfung eines vollständigen planetaren Gedächtnisses für die gesamte Menschheit«? Diese

Worte stammen von H. G. Wells, aus dem Jahre 1937. »Und nicht nur
ein Verzeichnis«, fuhr er fort. »Die direkte Reproduktion des Dings an
sich kann an jedem dementsprechend vorbereiteten Ort abgerufen werden.«

»Das allein ist schon eine Tatsache von immenser Bedeutung«,
schrieb Wells.

Es kündigt eine echte intellektuelle Vereinigung unserer Rasse an.
Das ganze menschliche Gedächtnis kann und wird wahrscheinlich
binnen kurzer Zeit jedem Individuum zugänglich gemacht werden. Und was ebenfalls von großer Bedeutung ist in dieser unsi-
cheren Welt, in der die Zerstörung fortwährend zunimmt und
immer unvorhersehbarer wird: es muss nicht an einem einzigen
Ort konzentriert werden. Es ist nicht verwundbar wie der Kopf
oder das Herz eines Menschen. Es kann vollständig und genau
reproduziert werden, in Peru, China, Island, Zentralafrika oder
wo auch immer.... Es kann gleichzeitig die Konzentration eines
Schädeltieres und die diffuse Vitalität einer Amöbe besitzen.

Wells hatte dabei natürlich nicht die Internetvernetzung der Computer
vor Augen. Die neue Technologie zur Informationsspeicherung, die ihn
inspirierte, war der Mikrofilm. Er konnte nicht ahnen, wie schnell dieser
wieder überholt sein würde.

Das Gesetz der kleinen Zahlen

1876, als die Menschen dachten, die Welt würde immer größer, wurde Colorado als neuer Staat in die Vereinigten Staaten von Amerika aufgenommen. Colorado nannte sich selbst »Centennial State« – Staat zum hundertjährigen Bestehen der USA. Im Osten der USA wurde der hundertste Geburtstag mit einer internationalen Handelsmesse begangen, der Philadelphia Centennial Exposition. Dreizehn Jahre später organisierten die Franzosen eine Weltausstellung und bauten zum Gedenken an den hundertsten Jahrestag ihrer eigenen Revolution den Eiffelturm. Vier Jahre später, 1893, wurde mit einer Handelsmesse in Chicago die Vierhundertjahrfeier der Entdeckung Amerikas durch Christopher Columbus gefeiert (die ersten drei Hundertjahrfeiern zu begehen, war niemandem eingefallen). 1939 weihte eine Masse von Menschen eine neue Ruhmeshalle in Cooperstown im Bundesstaat New York feierlich ein, welche an den eher fiktiven hundertsten Jahrestag der Erfindung des Baseball erinnern sollte. 1976 feierte das United States Football das hundertjährige Bestehen seiner Spielregeln.

Das Bedürfnis, Hundertjahrfeiern zu veranstalten, hat uralte Wurzeln. Er hat mit unserer Vorliebe für runde Zahlen zu tun, mit unserer Freude am Feiern, vielleicht aber auch mit unserer wunschbestimmten Sicht der menschlichen Lebensdauer. 1617 erinnerten Protestanten in ganz Europa daran, dass Martin Luther 100 Jahre zuvor seine fünfundneunzig Thesen angeschlagen hatte. Nichtsdestotrotz ist die Hundert-

jahrfeier eine merkwürdige Erfindung. Sie ist selbstbezüglich, herme-
neutisch, immer ein guter Grund zum Feiern, ein »Pseudo-Ereignis« im
Sinne von Daniel Boorstin – ein Ereignis, das nur exisitiert, um auf sich
selbst aufmerksam zu machen. Ein Pseudo-Ereignis findet nicht eigentlich statt, und im Zuge dessen kann es eine Menge Geld verschlingen
und die Aufmerksamkeit der Öffentlichkeit auf sich ziehen. Obwohl wir
heute in einer beschleunigten und ereignisreichen Zeit leben, könnten
die Hundertjahrfeiern unter ihrem eigenen Gewicht zusammenbrechen. Das Jahr 2000, eine sehr runde Zahl, hat mehr als nur ein paar
Hundertjahrfeiern hervorgerufen. Zweifelsohne werden die Besitzer
eines *Guide Michelin* auf dessen hundertsten Geburtstag achten. Wie
auch die Pariser Métro. Und die National Automobile Show, der Davis
Cup im Tennis, die American League im Baseball und die Internationale
Gewerkschaft der Damenoberkleidungsbranche. Die Anzahl der Hundertjahrfeiern übersteigt bei weitem die Anzahl der tatsächlichen Ereignisse, weil ein Mensch oder eine Institution nicht nur ein Datum
bieten, es feierlich zu begehen, sondern gleich eine ganze Auswahl mehrerer passender Daten, beispielsweise Geburts- und Todesjahr eines
Menschen. In zahlreichen Theater- und Konzertveranstaltungen werden im Jahr 2000 sicherlich die Hundertjahrfeiern von Aaron Copland
(1900 geboren), Oscar Wilde (gestorben), Kurt Weill (geboren), Arthur
Sullivan (gestorben) und Louis Armstrong (geboren) begangen. Kodak
wird Gelegenheit haben, seine Kunden an die Geburt der Brownie-
Handkamera vor hundert Jahren zu erinnern. Psychiater könnten hundert Jahre *Traumdeutung* feiern. Der Wissenschaft könnte im Jahr
2000 das hundertjährige Bestehen gleich mehrerer großer Erfindungen
feiern, von der Blutgruppenbestimmung bis zur Quantenphysik. Die
Welt wird tatsächlich größer, und die Auswirkungen davon sind ziemlich sonderbar.

Richard K. Guy, ein Mathematiker aus Alberta, Canada, bittet Sie,
sich folgende Zahlenreihen näher anzusehen. Selbst wenn wir nicht
gerade mathematisch begabt sind, haben wir für einige davon Platz in
unserem Kopf. Jeder New Yorker wird zum Beispiel folgende Reihe
erkennen:

Schneller!

- 14, 18, 23, 28, 34, 42, 50, 59, 66, 72, ...*

Es gibt Menschen, die ihr Leben damit verbringen, solche Reihen zu analysieren und zu katalogisieren – Zigtausende davon. Manche Zahlenreihen sind einfach, manche außergewöhnlich, manche lächerlich.

- 1, 4, 9, 16, 25, ...   Quadratzahlen (1 x 1, 2 x 2 usw.)

- 1, 2, 4, 8, 16, ...   Potenzen der Zahl zwei, na klar!

- 1, 20, 400, 8 902, 197 281 Anzahl der möglichen Schachspiele, die n Züge lang sind (0 Züge, 1 Zug, 2 Züge, usw.)

- 1, 4, 11, 17, 22, ...   Aronsons Reihe, definiert durch: *T ist der erste, vierte, elfte, siebzehnte, zweiundzwanzigste ... Buchstabe in diesem Satz.*

Die Zahlen der zweite Reihe entsprechen auch der Anzahl der Lagen eines Stück Papiers, das n mal gefaltet wurde. Das ist kein Zufall. Und die Reihe stellt auch die Anzahl der Flächen dar, in die ein Kreis durch Linien geteilt wird, die n Punkte an seinem Rand verbinden.

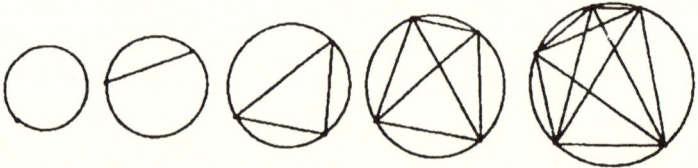

Das allerdings ist ein Zufall, und dieser Zufall setzt sich nicht fort. Die Potenzen von zwei nehmen fröhlich ihren Lauf (...32, 64, 128 ...), während die kreisaufteilende Reihe sich verselbständigt (...31, 57, 99 ...). Betrachtet man nur die niedrigen Zahlen der Reihe, kann man schnell die relevanten mathematischen Formeln durcheinander bringen.

Den Mathematikern, die diese Dinge verfolgen, ist aufgefallen, wie

* Die Straßen, an denen die U-Bahn in Manhattan hält (Anm. d Ü.)

oft Reihen mit niedrigen Zahlen scheinbar gleich zwei oder mehrere Relationen abbilden. Hier ist noch eine solche Reihe: 1, 1, 2, 5, 14, ... Das könnte die Anzahl der verschiedenen Möglichkeiten sein, einen Streifen von n Briefmarken zu einem kleinen Stapel zu falten.

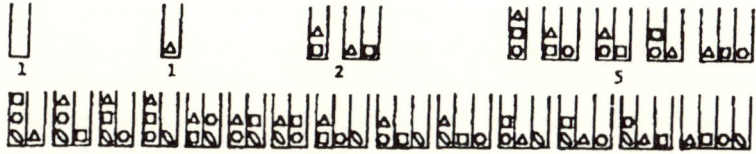

Oder es könnten die Möglichkeiten sein, n unterschiedliche Gegenstände in nicht unterschiedliche Kästchen zu verteilen, wobei nicht mehr als drei Gegenstände in ein Kästchen passen.

Oder es könnte die Anzahl verschiedener Reihen, bis zur Isomorphie, der Ordnung 2^n sein. (Tut mir Leid, kein Bild.) Man müsste schon ein sehr scharfsinniger Mathematiker sein, um sofort zu wissen, dass diese drei Sequenzen, obwohl sie anfangs identisch beginnen, grundverschieden sind. Der Briefmarkenstreifen setzt sich folgendermaßen fort:

- 1, 1, 2, 5, 14, 39, 120, 358, 1176, 3527, 11522, ...

Die Verteilungen:

- 1, 1, 2, 5, 14, 42, 132, 429, 1430, 4862, 16796, ...

Und die Reihen der Ordnung 2^n:

1, 1, 2, 5, 14, 51, 267, und danach weiß es, ehrlich gesagt, niemand so ganz genau.

So trägt die Reihe 1, 1, 2, 5, 14, die so unschuldig aussieht, also eine schwere Bürde.

Eine wachsende Zahl von Beobachtungen dieser Art ließ Guy sein Starkes Gesetz der kleinen Zahlen formulieren. Es handelt sich hier nicht um eine rein mathematische Beobachtung. Einfacher ausgedrückt, bedeutet sein Gesetz: »Es gibt nicht genügend niedrige Zahlen, um alle an sie gestellten Anforderungen zu befriedigen.«

Dieses Gesetz ist der Feind aller mathematischen Entdeckungen, sagt Guy. Ein Mathematiker erkennt ein Muster. Manchmal lässt sich das Muster ewig so fortsetzen. Manchmal ist es reine Einbildung und verschwindet im Bereich der höheren Zahlen. Mathematiker, die sich mit Zahlenreihen beschäftigen, studieren, analysieren und klassifizieren die Art und Weise, wie sich kleinste Verästelungen ergeben, wenn kleine Dinge groß werden. Und all diese Muster sind logisch. So führt der Bereich der kleinen Zahlen meist in die Irre. Ein Viertel der ersten hundert Zahlen sind Primzahlen, ein Zehntel sind vollkommene Quadratzahlen. Diese hübschen Zufälle werden im Bereich der höheren Zahlen immer seltener. Wenn man sich nur die niedrigen Zahlen anschaut, könnte man schnell auf die Idee kommen, dass alle Zahlen potenzielle Fibonacci-Zahlenreihen, Bell-Zahlenreihen, Catalan-Zahlenreihen, Motzkin-Zahlenreihen und sogar vollkommene Zahlen sind. Natürlich stimmt das nicht. Kein geringerer als Pierre de Fermat untersuchte die ersten Zahlen der Reihe der Potenz der Potenz von zwei plus eins ($2^{2^{n}} + 1$: 3, 5, 17, 257, 65537, …) und stellte fest, dass diese Zahlen Primzahlen sind. Er schloss daraus, dass alle darauffolgenden auch Primzahlen seien und hatte Unrecht. Diese Art von Irrtum sollte noch häufiger erfolgen.

Steckt darin für uns eine Botschaft? Gehen wir zurück ins wirkliche Leben, in eine einfachere Zeit. Das Columbia Broadcasting System, die Nationalsozialistische Partei Deutschlands sowie die Automobilfirmen Daimler-Benz und Chrysler haben Symbole als Logo gewählt. Heutzutage tun sich die Marketingexperten schwer damit, einfache und einprägsame geometrische Formen zu finden, die man für ein Logo verwenden könnte. Das Entwerfen von Logos ist zu einem Multimillionen Dollar teuren Geschäft geworden. Wahrscheinlich könnten Sie das Chrysler Logo – ein Pentagon mit fünf gleichwinkligen Speichen – auch ohne Kontext identifizieren. Das Mercedes-Icon, ein Kreis mit drei Speichen, ist auch schon vergeben. Wieviele Möglichkeiten bleiben einem Automobilhersteller, der ein eingängiges kleines Logo erfinden möchte, das in Metall gegossen auf Kühlerhauben gesteckt wird? Nur wenige. Mitte dieses Jahrhunderts stieg die Zahl der Senfsorten, die ein durchschnittlicher Bewohner der industrialisierten Welt im Umkreis von 15 Kilometern von seinem Wohnort erwerben konnte – eine Zahl, die natürlich im größeren Teil der Geschichte der Menschheit bei Null lag – gegen eins. Heutzutage findet man in einem gewöhnlichen Supermarkt im Regal mit den Gewürzen neben Develey und Dijon Senf englischen Senf, bayerischen Senf, kreolischen Senf, Löwensenf, süßer Hausmachersenf, Moutarde Provençale, Kräuterspezialsenf, Rheintaler Bauernsenf, Estragonsenf, Honigsenf, indischen Senf, klassischen Senf, extrascharfen Senf, Senf nach alter Art mit Weißwein, lila S … – nein, soweit wollen wir nicht gehen. Einigen wir uns darauf, die Auswahl war einst gering und ist jetzt groß. Die Wahl der richtigen Senfsorte braucht also viel Zeit, wobei man zum Probieren wahrscheinlich gar nicht erst kommt.

Wenn es darum ging, einem neuen Medikament einen Namen zu geben, musste man früher lediglich ein paar Sekunden nachdenken. Heutzutage weiß eine Pharmafirma, dass sie sich zur Prüfung des Namens an die Lebens- und Arzneimittelbehörde zu wenden hat, die sicherstellen wird, dass unter diesem Namen nicht schon ein Medikament auf dem Markt ist. Es ist weise, sich rechtzeitig mit dem Komitee dieser Behörde, das für Firmen- und Produktnamen zuständig ist, in Verbindung zu setzen. Nicht zu vergessen das Patentrecht, weshalb es sich empfiehlt, in einem Verzeichnis eingetragener Warenzeichen nachzuschlagen. Die Domäne der Arzneimittelnamen ist dichtgedrängt, und diese Dichte birgt ein besonderes Risiko in sich, da Verwechslungen tödlich sein können. Ist Rezulin das neue Medikament zur Erhöhung des Insulinspiegels oder die alte Salbe gegen Akne? Ist Dynacin das Antibiotikum und Dynacirc das Mittel gegen Bluthochdruck, oder ist es genau umgekehrt? Die Verpackungsdesigner könnten auf die Idee verfallen, die Buchstaben NS für Nasenspray zu verwenden. Aber wissen sie auch, dass Ärzte diese Abkürzung eigentlich für »Normale Salzlösung« gebrauchen? Mit dem Prozess der Namensfindung für ein Arzneimittel sind meist hochdotierte Berater monatelang beschäftigt – von sprachübergreifenden Schwierigkeiten ganz zu schweigen. Ein weiteres Symptom für die Überbevölkerung des Namensterrains ist die

Tendenz, den Markennamen in Großbuchstaben in die Mitte eines Wortes zu stellen: bringen Sie einen schnellen Internetzugang auf den Markt und nennen Sie ihn PeRKInet, so als hätten wir jetzt zweiundfünfzig Buchstaben im Alphabet. Jeder, der einmal versucht hat, einen spritzigen und einmaligen Namen für ein Produkt zu finden, sei es für eine Internetseite, ein Kinderbuch, eine Rockgruppe, ein Raumfahrzeug oder ein Parfum, hat vollbepacktes, endliches Terrain betreten und ist auf das Starke Gesetz der kleinen Zahlen gestoßen.

Diese Dichte und Verbreitung gehen mit unserer größer gewordenen Reichweite einher. Unsere Auswahl an Schuhen ist global. Auf Wiedersehen, Schuster. Ebenso wie es Computer möglich machen, größere Mersenne Primzahlen zu sehen als Fermat sich je vorstellen konnte, ermöglichen sie es, dass die Zahlentheoretiker und Möchtegern-Zahlentheoretiker aus aller Welt miteinander in Verbindung treten. Sie könnten bei der »Großen Internetsuche nach Mersenne Primzahlen« mitmachen und sich der Mersenne Primzahlen Mailinglist anschließen, damit Sie innerhalb kürzester Zeit von der Entdeckung der sechsunddreißigsten Primzahl im Jahre 1997 erfahren, einer Zahl mit 895 932 Stellen, die ein Engländer mithilfe eines Computerprogramms fand, das in Florida geschrieben wurde. Oder aber der siebenunddreißigsten Primzahl im darauffolgenden Jahr, deren Ziffern ein noch dickeres Buch füllen würden. Marin Mersenne hat selbst einige Fehler gemacht, wie sich im Nachhinein herausstellte. Aber er lebte ja auch in einem Kloster. Sie nicht. Oder doch? Na, dann hat Ihr Kloster aber eine eigene Website. Wenn Sie einen Finger krumm machen, um Senf zu kaufen, ist kein Delikatessengeschäft der Welt zu weit entfernt. In hundert Jahren haben Sie eine Menge zu feiern.

Das Starke Gesetz der kleinen Zahlen sagt etwas über die zunehmende Komplexität aus, die so häufig der Auslöser für das Gefühl der Hetze ist. Ebenso wie die kleinen Zahlen tragen auch die zweisilbigen Wörter, die einfachen Gewürze und die großen Fernsehsender eine schwere Bürde. Sie stehen deshalb unter Druck, weil wir zu den vielen verschiedenen Wörtern und Geschmacksrichtungen und Programmangeboten, die außerhalb des von ihnen abgedeckten Bereichs liegen, auch wirklich Zugang haben. All unsere Informationsquellen entwickeln sich in Richtung Komplexität. Kein Softwareprogramm wird in der 2.01-Version einfacher. Kein bekannter Nachrichtensender und keine Tageszeitung kann ihre bisherige zentrale Position als Nachrichtenüberbringer für ein ganzes Land halten. Statt dessen wachen die Bürgerinnen und Bürger jeden Tag von Neuem mit einer Vielzahl an Ereignissen auf, die sie auseinanderhalten müssen – etwa die fünfhundert Fernsehprogramme und die Millionen von Webseiten vom gestrigen Abend. Doch diese komplexen Stränge kehren manchmal zu einem einfachen Ursprung zurück. Die Brennpunkte nationaler Obsession werden noch wilder und intensiver: das Verfahren gegen O. J. Simpson, die Nöte von Monica Lewinsky, das – trauen wir es uns überhaupt noch zu sagen? – Millennium. Noch berühmter als für seine Kunst ist Andy Warhol für seinen Ausspruch: »In Zukunft wird jeder für 15 Minuten berühmt sein.« Die Aufmerksamkeitsspanne des Weltgehirns mag kurz erscheinen, und seine Fähigkeit, sich auf irgendeine Berühmtheit zu konzentrieren, abgenommen haben. Aber das ist so, weil der Glanz und Flitter vor seinen Augen derart dicht gedrängt und mannigfaltig ist, und nicht etwa, weil es so leicht wäre, Ruhm zu erlangen. Die Reihen der Unbekannten und Unsichtbaren sind auch länger geworden. Da spricht schon eher Woody Allen die Wahrheit mit seiner Bemerkung: »Kaum jemand wird berühmt, nicht einmal für eine Minute.« Der Zusammenhang zwischen Komplexität und Geschwindigkeit – zwischen Vielfalt und Zeitdruck – ist nicht immer augenfällig, aber es gibt ihn.

Im Jahre 1996 bekamen die amerikanische Warenzeichen-Behörde 234 verschiedene Anträge für Produkte, die den Namen *Millennium* tragen sollten. Im Jahr darauf wuchs diese Zahl auf 404. Anfang 1998 hatte sich das Tempo der Anträge erneut mehr als verdoppelt. Die Firmen versuchten, sich das Etikett zu reservieren, sei es nun für eine Fluglinie, Süßigkeiten, ein Schnäppchen, eine Glühbirne, Wasser, einen Verkaufsautomat, ein Baby, ein Souvenir, einen Ruhestandsplaner, Sekt, eine PR-Firma, Ferien, eine Webseite oder einen Sponsor für die schnelle Vorlagenerstellung bei der Stereolithografie – und alle sollten »offiziell« sein, vom, im und für das Millennium. Man wollte Millenniums-Nähmaschinen eintragen lassen, Aktienfonds, Raumsprays, Popcorn, Metall, Magie, Flüssigkeiten, Sammelstücke, schöne Momente, Badezimmereinrichtungen, Flaschenabfülldienste, Golfturniere, Mondmonster, Helden, Bewegungen, Münzen, Bomben, Minuten und Anwaltskanzleien für zivile und private Streitfälle. Gierig ergriff man jede Chance, eine neue Schreibweise zu kreieren: Billenium, Hillenium, Malenium, Pharmillenium, Mealleaniyumm, Millenion, Millenifix, Milleniatron und Mil-Looney-Um. Zu den Slogans, die bereits reserviert waren, gehörten: Ein schönes Millennium!, Millenniumswahnsinn, Wie komme ich durchs neue Millennium?, Rock durchs Millennium!, Arbeiten Sie sich einfach durchs Millennium!, Wir haben das zweite Millennium überlebt!, Jetzt kommt das Millennium!, Nur wir machen vor dem Millennium noch so gute Angebote!

Dann gab es noch den Ansturm auf die Begriffe ›Y2K‹ und ›Einundzwanzigstes Jahrhundert‹ und die Zahl ›2000‹. Was ist mit Ihnen? Haben Sie sich beeilt? Oder haben Sie bis zum letzten Augenblick gewartet? Wenn wir mit Komplexität konfrontiert werden, sucht unser Instinkt nach Ordnung, Muster und Einfachheit. Menschen sind Genies der Destillation – wir nehmen automatisch die surrende, wimmelnde Vielfalt der Erfahrungen und finden darin ein leicht zu handhabendes Set von Gegenständen oder Gesetzen. Ist dieses Set wirklich so handlich? Das Starke Gesetz der kleinen Zahlen behauptet, dass es schnell überladen wird. Was könnte uns mehr Vertrauen einflößen als eine runde Zahl wie 2K? Aber die Millenniumspanik ist dennoch ausgebrochen ...

Wir sind kleinzahlige Wesen in einer Welt der großen Zahlen.

Langweilig

Licht ist gut. Doch im Dunkeln funkeln die Sterne. Sie müssen etwas warten, bis sich Ihre Augen an die Dunkelheit gewöhnen. Das menschliche Auge ist ein Instrument, das in der Lage ist, eine große Bandbreite an Lichtstärken aufzulösen, allerdings nicht alle auf einmal. Etwas strahlend Helles und etwas Mattes können nicht gleichzeitig wahrgenommen werden. Wenn Sie sich schließlich an die Dunkelheit gewöhnt haben, können Sie plötzlich Dinge sehen, die im Hellen unsichtbar waren.

Geschwindigkeit ist wie Licht: Etwas, nach dem wir uns sehnen, dem alles andere untergeordnet wird, etwas, das sowohl verdunkeln als auch erhellen kann.

Jemand legt seltsame Musik auf. Vielleicht ist es eine Motette aus der frühen Renaissance, *Absalom, Fili Mi* von Josquin des Prez. Wer mit unseren normalen, modernen Geschwindigkeit lebt, kann das nicht wirklich genießen, obwohl es gerade mal vier Minuten dauert, bis das Lied seine wenigen Töne durchgespielt hat. Wenn Sie nicht gerade ein Anhänger der langsamen Polyphonie sind, wird es sich ganz nett und ziemlich langweilig anhören. Im Gegenzug hätte Josquin kein Vergnügen an einer typischen Nikewerbung. Es gibt jedoch eine Möglichkeit, die Seelenqual in diesem alten Stück wahrzunehmen und mit Josquin in die Untiefen der Hölle hinabzusteigen. Gehen Sie zunächst einige Minuten lang jedem Sinnesreiz aus dem Weg, warten Sie, bis Ihnen ein wenig langweilig wird und legen Sie *dann* die Platte auf.

267

Wenn Ihnen vom Nichtstun langweilig ist, machen Sie eine Spritztour im Auto. Wenn es Ihnen zu langweilig ist, nur Auto zu fahren, schalten Sie das Radio an. Sind Sie dann vom Radiohören und Autofahren gelangweilt, rufen Sie jemanden auf Ihrem Handy an. Es wird Ihnen bewusst, dass Sie gerade Auto fahren, Radio hören und mit jemandem telefonieren, und Ihnen immer noch langweilig ist. Dann denken Sie daran, wie schön es wäre, wenn Sie hin und wieder etwas Zeit zum Nichtstun hätten. Möglicherweise verfügen Sie über ein Sinnesorgan, dass sich der Langsamkeit anpassen kann, nachdem es von der Geschwindigkeit geblendet worden ist. Die Leere ist vielleicht doch nicht so dunkel. Das Telefon klingelt nicht, der Fernseher ist ausgeschaltet, der Computer startet gerade neu, die Zeitung ist nicht in Reichweite, vor dem Fenster sind die Jalousien heruntergelassen – und Sie sind mit sich allein. Die Neuronen hören nicht auf, in Ihrem Kopf umherzufeuern. Ihre Gedanken dringen durch wie entfernte Funksignale, die ein Loch in der Atmosphäre gefunden haben. Vielleicht sind Sie überrascht von ihnen, vielleicht wühlen sie Sie auf, vielleicht setzen sie sich auch zu einem längeren Strang von Gedanken zusammen – Ideen oder Wissen, das sich im normalen Wirrwarr des Alltags mit seinen vielen gleichzeitig zu erledigenden Aufgaben so nicht herauskristallisiert hätte. So sehen es zumindest die lautstarken Verfechter der Muße – Sebastian de Grazia etwa, der 1962 erklärte:

> Möglicherweise kann man die innere Gesundheit eines Landes daran erkennen, inwiefern die Bevölkerung die Fähigkeit zum Müßiggang besitzt – im Bett liegen und grübeln, ziellos herumschlendern, einfach dasitzen und Kaffee trinken – denn jeder, der nichts tun und dabei seinen Gedanken freien Lauf lassen kann, muß mit sich selbst im Reinen sein.

Doch er erinnerte sich auch an Aristoteles Bemerkung, dass die Gesellschaft Spartas zusammenbrach, in dem Moment, als Frieden herrschte. In Kriegszeiten waren die Spartaner geschickt und erfüllt gewesen, angesichts der verschiedenen Anforderungen des Müßiggangs jedoch völlig hilflos. Kurz, ihnen war *langweilig* – obschon es beinahe bis fast in die Moderne weder im Griechischen noch im Englischen ein Wort dafür gab.

Wenn die Zeit gekommen ist, da wir allein mit uns sein müssen, sehnen wir uns möglicherweise nach dem Handy. So wie die Natur das Vakuum verabscheut, verabscheuen wir die Leere, den Mangel an Stimuli, der mit dem *Nichtstun* einhergeht. Betätigungen eilen herbei, die Lücken zu füllen – und nie zuvor standen uns so viele interessante Beschäftigungsmöglichkeiten zur Verfügung wie heute. Wenn wir mit unseren Gedanken allein sind, haben wir möglicherweise das Gefühl, dass es einfach nicht genügend Unterhaltung für uns gibt. Gedanken streifen ja gerne umher, springen kreuz und quer, wiederholen sich und sind auf andere Weise wenig geistreich und gewichtig. Wir können versuchen, unser Alleinsein durch Beten oder Meditation zu strukturieren. Wir können versuchen, uns so lange zu konzentrieren, bis sich zusammenhängende und nicht-triviale Gedankenketten bilden. Meist ziehen wir einen Priester für unsere Beichten heran, oder Psychotherapeuten für das inwendige Abenteuer, zu uns selbst zu finden und uns zu heilen. Meist ist es sehr schwierig, ferne Ziele ohne Führer zu bereisen, selbst dann, wenn die Reise durch unser uns wohlbekanntes Selbst geht. Schreiben ist auch eine Möglichkeit, wie wir durch Ansammlung und kontinuierliche Neuorganisation etwas schaffen können, das über das hinausgeht, was wir nur in Gedanken zusammentragen. Wir sind soziale Wesen. Die Sprache wurde nicht zur Qualitätsverbesserung der eigenen Innenschau erfunden. Menschen können in Paaren oder Gruppen interessantere Dinge schaffen und sich besser unterhalten, als wir es mit unserem einsamen Selbst können. Müssen wir uns schuldig fühlen, wenn wir keine Befriedigung im Nichtstun finden – wenn wir es einfach nicht mögen, nichts zu tun?

All die schrillen Aktivitäten stellen sich ihrem Rang nach auf, je nach ihrer Macht, unsere Aufmerksamkeit erheischen zu können. Dieses Buch sieht ansprechend aus, aber jene Zeitschrift zieht uns stärker in ihren Bann. Und noch besser ist jene neue Jazzplatte, aber da ziehen Sie doch den aufregenden Nervenkitzel vor, der Ihnen ein Online-Spiel gibt, das bezeichnenderweise *Total Annihilation* heißt. Es ist, als ob wir, verwöhnt durch Haute cuisine und weiche Matratzen, uns nicht mehr mit den schlichten Freuden begnügen könnten, mit einfachem Brot und Butter und damit, unter freiem Himmel zu schlafen. Nintendo geht über Briefmarken sammeln geht über Hausaufgaben machen.

Hausaufgaben machen ist langweilig. Briefmarken zu sortieren ist langweilig (hat das wirklich damals unser gesamtes Hirn in Anspruch genommen?). Dieses Buch ist langweilig, wenn du keine fünfzehn Minuten ruhig damit sitzen bleiben kannst, und doch wären deine Vorfahren meilenweit dafür gelaufen, es aus einer Bibliothek ausleihen zu dürfen. Und noch können wir, wenn wir uns jene automatisierten Entscheidungen, die wir jede Minute aufs Neue treffen, ins Bewußtsein rufen, diese neu einordnen. Wir können die verschiedenen Arten, auf die unsere Aufmerksamkeit in Anspruch genommen wird, auswerten und Kurzfristiges gegen Langfristiges abwägen. Genauso wie Sie ihren Muskeln zuliebe eine qualvolle halbe Stunde auf dem Heimtrainer verbringen, entdecken Sie, dass Sie lieber eine Melodie eines Adagios von Mahler im Kopf haben, wenn Sie einschlafen, als dass Ihre Träume von pausenlos herunterfallenden bunten Tetrisblocks heimgesucht werden. Oder können Sie dies auch im Multitasking-Modus betreiben?

Unsere Vorstellung von Langeweile – Ennui, Ermüdung, Monotonie, Mattheit, mentale Flaute – ist eine moderne Erfindung. Das Wort *Langeweile* wurde vor hundert Jahren kaum gebraucht. *Langweilen* bedeutete zuerst etwas, das eine andere Person einem antun konnte, insbesondere dadurch, dass sie zu lange, zu unhöflich und zu wenig relevant sprach. Langeweile als Stille, als Leere, als unerfüllte Zeit – war ein solcher geistiger Zustand überhaupt möglich? Im 18. Jahrhundert wollte Samuel Johnson kaum glauben, dass das für so neugierige Wesen, wie wir es sind, einfach nicht möglich sei. »In Unwissenheit geboren zu werden, aber die Fähigkeit zur Weisheit zu besitzen«, schrieb er, »und mitten in eine äußerst mannigfaltige Welt gestellt zu werden, die unablässig die Sinne bestürmt und die Neugier reizt, ist zweifellos ein ausreichender Schutz gegen« – hier fiel ihm kein einfaches Wort ein – »das Dahinsiechen der Unaufmerksamkeit.«

Die Literaturwissenschaftlerin Patricia Meyer Spacks, die das Phänomen der Langeweile durch die Jahrhunderte hindurch untersuchte, kritisiert, dass Johnsons Feststellung keinen Widerspruch duldet. »Menschen müssen nicht dahinsiechen«, kommentiert sie. »Aber sie tun es erstaunlicherweise doch. Das Gehirn scheint leer und die Stunden lang.«

Möglicherweise ist auch Langeweile die Nachwirkung eines anderen Geisteszustands, der *Manie* – von den Psychologen als abnormer Zustand der Aufregung definiert, der Heiterkeit, gehobene Stimmung und Euphorie umfaßt. Man hat das Gefühl, als würde das Gehirn durchdrehen. Vielleicht ist unsere Hetzkrankheit genau das. Wir – die wir in schnelleren Städten, einer schnelleren Gesellschaft und in der schnelleren Massenkultur der technokratischen Morgendämmerung des dritten Jahrtausends A.D. leben – sind manisch. Die Symptome der Manie sind allzubekannt: Redseligkeit und schnelles Sprechen, Rastlosigkeit und ein reduziertes Schlafbedürfnis, erhöhte motorische Aktivität und mehr Selbstvertrauen. Von allen Geisteskrankheiten scheint Manie nicht die schlimmste zu sein. Kommt also mit Manie keine Langeweile auf? So scheint es in unserer von der Zeit besessenen, komplexen Gesellschaft, in den dicht bevölkerten Nationalstaaten voller Technologien. In anderen Formen der menschlichen Gesellschaft verstreicht die Zeit anders. Einige Menschen leben immer noch wie unsere Vorfahren, beispielsweise in kleinen Gruppen von Sammlern und Jägern. Oder sie organisieren, auch nachdem sie Pflanzen und Tiere domestiziert haben, ihre Zeit um diese Pflichten herum. John S. Mbiti etwa sieht den Tag der Ankore in Uganda »nach den Verrichtungen, die mit Vieh zu tun haben, organisiert.« Seine Aufzeichnungen über die Nutzung der Zeit stellen dies deutlich heraus:

6.00 Uhr: Melken
12.00 mittags: »Zeit für die Rinder und die Menschen auszuruhen«
13.00: Wasser holen
14.00: Rinder tränken
15.00: Rinder beginnen wieder zu grasen …

Hier gibt es keine 1440 Minuten. Und keine Manie. Wenn die Ökonomin Juliet Schor zu untermauern versucht, dass moderne, industrialisierte Völker mehr als je zuvor arbeiten, stellt sie gleichzeitig die Behauptung auf, dass die Menschen im Mittelalter oder in der Antike nicht viel gearbeitet hätten. Die Athener hatten fünfzig oder sechzig Feiertage, führt sie an. Richtig. Aber sie besaßen auch Sklaven. »Primitive Völker arbeiten nicht viel«, schreibt Schor. »Nach heutigen Standards müssten wir sie als außerordentlich faul einschätzen. Arbeiten die Kapauku aus Papua an einem Tag, verrichten sie am darauffolgenden

Tag keine Arbeiten.« Faul! Die Kapauka als Couch Potatoes? Es fällt schwer, sich eine angemessene Methode vorzustellen, um die Arbeitsstunden von Völkern zu zählen, die keine ausreichende Nahrungsversorgung haben und mit nackten Armen auf die Jagd gehen oder allein mithilfe der Werkzeuge, die sie aus Holz und Stein fertigen können, ihre Felder bestellen. Ihre Wirtschaftssysteme lassen nicht genügend freie Zeit, um spezialisierte Beschäftigungen zu unterstützen, Ökonomen etwa, Schriftsteller oder Zeitnutzungsforscher. Bevor wir zu Sklaven unserer Armbanduhren und Wecker geworden sind, war die Grenze zwischen Arbeit und Nichtarbeit, zwischen genutzter und freier Zeit diffuser. Es ist schon schwierig genug, die Arbeitsgewohnheiten in westlichen Gesellschaften der neunziger Jahre mit denen derselben Gesellschaften vor zwanzig Jahren zu vergleichen. Selbst heute würde ein Anthropologe von einem anderen Stern, der jemanden am Heimtrainer schwitzen und später bei einem Arbeitsessen Chardonnay schlürfen sieht, sich schwer damit tun zu entscheiden, welche der beiden Tätigkeiten auf das Freizeit- und welche auf das Arbeitskonto verbucht werden soll.

Ist überhaupt genügend Zeit vorhanden, dass Langeweile einsetzen könnte? Gibt es Langeweile überhaupt? Mbiti ist der Ansicht, dass Zeit in unserer Gesellschaft eine andere Bedeutung hat. Das grundlegendste Verständnis von Zeit, oder eine Vorstellung von Zeit, die diesem Verständnis voranginge, können wir nur mit den Worten umschreiben, die wir gemeinhin im Kontext von Zeit gebrauchen. Mbiti verwendet auch noch andere Begriffe, um erläutern zu können, was Zeit für eine Gesellschaft wie die der Ankore bedeutet. In einer technisch orientierten Gesellschaft *nutzen, verkaufen* und *kaufen* wir Zeit. In afrikanischen Gesellschaften *schafft, produziert* und *macht* eine Person Zeit – »soviel Zeit sie will«. In einer technisch orientierten Gesellschaft ist es möglich, *Zeit zu verschwenden.* Die Westler, die das scheinbar müßige Leben in Afrika durch die falsche Brille betrachten, können nicht erkennen, was Zeit dort bedeutet: »Diejenigen, die man herumsitzen sieht, *verschwenden nicht* ihre Zeit, sondern sie warten entweder auf die Zeit oder sind gerade dabei, Zeit zu ›produzieren‹.«

Auf die Zeit warten? Oder besser noch, Zeit produzieren? Welcher gehetzte Bürger einer technokratischen Gesellschaft könnte dieser verführerischen Aussicht widerstehen? Wir müssen nur anders denken, und dann, wenn wir müßig herumsitzen und in den Himmel gucken, zu kleinen Fabriken werden, die Zeit für uns herstellen. Alle Zeit, die wir brauchen, alle Zeit der Welt.

In diesem Fall stellen wir nicht etwas her, das gegen Geld eingetauscht werden kann; diese Zeit ist nicht Geld. Wir stellen auch kein Stück Stoff für das Raum-Zeit-Gewebe her, das uns umgibt. Wir stellen das Leben her, indem wir es leben.

Ende

Ihr Gefühl der Beschleunigung hat Sie noch nicht blind gemacht für die Kürze des gegenwärtigen Moments. Manchmal würden wir ja gerne glauben, dass wir eine lange Entwicklung hinter uns haben, aber meistens sind wir uns dessen bewusst, dass die eigentümliche Hetze in unserer Gesellschaft und unsere eigene Eile ganz plötzlich aufgekommen sind. Alle anderen üblichen, innerhalb der Menschheitsgeschichte definierten Epochen – das Mittelalter oder die Ming Dynastie – waren von wesentlich längerer Dauer als die Technokratie, in der wir jetzt leben. Und trotzdem passierte vergleichsweise wenig in diesen Epochen. Das wissen wir, und doch definieren wir auch das Zeitalter der *Moderne*, das eigentlich bloß ein Augenblinzeln ist. Aber jedes dokumentierte Zeitalter ist nur ein Zwinkern im Vergleich mit der gesamten Lebenszeit unserer Gattung. Und selbst der *Homo sapiens* als Sammler von Informationen lebt erst seit kurzem in der Fauna unserer Erde ...

Wir sind also umgeben von Kurzlebigkeit. In der kosmischen Zeitrechnung ist jedes geschriebene Wort, jedes aufgezeichnete Lied, jede erfundene Maschine und selbst jedes von uns hinterlassene Gemälde, Gebäude und Denkmal erst vor kurzem entstanden. Alles ist ganz neu. Wir können nur kurzfristig denken. Wir müssen keine Paläontologen sein, um den uns ernsthaft mahnenden Stephen Jay Gould verstehen zu können: »Wenn wir weiterhin die Beschleunigung des technologischen Zeitalters des Menschen betreiben, bis wir in das schwarzes Loch der

Vergessenheit geraten, werden die Erde und die auf ihr gedeihenden Mikroben für diese flüchtige Posse der Evolution nur ein sanftes Lächeln übrig haben.« In jüngster Zeit hat die Willkür des westlichen Kalenders, der sich in der festgelegten Zeitrechnung einer runden Zahl näherte, unseren Eindruck von der Flüchtigkeit und Kurzlebigkeit der Dinge noch verstärkt. Warum sonst würden so viele Wissenschaftler und Autoren »Das Ende« proklamieren? Einige der Buchtitel, die uns in den letzten Jahren des Millenniums begleitet haben: *Das Ende der Wohlstandsgesellschaft. Das Ende der Lust. Das Ende des Homo oeconomicus. Das Ende der Erziehung. Das Ende der Gleichheit. Das Ende des Expressionismus. Das Ende des Ruhms. Das Ende der Geschichte. Das Ende der Ideologie.* »Der Tod des…« soll hier gar nicht erst erwähnt werden. Andere Titel verkündeten das Ende des Alterns, des Alphabets, der Arbeit, der Architektur, der Bürokratie, der Bohème, des Christentums, der Demokratie, der Druckerpresse, der Gesellschaft, der Gesundheit, des Kapitalismus, der Kirche, der Konzerte, der Kunst, des Laissez-faire, des Liberalismus, der Magie, der Männlichkeit, der Moderne, des Nationalstaats, der Natur, des parlamentarischen Sozialismus, des Patriarchats, der Physik, des Rassismus, der Reform, des Schauspiels, der Schönheit, der Sicherheit, der Sorgen, der Stille, der Tage der Unschuld, der Trauer, des Vandalismus, der Verwandtschaft, der Weisheit, der Wissenschaft und des Wohlfahrtsstaats. In einem gewissen Sinn haben wir auch das Ende des Regenbogens erreicht, das Ende des Weges (oder vieler Wege), der Suche, des »Es«, der Story, der Schlange und natürlich der Welt. Keines dieser Dinge ist wirklich zu Ende gegangen, noch werden sie binnen kurzer Zeit zu Ende gehen, was also ist da los? Was versuchen uns diese voreiligen Todesankündigungen zu sagen, und warum brennen wir so darauf, diese Nachricht zu bekommen?

Manchmal sind die Ankündigungen des »Endes von« nur eine Art und Weise, den schnellen Wandel übertrieben darzustellen. Das Ende der Physik, bedenkt nur, das Ende einer Physik, *wie wir sie kennen,* hier sollten wir nicht kurzsichtig sein. Es könnte doch sein, dass Teilchenphysiker, deren Forschung sich schon seit vielen Jahren auf Beschleuniger konzentriert, sich jetzt mit ganz anderen Problemen beschäftigen werden oder sogar ganz einfach einen neuen Job an der Wall Street finden. Näher besehen könnte sich das Ende der Geschichte als Ende des

Kalten Kriegs herausstellen, womit ein vorübergehender Zustand in den internationalen Beziehungen beendet wird, der ein paar Jahrzehnte angedauert hat. Im Ende der Arbeit könnte man den sinkenden Anteil von Arbeitskräften sehen, die in der hochtechnisierten westliche Wirtschaft noch in der Produktion benötigt werden. Und doch unterstellen alle diese Schlagworte eine Art Schicksalsmacht, die sich der menschlichen Angelegenheiten angenommen hat. Dies führt uns in eine Einbahnstraße, an deren Ende die Erfüllung oder der Höhepunkt steht. Die Idee einer zeitlosen, zyklischen, stets sich wandelnden Form der Geschichte ist diesem Konzept fremd.

Das folgende Diagramm haben Sie schon mehr als einmal gesehen.

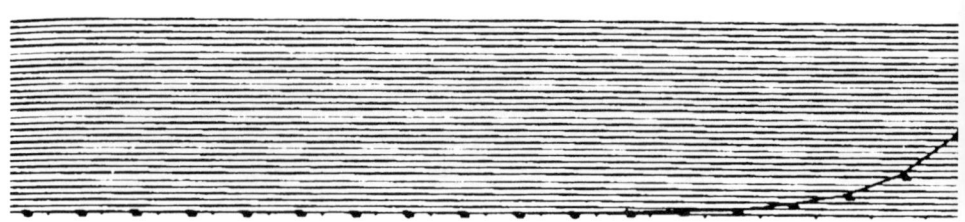

Es zeigt die uns schon seit langem angedrohte Bevölkerungsexplosion. Oder eben irgendeine Explosion in der Bevölkerung, die im Rahmen von ein paar Jahrhunderten oder Jahrtausenden oder sonst einer Zeitspanne dargestellt wird. Es zeigt die Zunahme der Computerbesitzer in den letzten zwanzig Jahren. Den Zuwachs der kommerziellen Internetprovider innerhalb von nur vier Jahren. Oder Softwarepatente, die zwischen 1971 und heute vergeben wurden. Notfallambulanzen für Schmerzen in der Brust in den neunziger Jahren. Oder die Millionen von Anweisungen pro Sekunde, die von einem streichholzschachtelgroßen Rechner ausgeführt werden. Potenzielle Sexualpartner. Senfsorten. Veröffentlichungen. 1600 Meter-Läufe in vier Minuten. All das, was aus zwischenmenschlicher Interaktion entsteht. Die Menge der Dinge, die getan werden wollen, geteilt durch die zur Verfügung stehende Zeit.

Der wachsende Reichtum an Wahlmöglichkeiten lässt das positive Feedback in die Höhe schnellen. Je schneller die Informationsflut über uns hereinbricht, desto mehr Internetports und Suchmaschinen eilen uns zu Hilfe, indem sie uns mit weiteren Informationen überschütten. Je mehr Telefonanschlüsse man besitzt, desto mehr braucht man auch. Je mehr Patente, desto mehr Patentanwälte und Patentregister. Je mehr Kochbücher man sich zulegt oder durchblättert, desto mehr hat man das Gefühl, man müsste seinen Gästen etwas *Neues* servieren, und desto mehr Rezepte braucht man auch. Komplexität bewirkt Auswahl. Auswahl inspiriert Technologie, Technologie schafft Komplexität. Ohne die effiziente Herstellung und den effizienten Vertrieb der modernen Gesellschaft, ohne gebührenfreie Service-Telefonnummern, ohne Kurierdienste, Geheimnummern, Scanner und vor allem ohne Computer würden die Wahlmöglichkeiten nicht derartig zunehmen. Falls eine Grafik ein Klischee sein kann, dann ist die Grafik für exponentielles Wachstum sicherlich zu einem Klischee geworden.

Jedes exponentielle Wachstum sieht nicht nur gleich aus, ist der Maßstab einmal angepass, es sieht auch beängstigend aus. Über einen langen Zeitraum hinweg bewegt sich etwas bei Null oder eins oder einer Zahl, die klein genug ist, dass sie auf dem Bildschirm gar nicht auftaucht. Dann beginnt es zu wachsen. Plötzlich wird das Wachstum unverhältnismäßig schnell. Am Ende zieht es sich wie eine Wand empor – als Grenze, als unsere Gegenwart, das Hier und Jetzt. Nimmt es da noch wunder, dass wir unsere Zukunft als begrenzt empfinden? Wir betrachten diese Diagramme, wir nehmen unsere gegenwärtige Position kurz vor dem Ende wahr, und es schaudert uns angesichts der Unmöglichkeit, diese Höhen weiter ansteigen zu lassen. Sicherlich werden wir an Grenzen stoßen, die die Gesetze der Natur uns vorgeben. Die Festplatte des Computers, die 1956 noch die Größe eines mittleren Lastwagens hatte und jetzt Millionen von Bytes auf immer kleineren, immer schnelleren Disks speichert, kann doch nicht immer weiter schrumpfen, oder? Kann die Aufnahmefähigkeit der Wirtschaft für noch speziellere Fernsehkanäle und immer noch mehr neue Fläschchen scharfer Saucen mit wunderlichen Etiketten endlos weiter wachsen? Wenn das Gefälle vor uns unerträglich steil wird, wird die Beschleunigung eventuell der Lähmung weichen. Sicherlich gibt es keinen biologischen Grund für uns, dieses einfach so zu akzeptieren. »Die Menschen führen ein mehr oder weniger begrenztes Leben, das weit entfernt von exponentiellem Wachstum ist«, sagt Greg Blonder. »Acht Grad Celsius ist kalt, dreißig

277

Schneller!

Grad ist warm. Mit fünfhundert Kalorien täglich stirbt man, mit dreitausend ist man ein fettes Schwein.« So viel zu unserem Ursprung ohne Jetlag. Aber »Exponentialzahlen beginnen langsam und bleiben lange Zeit harmlos im Hintergrund. Doch dann bauen sie unbarmherzig ihre Kraft auf, bis sie zu groß geworden sind, als dass man sie weiter ignorieren könnte. Denn während dessen haben sich bereits ganze Industriezweige gewandelt, und ganze Kulturen sind untergegangen.« Natürlich nimmt sich unsere Kultur selbstbezüglich unter die eigene Lupe. Alice dachte, dass sie an einen anderen Ort gelange, wenn sie eine ganze Weile sehr schnell liefe. »›Behäbige Gegend!‹ sagte die Königin. ›Hierzulande musst du so schnell rennen, wie du kannst, wenn du am gleichen Fleck bleiben willst. Und um woandershin zu kommen, muss man noch mindestens doppelt so schnell laufen!‹«

Wir treffen Entscheidungen. Aber wir haben das Gefühl, dass wir dabei nicht wirklich frei sind. Wir sind wie Reisende, die durch ein Seuchengebiet fahren, ohne uns vorher impfen haben zu lassen. Jeden Augenblick könnten wir von diesem Fieber befallen werden – und anfangs fühlt sich das Fieber sogar angenehm an. So können wir am Strand unser mobiles Telefon herausziehen. Wir können nach der Fernbedienung greifen oder uns auf den Weg zum Drive-In machen.

Zahlreiche Stimmen warnen uns vor den Gefahren der Geschwindigkeit. Manche davon befinden sich in unseren Köpfen. Geh langsam, renne nicht. Entspann dich. Mach's dir einfacher. Lass das Telefon doch klingeln. Hüte dich vor Typ A. »Ich hab mich immer schon in schnellen Schnitten bewegt«, gibt Jay Walljaspar dramatisch in der Einleitung zu der extra-langsamen Sonderausgabe des *Utne Readers* zu: »Ich kann Small Talk nicht ausstehen, oder Schlange stehen oder langsame Lieder zum Tanzen. ... Es ist soweit, langsam habe ich das Gefühl, dass meine Tage, die mit allen möglichen Tätigkeiten angefüllt sind, zu einem olympischen Ausdauerlauf werden: der Alltagsmarathon. ... Selbst wenn ich mich amüsieren will, höre ich eine unsichtbare Stoppuhr ticken.« Klar, wir stecken uns mit dem Fieber an. Wir ziehen die Manie auf jeden Fall der Langeweile vor. »Die Geschichte zeigt, dass Menschen sich niemals für das Langsame entschieden haben«, bemerkt der Historiker Stephen Kern. Wir machen uns mit falscher Nostalgie etwas vor – einer Nostalgie für etwas, das nie existiert hat. Jedesmal wenn wir die Gegenwart beschleunigen, verlangsamen wir als sonderbaren Nebeneffekt die Vergangenheit. »Wenn jemand zwanzig Jahre lang auf dem Pferd zur Arbeitet reitet«, sagt Kern, »und dann das Automobil erfunden wird und er fortan dieses benutzt, ist der Effekt sowohl eine Beschleunigung als auch eine Verlangsamung. ... Die Beschleunigung verwandelt sein früheres Fortbewegungsmittel in etwas, was es nie war: etwas Langsames, während es früher die schnellste Fortbewegungsart gewesen ist.« Bis der Futurist Filippo Marinetti die Idee hatte, Flüsse zu beschleunigen, »schien die Donau nie so wunderbar langsam.« Wenn wir in der Geschichte zurückblicken, sehen wir die Szenen in einer Art Zeitlupe, die es damals nicht gab. Wir haben sie erfunden.

Die Zivilisation hat eine Art Quarantänestation eingerichtet, deren Wände das Geschwindigkeitsfieber nicht durchdringt. Hier ist der Ort, an dem die Menschen Zeit *machen*, an dem es ihr sehnlichster Wunsch ist, sich die Zeit zu *vertreiben*, die Zeit *totzuschlagen*. Im Gefängnis gibt es Kurzinhaftierte und Langinhaftierte, Insassen, die eine schwere Zeit haben, und solche, die eine besonders schwere Zeit haben. Der Fluch des Inhaftierten ist die Langweile, und dennoch ist es nicht wirklich Langeweile, die ihn plagt. Es ist die Machtlosigkeit, seine Zeit selbst zu bestimmen. Die Kontrolle über die Zeit, ein kostbarer Besitz, ist ihm weggenommen worden. »Sobald die Gefängnisschwelle überschritten ist, hört die Geschichte auf zu existieren, und die Zeit gerät völlig aus dem Takt«, schreibt Maurice Lever, Biograph des Marquis de Sade. »Der Mensch versinkt in der Zeitlosigkeit oder vielmehr in der Nichtzeit.« De Sade und viele andere berühmte Gefangene – von Sokrates bis Hitler – fanden eine neue Zuflucht und einen neuen Mittelpunkt in ihrer Selbstreflexion. De Sade schrieb, manchmal mit Blut. Malcolm X schrieb ein Lexikon ab und las. »Monate vergingen, ohne dass mir überhaupt zu Bewusstsein gekommen wäre, dass ich eingesperrt bin«, sagte er. »Bis dahin habe ich mich in meinem ganzen Leben eigentlich nie so frei gefühlt.« Gefangene selber erzählen des öfteren, dass eine kurze Inhaftierung schwerer zu verkraften ist als eine lange. Das ist vielleicht der Unterschied zwischen Warten und Leben. Als Alexander Solschenizyn wieder in die Freiheit entlassen wurde, hatte er, während er sechzehn Minuten lang auf einen Trolleybus wartete, den Eindruck, sich mehr zu langweilen, als es je während des leeren Sechzehnstundentags im Gulag der Fall gewesen war, der ohne jedes erinnerungswürdige Ereignis verstrich. Außerhalb der Gefängnismauern können sechzehn Minuten in der Tat lang sein. Etwa zur selben Zeit und auf demselben Planeten wurde sich Tom Parsons, ein pensionierter Lehrer, der in Auckland, Neuseeland, an seiner Doktorarbeit schrieb, darüber im Klaren, dass seine Psyche verwandelt war – verdorben für reine »Monobetätigung« – so sehr war er, wie er sagt, an »Multitasking oder zumindest den schnellen Wechsel von Beschäftigungen gewöhnt: Börsenkurse mitverfolgen, E-Mails lesen und schreiben, an Online-Konferenzen teilnehmen, Nachrichten aus aller Welt in verschiedenen Quellen lesen, Stichworte meiner Forschungsideen notieren, die Festplatte aufräumen, das jüngste Satellitenbild mit der aktuellen Wettervorhersage betrachten, bis hin zur Vertiefung meiner Programmierkenntnisse.« Es zeigt sich, dass Multitasking schon immer unser Schicksal war – nicht die Zeit totzuschlagen, nicht die Zeit abzusitzen, sondern sie zu meistern.

Wir leben als freie Männer und Frauen, also sind wir pünktlich bei Verabredungen, zeichnen die Zeit auf, sorgen uns um die Zeit, gucken auf die Uhr, wie lange wir für etwas brauchen – und das alles vielleicht auch deshalb, weil wir dazu in der Lage sind. Wir machen Multitasking, weil wir es können. Würde man den Minutenzeiger, ja selbst den Sekundenzeiger an unserer Armbanduhr entfernen, würden wir leiden. Wir könnten uns auch entspannen, aber wir würden dennoch leiden.

Je älter wir werden, desto mehr haben wir das Gefühl, dass die Zeit rast. Wir haben dann den Eindruck, die Zeit verginge schneller. Vielleicht liegt es zum Teil daran, dass das Ende näher gerückt ist. Psychologen haben eine »Spannungskurve« erstellt, die wiedergibt, wie sich unser Zeitgefühl ändert, wenn wir uns einem kritischen Punkt nähern – dem Ende eines Baseballspiels, einer Reise, eines Buches, des Millenniums, unseres Lebens. Hinter all dieser Hast, diesem migräneähnlichen Druck, sich zu beeilen, lauert die Angst vor der eigenen Sterblichkeit. Es wäre jedoch auch denkbar, dass das Gefühl der Schnelligkeit daher kommt, dass wir mehr erlebt haben. Die Menschen häufen Verpflichtungen und Zeitfüller an wie Wellenbrecher Algen.

Ihnen ist klar, dass der Leiter des Direktorats für Zeit eine Art Philosoph ist. Er schrieb: »Wir nehmen Zeitintervalle viel kürzer wahr, als wir es in unserer Kindheit taten.« Er hat sogar Gleichungen dafür aufgestellt: »Delta t(s) ~ Delta Exp/Total Exp« und »dt(s) ~ dt/t oder integral t(s) ~ ln(t)«, mit denen er zum Ausdruck bringen will, dass die Zeit umso schneller vergeht, je mehr Erfahrungen wir gesammelt haben. Beruhigungsmittel wie Alkohol verlangsamen die Zeit, weil das Gehirn weniger Reize pro Sekunde empfängt. Wie so viele andere auch, haben Sie möglicherweise das Gefühl, dass Ihr Leben auf einer Skala dargestellt werden könnte, wobei die Jahre zwischen zehn und zwanzig genauso lang (das heißt ereignisreich) erscheinen, wie die von zwanzig bis vierzig oder von vierzig bis achtzig. Exponentielles Wachstum in seiner schlimmsten Variante. Nach dieser Skala befindet sich der Moment der Geburt nahe der negativen Unendlichkeit, während der Tod … jemand anderes würde Woody Allen zitieren, doch der Direktor zieht Epikur vor: »Den Tod gibt es für uns nicht, denn während wir sind, ist der Tod nicht gekommen, und wenn der Tod gekommen ist, sind wir nicht mehr.«

Der Tod mag absolut sein, die Zeit aber ist es nicht. Unsere Vorfahren mögen die Zeit als göttliches Eigentum betrachtet haben, aber wir wissen es besser – wir, die wir den Jetlag geschaffen haben, die unmittelbare Wiederholung in Zeitlupe, Metamphetamine, die Internationale Datumsgrenze, die Relativität der Physik, Schaltjahre und Schaltsekunden. Wenn man es genau nimmt, bestimmt nicht Winkler das Tempo – nicht Ihr Tempo. Stellen Sie Ihre Uhr nach seinen Uhren, aber bleiben Sie Ihr eigener Chef in Ihrem eigenen Zeitdirektorat. Selbst wenn Sie sich von der bloßen Fülle der Dinge gehetzt fühlen, selbst wenn Sie essen, weil die Uhr es Ihnen befiehlt, sollten Sie dabei nicht vergessen, dass die Menschen es sind, die die Zeit definieren, analysieren, messen und sogar konstruiert haben. So lernen Sie vielleicht, Zeit als ein Kontinuum zu begreifen und nicht als einzeln verpackte Pakete. Oder Sie lernen, die gesparte Zeit sinnlos zu verschwenden. Oder Sie erkennen zumindest an, dass weder bessere Technik noch größere Effizienz Ihnen mehr Zeit zur Verfügung stellen können. Denn Zeit ist weder etwas, das Sie verloren haben, noch ist sie etwas, das Sie je besessen hätten. Sie ist das, worin Sie leben. Sie können in ihrer Strömung dahintreiben, oder Sie können schwimmen.

Der Direktor hat anscheinend geendet. Aber Sie können nicht widerstehen, ihm ein paar Fragen zu stellen über die psychologische Motivation eines Zeitmessers mit so großer Verantwortung. Er geht auf die Frage ein: »Genauigkeit, Präzision, Kontrolle – das ist etwas, das mir in ästhetischer Hinsicht Vergnügen bereitet.«

Sind Sie ein pünktlicher Mensch?

»Ich bemühe mich darum.«

Was für eine Armbanduhr tragen Sie?

»Keine.«

Und warum nicht?

»Ich brauche keine. Es wäre das Eingeständnis einer Niederlage.«

Niederlage! Was kann er bloß damit meinen? Jedenfalls hängt eine Uhr, die einigermaßen genau geht, an der Wand direkt hinter Ihrer linken Schulter. Sie sehen Winkler einen Blick darauf werfen. Ihre Zeit ist um.

Anhang

Danksagung

Die nachfolgenden Anmerkungen geben die Quellen der verwendeten Zitate an. Wenn ich einen Ort beschreibe oder eine Person zitiere, *ohne* eine Quelle zu nennen, bedeutet dies, dass ich selbst anwesend war (so z. B. im Direktorat für Zeit, am Drehort, im Kontrollzentrum der Fluglinie, in der Zentrale der Telefongsellschaft usw.), oder aber, dass ich die Worte gehört und in Echtzeit (entschuldigen Sie diesen Ausdruck) notiert habe. Ich bin vielen Menschen zu großem Dank verpflichtet, die während der Recherchen für dieses Buch viel Zeit für mich geopfert haben, mir Interviews gegeben und Unterlagen zur Verfügung gestellt haben. Außerdem möchte ich den vielen hundert Menschen danken, die online auf meine Anfragen geantwortet haben. Nur einige von ihnen werden im Text erwähnt oder zitiert, aber jeder war mir eine Hilfe.

Eine Bibliografie zu Zeit und Geschwindigkeit könnte allein ein ganzes Buch füllen. Neben jenen Werken, die ich in den Anmerkungen aufführe, möchte ich hier nur ein paar herausragende Arbeiten nennen, die für einige der Themen, mit denen ich mich auseinandergesetzt habe, erstaunlich vielfältige Lösungsansätze bieten.

Fraser, J. T. (Hrsg.): *The Voices of Time*, Amherst: University of Massachusetts Press, 1981.

Grazia, Sebastian de: *Of Time, Work and Leisure*, New York: Vintage 1993.

Kern, Stephen: *The Culture of Time and Space:* 1880–1918, Cambridge: Harvard University Press, 1983.

Levine, Robert: *Eine Landkarte der Zeit. Wie Kulturen mit der Zeit umgehen*. Aus dem Amerikanischen von Christa Broermann und Karin Schuler, München: Piper, 1999.

Robinson, John P. / Geoffrey Godbey: *Time for Life. The Surprising Ways Americans Use Their Time*, University Park: Pennsylvania State University Press, 1997.

Whitrow, G. J.: *Die Erfindung der Zeit*, Hamburg: Junius Verlag, 1991.

Für ihre unmittelbare Unterstützung, ihr Verständnis und ihre fachliche Hilfe danke ich Jack Rosenthal vom *New York Times Magazine*, meinem Agenten Michael Carlisle, Greg Blonder, Jerome Chou, Beth Donen, David Feldman, Cathy Fuerst, Betsy und Peter Gleick, Douglas Hofstadter, Uday Ivatury, Zachary Katz, Judith Kogan, Nicholas Lemann, Frida Lindman, Martin Seligman, William Slaughter, Betsy Stark, Joseph Straus, Edward Tenner, Laura Tolkow, Roben Torosyan, Craig Townsend, Peg Tyre, Hugh Wolff, David Wyner und Martha Zornow. Der Lektor der amerikanischen Originalausgabe dieses Buches war, wie auch für meine vorherigen Bücher, der unvergleichliche Dan Frank.

Die Idee zu diesem Projekt stammt von Cynthia Crossens. Davon ganz abgesehen fehlen mir allein beim Versuch, mich ihr erkenntlich zu zeigen oder mich bei ihr zu bedanken, die Worte.

Literaturhinweise

Mottos

Woody Allen: »Everyone says I Love You«, 1996.
W. H. Auden: »No Time«, in: *Collected Shorter Poems*, 1927–1957, New York: Vintage, 1975.

Schrittmacher

Allen, Barbara: *Timewatch. The Social Analysis of Time*, Cambridge, Massachusetts: Polity Press, 1995: S. 53 ff.
Bartky, Ian R. / Steven J. Dick: »The First Time Balls«, *Journal for the History of Astronomy* 12, 1981: S. 155–64.
– dies.: »The First North American Time Ball«, *Journal for the History of Astronomy* 13, 1982: S. 50–54.
Dossey, Larry: *Space, Time, and Medicine*, London: Shambala, 1982.
Helprin, Mark: »The Acceleration of Tranquility«, *Forbes*, 2. Dez. 1996: S. 15 ff.
Kundera, Milan: *Die Langsamkeit*. Aus dem Französischen von Susanna Roth, München, Wien: Carl Hanser, 1995.
Winkler, Gernot M. R.: »Changes at USNO in Global Timekeeping«, *Proceedings of the IEEE* 74, Jan. 1986: S. 151.

Zeldin, Theodore: *Eine intime Geschichte der Menschheit. Über die Kunst des Lebens*, Stuttgart: DVA, 1997.

Die Cartoons von Donald Reilly und Richard Cline aus dem *New Yorker* findet man in den Ausgaben vom 25. Nov. 1996 und 27. Jan. 1997. Die Tagebucheintragungen von Bill Gates kann man unter http://www.slate.com/Code/DDD/DDD.asp?file=billg&iMsg=2 einsehen.
Die erwähnte *Late Show* mit David Letterman lief am 12. Feb. 1999.

Der Typ A

Coupland, Douglas: *Microsklaven*. Aus dem Amerikanischen von Tina Hohl, 2. Aufl., Hamburg: Hoffmann und Campe, 1996.
Friedman, Mayer / Ray H. Roseman: *Type A Behavior and Your Heart*, New York: Knopf, 1974.
dies.:»Association of Specific Overt Behavior Pattern with Blood and Cardiovascular Findings«, *Journal of the American Medical Association* 169, 21. März 1959: S. 1286–96.
Lee, David J. / Orlando Gomez-Marin / Ronald J. Prineas: »Type A Behavior Pattern and Change in Blood Pressure from Childhood to Adolescence. The Minneapolis Children's Blood Pressure Society Study«, University of Miami School of Medicine, *American Journal of Epidemiology* 143, 1996.
Machlowitz, Marilyn M.: »A New Take on Type A«, *New York Times*, 3. März 1987: S. 40.
Mansnerus, Laura: »Count to 10 An Pet the Dog«, *New York Times*, 25. April 1993: S. 74.
Murphy, Cullen: »Type B, A-Wise«, *Just Curious*, Boston: Houghton Mifflin, 1995.
Perry, Cynthia: »Sustained Attention and the Type A Behavior Pattern. The Effect of Daydreaming on Performance«, *Journal of General Psychology* 119, 1. Juli 1992.
Price, V. A.: *Type A Behavior Pattern. A Model for Research and Practice*, New York: Academic Press, 1982.

Webb-Johnson, Cecil: *Nerve Troubles. Causes and Cures,* London: Methuen, 1929.

»Type A Preschoolers« war in der Rubrik ›Science Watch‹ in der *New York Times* vom 7. Juni 1988 zu lesen.

Der TÜR ZU-Knopf

Pérez-Peña, Richard: »Transit Authority Urges Platform Etiquette to Speed Subways«, *New York Times,* 12. Nov. 1996.

Rutenberg, James: »TA Aims Not to Say Please / Part of Speedup Drive«, *New York Daily News,* 29. März 1999.

Spivack Associates: *The Sourcebook: Human Behavior and Perception in Elevators.* Bericht für die Otis Elevator Company, Cambridge, Massachusets: Spivack Associates, 1979: S. 115–20.

Strakosch, George R.: »A New Dimension in Elevator Monitoring«, *Elevator World* 42, Nr. 8, 1994: S. 126–29.

ders.: *Vertical Transportation: Elevators and and Escalators,* 2. Aufl., New York: John Wiley, 1983: S. 444.

Fortune, James W. »Mega High-Rise Elevators«, *Elevator World* 43, Nr. 7, 1995: S. 63.

Weller, Ralph A.: »Autotronic ›Without Attendant‹ Elevator Presentation Using the Otis Electronic Demonstrator Model«, 1. Sept. 1953, in den Archiven der Otis Elevator Company.

Ihr zweites Gesicht

Aveni, Anthony F.: *Empires of Time,* New York: Basic Books, 1989.

Fraser, J. T.: *Of Time, Passion, and Knowledge,* 2. Aufl., Princeton: Princeton Univerity Press, 1990.

Grazia, Sebastian de: *Of Time, Work and Leisure,* New York: Vintage 1993.

Kahlert, Helmut / Richard Mühe / Gisbert L. Brunner: *Armbanduhren. Hundert Jahre Entwicklungsgeschichte,* 5., erw. Aufl., München: Callwey, 1996.

Landes, David S.: *Wohlstand und Armut der Nationen: Warum die einen reich und die anderen arm sind.* Übersetzt von Ulrich Enderwitz, Monika Noll und Rolf Schubert, Berlin: Siedler, 1999.

ders.: *Revolution in Time,* Cambridge: Harvard University Press, 1983.

Lowe, Donald: *History of Bourgeois Perception,* Chicago: University of Chicago Press, 1982.

Marx, Karl / Friedrich Engels: *Werkausgabe. Briefe* 1846 – 1895, Berlin: Dietz , 1962.

Monta, Peter: *How to Set Your Wristwatch to Extremely High Accuracy,* http://image.mit.edu/~monta/hos/wristwatch.html.

Norman, Donald A.: *The Design of Everyday Things,* New York: Doubleday, 1988.

Offit, Avodah: *Virtual Love,* New York: Simon & Schuster, 1994.

Weltzeit

Hungerford, Edward: »Time by Telephone«, Leserbrief an die *New York Times* vom 7. Sept. 1928.

O'Malley, Michael: *Keeping Watch. A History of American Time,* New York: Viking, 1990.

Plautus, Titus Maccius: zitiert nach Aulus Gellius, *Noctes Atticae* 3.3.

Thoreau, Henry David: *Walden oder Leben in den Wäldern.* Aus dem Amerikanischen von Emma Emmerich und Tatjana Fischer, Zürich: Diogenes, 1971.

Die neuen Akzeleratoren

Abbott, Edwin Abbott: *Flatland: A Romance of Many Dimensions by Square,* New York: New American Library, 1984.

Baker, Nicholson: *Die Fermate.* Deutsch von Eike Schönfeld, Reinbek: Rowohlt Taschenbuch Verlag, 1996.

Schivelbusch, Wolfgang: *Das Paradies, der Geschmack und die Vernunft. Eine Geschichte der Genußmittel,* München: Hanser, 1980.

Ward, James A.: *Railroads and the Character of America*, 1820–1887, Knoxville: University of Tennessee Press, 1986.
H. G. Wells: »Der neue Akzelerator«, *Meistererzählungen*, Zürich: Diogenes, 1996.
– ders.: *Die Zeitmaschine*. Eine Erfindung, Zürich: Diogenes, 1985.

http://www.illuminatus.com/fun/agogo/caffeine.html

In Zeitlupe sehen

Boccioni, Umberto / Carlo Carra / Luigi Russolo / Giacomo Balla / Gino Severini: »Technisches Manifest der futuristischen Malerei«, *Poesia*, 11. April 1910.
Dalton, Stephen: *Split Second*, Salem, N. H.: Salem House, 1984.
Edgerton, Harold E. / James R. Killian: *Moments of Vision: The Stroboscopic Revolution in Photography*, Cambridge: MIT Press, 1985.
Hendricks, Gordon: *Eadweard Muybridge. The Father of the Motion Picture*, New York: Grossman, 1975.
Jussim, Estelle / Gus Kayafas: *Stopping Time*, New York: Abrams, 1987.
Moholy-Nagy, L.: *Vision in Motion*, Chicago: Paul Theobald, 1947.
Marinetti, Filippo Tommaso: *Futuristsiches Manifest*, 1909.
Updike, John: *Toward the End of Time*, New York: Knopf 1997.
Walmsy, Ian / Rick Trebino: »Measuring Fast Pulses with Slow Detectors«, *Optics & Photonics News* 7, Nr. 3, März 1996.

Echtzeit

Fisher, Lawrence M.: »Sun Microsystems to Buy Diba, a Start-Up«, *New York Times*, 1. Aug. 1997.
Huberman, Bernardo A. / Tad Hogg: »Phase Transitions in Artificial Intelligence Systems«, *Artificial Intelligence* 33, Nr. 2, 1987: S. 155–71.
Knox, Noelle: »G. M. Speeds Up Car Development«, *New York Times*, 20. März 1998.

Markoff, John: »A Quicker Pace Means No Peace in the Valley«, *New York Times*, 3. Juni 1996.
Menand, Louis: »But Is It Good for the News?«, *New Yorker*, 18. Nov. 1996.
Meyer, Christopher: *Fast Cycle Time*, New York: Free Press, 1993.
Wieners, Brad: »Managing on (Internet) Time«, *Wired*, Juni 1998.
»Why Internet Shares Will Fall«, *The Economist*, 30. Jan. 1999.

Verloren in der Zeit

Burke, James: *The Pinball Effect*, Boston: Little, Brown, 1996.
Tenner, Edward: *Die Tücken der Technik. Wenn Fortschritt sich rächt.* Aus dem Amerikanischen von Michael Bischoff, Frankfurt: S. Fischer, 1997.

Zur Internet-Zeit

Nielsen, Jakob:
http://www.useit.com/alertbox/9710a.html
http://www.useit.com/alertbox/whyscanning.html
Smith, E. Ide / William P. Tunnell: »Beeper Medicine«, *Southern Medical Journal*, Juli 1988.
»37 Smart (Not Silly) Ways to Simplify Your Life«, *Redbook*, Nov. 1996.
Stein, Herbert: »The Sidewalk Nursery. The True Comforts of a Cell Phone or Walkman May Lie Deeper Than We Think«, *Slate*, 17. Sept. 1998 – http://www.slate.com/itseemstome/98-09-17/ itseemstome.asp

Ihre Meinung? Schnell!

Applebome, Peter: »Round and Round in the Search for Meaning«, *New York Times*, 29. März 1998.

Crossen, Cynthia: *Tainted Truth. The Manipulation of Fact in America*, New York: Simon & Schuster, 1994.

Hofstadter, Douglas R.: *Gödel, Escher, Bach: ein Endloses Geflochtenes Band*. Aus dem Amerikanischen übersetzt von Werner Alexi, Ronald Jonkers und Günter Jung, 5. Aufl., Stuttgart: Klett-Cotta, 1985.

Pred, Allan R.: *Urban Growth and the Circulation of Information: The United States System of Cities*, 1790–1840, Cambridge: Harvard University Press, 1973.

Rogers, Everett: *Diffusion of Innovations*, 4. Aufl., New York: Free Press, 1995.

Schwartz, Tony: *The Responsive Chord, Garden City*, N.Y.: Anchor Books / Doubleday, 1973.

Stephens, Mitchell: *The rise of the image the fall of the word*, New York: Oxford University Press, 1998.

Zersetzung braucht Zeit

Twain, Mark: *More Tramps Abroad*, London: Chatto & Windus, 1897.

Winfree, Arthur T.: *Biologische Uhren. Zeitstrukturen des Lebendigen*. Aus dem Amerikanischen von Brigitte und John Dittami, Heidelberg: Spektrum der Wissenschaft-Verlagsgesellschaft, 1988.

http://bbg.org/gardening/natural/compost/ten.html

Auf die Plätze, fertig, denken!

Feldman, David: *Haben Pinguine Knie? Das große Buch der Feldmania. Die besten Antworten auf die tausend ungelösten Rätsel des Alltags*, München: Goldmann, 1995.

Gould, Stephen Jay: *Der falsch vermessene Mensch*. Aus dem Amerikanischen von Günter Seib, Basel / Boston / Stuttgart: Birkhäuser, 1983.

Jensen, Arthur R.: *Behavioral & Brain Sciences* 7, 1984.

Lemann, Nicholas: »A Fool's Goal«, *Forbes ASAP*, 30. Nov. 1998.

Miller, Edward M.: »Intelligence and Brain Myelination. A Hypothesis«, *Personality and Individual Differences* 17, Nr. 6, Dez. 1994: S. 803–33.

Modgil, Sohan / Celia Modgil: *Arhur Jensen. Consensus and Controversy*, Brighton: Tylor & Francis, 1987.

Spearman, Charles: *The Abilities of Man*, New York: Macmillan, 1927.

Wittels, David G.: »You're Not as Smart as You Could Be«, *Saturday Evening Post*, 17. April 1948.

Eine Millisekunde hier, eine Millisekunde dort

McLuhan, Marshall: *Die magischen Kanäle: ›Understanding Media‹*, München: Econ, 1992.

Rosch, Winn L.: *Winn L. Rosch Hardware Bible*, Indianapolis: SAMA Publishing, 1997.

Twain, Mark: Brief an Orion Clement vom 9. Dez. 1874.

1440 Minuten pro Tag

Für die Statistiken zur Zeitnutzung in diesem und den folgenden Kapiteln ist eine gesonderte Anmerkung erforderlich. Sie stammen aus Erhebungen, die von offiziellen bis halboffiziellen Institutionen durchgeführt wurden. Darunter sind staatliche Einrichtungen, Forschungsprojekte, Telefongesellschaften und Ähnliches zu finden. Außerdem habe ich eine Reihe von Veröffentlichungen, d. h. Studien, Fachbücher und Artikel zu Rate gezogen, die ich größtenteils im Folgenden nenne:

Heymann, Tom: *On an Average Day*, New York: Fawcett, 1989.

Robinson, John P. / Geoffrey Godbey: *Time for Life. The Surprising Ways Americans Use Their Time*, University Park: Pennsylvania State University Press, 1997.

Shook, Michael D. / Robert L. Shook: *It's About Time!*, New York: Plume, 1992.

Information Please Almanac, Boston: Houghton Mifflin, verschiedene Jahrgänge.

Weiterhin habe ich viele Artikel aus der *American Demographics* benutzt. Oft gibt es mehrere verschiedene Schätzungen zu einer beliebigen Art der Zeitnutzung. Wenn ich hiermit genaue Quellenangaben liefere, geschieht das nicht, um die verwendeten Daten wissenschaftlich abzusichern. Bemerkenswert ist nur, dass die Statistiken unzuverlässig bis sinnlos sind.

Bonnet, M. H. / D. L. Arand: »We Are Chronically Sleep Deprived«, *Sleep* 18, Nr. 10, 1995: S. 108 – 11.

Coren, Stanley: *Die unausgeschlafene Gesellschaft*. Aus dem Amerikanischen von Alan Posener, Reinbek: Rowohlt, 1999.

Henderson, Robert: »Go It, Tortoise«, *New Yorker*, 28. Sept. 1963.

Samuel, Peter: »Highway Aggravation: The Case for Privatizing the Highways«, *Policy Analysis*, Nr. 231, 27. Juni 1995.

http://mobility.tamu.edu/

Sex und Papierkram

Danbom, Dan: »Get in Line«, *American Demographics*, Mai 1990.

Dodge, John: »A Contrarian View of Windows 98: I Like It«, *PC Week*, 27. April 1998.

Kohut, Andrew: *Technology in the American Household*, Washington D. C.: Times-Mirror Center for the People and the Press, 1995.

Michael, Robert T. / John Gagnon / Edward O. Laumann / Gina Kolata: *Sex in America: A Definitive Survey*, Waltham, Massachusetts: Little, Brown, 1994.

Tedeschi, Bob: »Report Puts a Number on the World Wide Wait«, *New York Times*, 8. Aug. 1998.

Robinson, John P. / Geoffrey Godbey: *Time for Life*, University Park: Pennsylvania State University Press, 1997.

Seidenberg, Ivan: Rede bei der Mass. Software Council am 24. April 1998:http://www.ba.com/speeches/1998/Apr/19980427001.html

Moderne Annehmlichkeiten

Jarrell, Randall: »A Girl in a Library«, *Selected Poems*, New York: American Book-Stratford Press, 1969

Marini, M. / B. A. Shelton: »Measuring Household Work. Recent Experience in the United States«, *Social Science Research*, 1993.

Robinson, John P. / Melissa Milkie: »Dances with Dustbunnies: Housecleaning in America«, *American Demographics*, Jan. 1997. (Die Autoren vergleichen den Zeitaufwand von Hausarbeit mit und ohne Haushaltsgeräte unter Berücksichtigung des Alters, des Familienstands und anderer Faktoren.)

Joggen Sie mehr, lesen Sie weniger

Baker, Russell: »Busy, Busy, How Romantic«, *New York Times*, 2. Juni 1990.

Heath, Rebecca Piirto: »In So Many Words: How Technology Reshapes the Reading Habit«, *American Demographics*, März 1997.

Kerr, Sarah: »Mediocrity and Snobbery«, 2. Sept. 1998
– http://www.slate.com/Code/BookClub/BookClub.asp

Marzorati, Gerry: »Quibbles and Corrections«, *Slate*, 19. Okt. 1998.

Robinson, John P. / Geoffrey Godbey: *Time for Life: The Surprising Ways Americans Use Their Time*, University Park: Pennsylvania State University Press, 1997. (Den 800-Pfund Gorilla findet man auf S. 20)

Sandomir, Richard: »Let's Dawdle, Spit and Play Ball«, *New York Times*, 30. Mai 1995.

Friss und Flieh

Johnson, Dirk: »Do One-Stop Cereals Really Save Time?«, *New York Times*, 17. Jan. 1999.

O'Neill, Molly: »Teen-Agers Are Reshaping American Eating Habits«, *New York Times*, 14. März 1998.

http://www.ecst.csuchico.edu/~pizza/intro.html.

Wie viele Stunden arbeiten Sie?

DiCesare, Constance B.: »Is the paper chase a rat race?«, *Monthly Labor Review* 120, 1. April 1997.

Hamilton, William L.: »Power Lunch Is 2 in a Row, Just New York Minutes Each«, *New York Times*, 11. Nov. 1997.

Lewis, Michael: »25–7?«, *Forbes ASAP*, 30. Nov. 1998.

Moss Kanter, Rosabeth: *Men and Woman of the Corporation*, New York: Basic Books, 1977.

Robinson, John P. / Geoffrey Godbey: *Time for Life. The Surprising Ways Americans Use Their Time*, University Park: Pennsylvania State University Press, 1997.

Schor, Juliet B.: *The Overworked American*, New York: Basic Books, 1991.

7:15. Geduscht

Robinson, John P. / Geoffrey Godbey: *Time for Life. The Surprising Ways Americans Use Their Time*, University Park: Pennsylvania State University Press, 1997.

Multitasker aufgepasst!

Harmon, Amy: »Talk, Type, Read E-Mail«, *New York Times,* 23. Juli 1998.

Lancaster, Hal: »Today's Free Agents Work at Twitch Speed: A Buzzword Glossary«, *Wall Street Journal*, 7. Okt. 1998.

McLuhan, Marshall: *Die magischen Kanäle. ›Understanding Media‹*, München: Econ, 1992.

Robinson, John P. / Geoffrey Godbey: *Time for Life. The Surprising Ways Americans Use Their Time*, University Park: Pennsylvania State University Press, 1997.

Anhang

Schnitt – Schnitt – Schnitt

Kael, Pauline: »The Road Warrior«, *New Yorker*, 6. Sept. 1982.

Zappen

Bellow, Saul: »An Unbearable State of Distraction«, Rede vom 9. Nov. 1989 – http://shango.harvard.edu/~ksgpress/ksg_news/transcripts/bellow.htm
Levine, Robert: *Eine Landkarte der Zeit. Wie Kulturen mit der Zeit umgehen*. Aus dem Amerikanischen von Christa Broermann und Karin Schuler, München: Piper, 1999.

MTV rauscht vorbei

Schwartz, Tony: *The Responsive Chord*, Garden City, N. Y.: Anchor Books / Doubleday, 1973.

Allegro ma non troppo

Thomas, Lewis: *Late Night Thoughts on Listening to Mahler's Ninth Symphony*, New York: Penguin, 1995.

Können Sie es sehen?

Coupland, Douglas: *Mikrosklaven*. Aus dem Amerikanischen von Tina Hohl, 2. Aufl., Hamburg: Hoffmann und Campe, 1996.
Stephens, Mitchell: *The rise of the image the fall of the word*, New York: Oxford University Press, 1998.

Minuten unter Hochdruck

Frey, Darcy: »Something's Got to Give«, *New York Times Magazine*, 24. März 1996.
Grazia, Sebastian de: *Of Time, Work and Leisure*, New York: Vintage, 1993.
Russell, Bertrand: *Lob des Müßiggangs*, Wien / Hamburg: Zsolnay, 1957.

Zeit und Bewegung

Gilbreth, Frank B.: »Motion Study in the Houshold«, *Scientific American*, 13. April 1912.
Kanigel, Robert: *The One Best Way: Frederick Winslow Taylor and the Enigma of Efficiency*, New York: Viking 1997.
Kern, Stephen: *The Culture of Time and Space*, 1880–1918, Cambridge: Harvard University Press, 1983.
Levine, Robert: *Eine Landkarte der Zeit. Wie Kulturen mit der Zeit umgehen.* München: Piper, 1999. Aus dem Amerikanischen von Christa Broermann und Karin Schuler.
Wright, Mary / Russel Wright: *Guide to Easier Living*, New York: Simon & Schuster, 1950.

Das Paradox der Effizienz

Perrow, Charles: *Normale Katastrophen. Die unvermeidlichen Risiken der Großtechnik.* Aus dem Englischen von Udo Rennert, Frankfurt am Main / New York: Campus, 1989.
Roosevelt, Franklin D.: Ansprache im Kongress vom 6. Jan. 1942.

365 Tipps, Zeit zu sparen

Hedrick, Lucy J.: 365 *Ways to Save Time*, New York: Morrow, 1992.

Mackenzie, Alex: *Die Zeitfalle.* Aus dem Amerikanischen übertragen von Ursel Reineke und Beate Uhlenbrock, 10. Aufl., Heidelberg: I. H. Sauer-Verlag, 1991.

Mayer, Jeffrey J.: *If You Haven't Got the Time to Do It Right, When Will You Find the Time to Do It Over?*, New York: Simon & Schuster, 1990.

Die Telefonlotterie

Leonhard, Woody / Lee Hudspeth / T. J. Lee: *Outlook Annoyances,* Sebastopol, Kalifornien: O'Reilly, 1998.

Manes, Stephen: »From Digital Frustration to Small Claims Court«, *New York Times,* 24. Juni 1997.

http://www.badsoftware.com/badindex.htm.

Zeit ist nicht Geld

Ford, Henry: *Mein Leben und Werk,* Leipzig: List, 1923.

Franklin, Benjamin: *Advice to a Young Tradesman,* 1748.

Kronholz, June: »Families Feel Forced to Live Their Lives Eight Months Early«, *Wall Street Journal,* 20. Nov. 1997.

Lakoff, George / Mark Johnson: *Leben in Metaphern: Konstruktion und Gebrauch von Sprachbildern.* Übersetzt von Astrid Hildenbrand, Donauwörth: Auer, 1998.

O'Donnell, Mark: *Getting Over Homer,* New York: Knopf, 1996.

Ono, Yumiko: »We're Eating Out Tonight, So Please Bring a Stopwatch«, *Wall Street Journal,* 23. Dez. 1998.

Winston, Clifford: *Blind Intersection? Policy and the Automobile Industry,* Washington D. C.: Brookings Institution, 1987.

Kurzzeitgedächtnis

Wells, H. G.: »World Brain: The Idea of a Permanent World Encyclopaedia«, Beitrag zur *Encyclopédie Française,* Aug. 1937.

Das Gesetz der kleinen Zahlen

Einige sehr spezielle Zahlenreihen stammen aus der ultimativen Quelle für derartige Probleme:

N. J. A. Sloane: *An On-Line Version of the Encyclopedia of IntegerSequences* – http://www.research.att.com/~njas/sequences/eisonline.html

N. J. A. Sloane / S. Plouffe: *The Encyclopedia of Integer Sequences*, San Diego: Academic Press, 1995.

Übrigens lässt sich die Regel zum Falten von Briefmarkenstreifen noch genauer formulieren: Die Anzahl der Möglichkeiten, einen Streifen von $n+1$ Briefmarken n-mal zu falten, wobei zwischen Vorder- und Rückseite, zwischen rechts und links und zwischen oben und unten nicht unterschieden wird. Ibid.

Boorstin, Daniel: »A History of the Image: From Pseudo-Event to Virtual Reality«, *New Perspectives Quarterly* 11, Nr. 3, Sommer 1994.
– ders.: *The Image: A Guide to Pseudo-Event in America*, New York: Atheneum, 1987.
Federwisch, Anne: »Name That Drug«, *Nurse Week / Health Week*, 29. Juni 1998.
Guy, Richard K.: »The Strong Law of Small Numbers«, *American Mathematical Monthly* 95, 1988: S. 679 – 712.
– ders.: »Graphs and the Strong Law of Small Numbers«; in: Y. Alavi, G. Chartrand, O. R. Ollerman und A. J. Schwenk (Hrsg.): *Offprints from Graph Theory, Combinatories and Applications*, New York: John Wiley, 1991.

Langweilig

Grazia, Sebastian de: *Of Time, Work and Leisure*, New York: Vintage, 1993.
Mbiti, John S.: *African Religions and Philosophy*, Garden City, New York: Anchor Books / Doubleday, 1969.

Meyer Spacks, Patricia: *Boredom. The Literary History of a State of Mind*, Chicago: University of Chicago Press, 1995.
Schor, Juliet B.: *The Overworked American*, New York: Basic Books, 1991.

Ende

Blonder, Greg: *Faded Genes*, Februar 1995
– http://www.genuineideas.com/articles/genes/faded_genes.html.
Cohen, John: »Psychological Time«, *Scientific American*, Nov. 1964.
Gould, Stephen Jay: »Scale Models«, *Forbes ASAP*, 30. Nov. 1998.
Kern, Stephen: »The Culture of Speed«, Konferenz am Institut für Design / Niederlande, Amsterdam, Nov. 1996.
– ders.: *The Culture of Time and Space:* 1880 – 1918, Cambridge: Harvard University Press, 1983.
Lever, Maurice: *Marquis de Sade. Die Biografie*. Aus dem Französischen von Wolfram Beyer, Dieter Hornig, Günther Seib und Josef Winiger, Wien / München: Europaverlag 1995.
Thomas, D. M.: *Solzhenitsyn. A Century in His Life*, New York: St. Martin's Press, 1998.
Walljasper, Jay: »The Speed Trap«, *Utne Reader*, März / April 1997.
Weiss, Karel: *The Prison Experience*, New York: Delacorte, 1976.
Winkler, Gernot M. R.: »How Many Different Kinds of Time?«, Vortrag vom 16. Okt. 1986.